Raus aus dem Alltag, rein in die Natur: Für viele ist es nur ein Katzensprung zwischen quirliger Großstadt und ländlicher Idylle. Im nördlichen Teil der Eifel locken 18 neue Themen-Rundwanderwege. Sie führen in die Heideheimat und auf die Spuren von Römern und Raubrittern, auf Tuchmachers Fährte, zum Silberschatz oder zum Wasser für Köln – und verbinden Natur, Kultur und Erlebnis. Mit Streckenlängen zwischen 3 und 21 Kilometern ist für jeden Anspruch etwas dabei.

Ulrike Poller und Wolfgang Todt beschreiben ausführlich, was Wanderer auf den Wegen und am Wegesrand erwartet, und geben Tipps zur idealen Laufrichtung, zu lohnenswerten Abstechern und traumhaften Rastplätzen. Um die teils versteckt liegenden Ausgangspunkte ganz einfach zu finden, können sich Autofahrer wie Fußgänger per Smartphone über QR-Codes in jedem Kapitel führen lassen. Alle Touren sind aber auch per ÖPNV erreichbar, mit der GästeCard sogar kostenfrei. Aktuelle GPS-Tracks für moderne Wander-Navis stehen auf wander-touren.com zum Download bereit.

ideemedia

INHALT

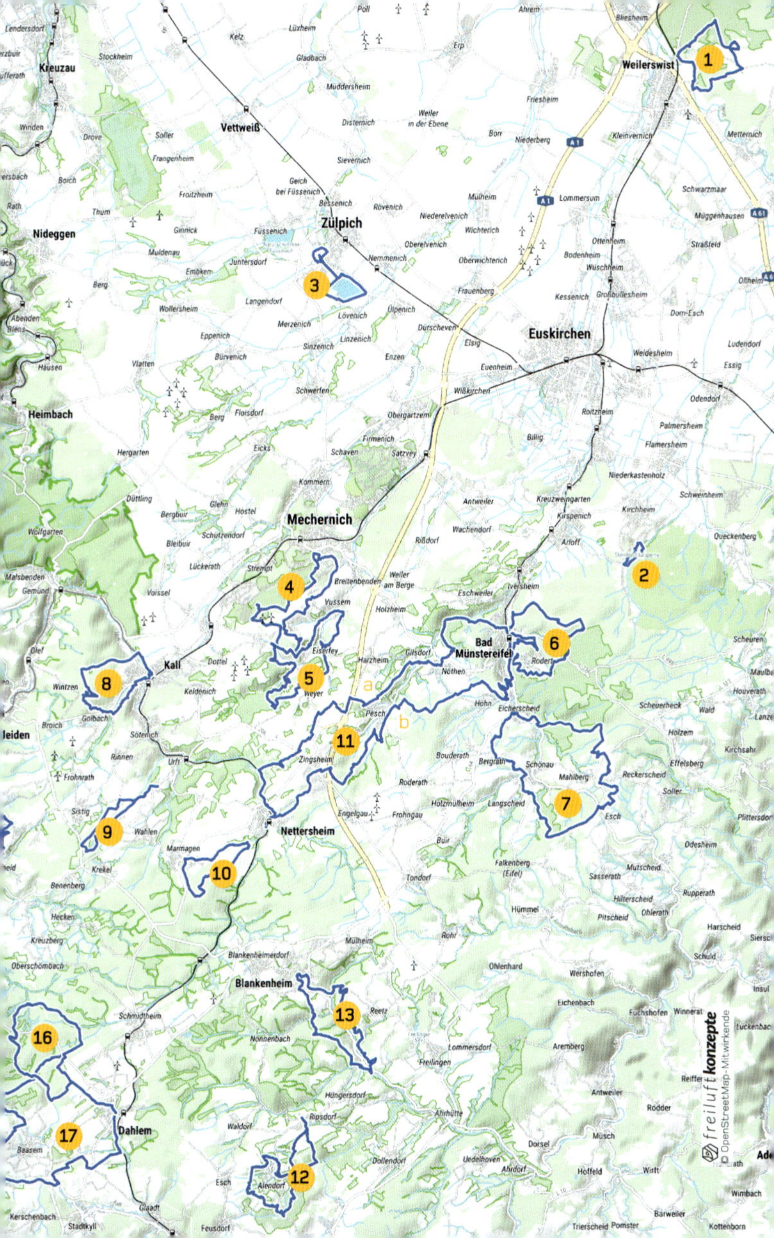
Lendersdorf
Kreuzau
Stockheim
Lüxheim
Poll
Ahrem
Bliesheim
Kelz
Gladbach
Erp
Weilerswist
1
Muddersheim
Friesheim
Vettweiß
Winden
Drove
Soller
Disternich
Weiler in der Ebene
Borr
Niederberg
Kleinvernich
Metternich
Frangenheim
Sievernich
A 1
Boich
Geich bei Füssenich
Schwarzmaar
Froitzheim
Bessenich
Mülheim
Lommersum
Rath
Zülpich
Rövenich
Niederelvenich
Müggenhausen
Thum
Nideggen
Ginnick
Füssenich
Wichterich
A 61
Oberelvenich
Ottenheim
Muldenau
Nemmenich
Straßfeld
Juntersdorf
Oberwichterich
Bodenheim
Embken
Wüschheim
Berg
3
Frauenberg
Olheim
Langendorf
Kessenich
Großbüllesheim
Wollersheim
Lövenich
Ülpenich
Dom-Esch
Abenden
Merzenich
Dürscheven
Blens
Euskirchen
Eppenich
Sinzenich
Elsig
Ludendorf
Linzenich
Weidesheim
Bürvenich
Enzen
Hausen
Vlatten
Euenheim
Essig
Schwerfen
Wißkirchen
Odendorf
Heimbach
Floisdorf
Roitzheim
Berg
Obergartzem
Palmersheim
Billig
Eicks
Firmenich
Flamersheim
Hergarten
Schaven
Satzvey
Niederkastenholz
Kommern
Düttling
Kreuzweingarten
Schweinheim
Antweiler
Glehn
Hostel
Mechernich
Bergbuir
Kirspenich
Kirchheim
Wolfgarten
Schützendorf
Wachendorf
Arloff
Queckenberg
Bleibuir
Rißdorf
2
Lückerath
Strempt
Breitenbenden
Malsbenden
Weiler am Berge
Gemünd
4
Iversheim
Eschweiler
Voissel
Vussem
Holzheim
Olef
Bad Münstereifel
6
Scheuren
Eiserfey
Kall
Harzheim
Gilsdorf
Dottel
Rodert
Maulbach
8
Wintzen
5
a
Nöthen
Keldenich
Weyer
Houverath
Hohn
Eicherscheid
Scheuerheck
Wald
Golbach
Pesch
b
Heiden
Broich
Holzem
Sötenich
Kirchsahr
11
Urft
Bouderath
Rinnen
Zingsheim
Bergrath
Schönau
Effelsberg
Reckerscheid
Frohnrath
Mahlberg
Roderath
Soller
Sistig
Holzmülheim
Langscheid
7
Engelgau
Frohngau
Esch
Plittersdorf
9
Wahlen
Nettersheim
Buir
Odesheim
Marmagen
Krekel
10
Falkenberg (Eifel)
Mutscheid
Sasserath
Tondorf
Benenberg
Hilterscheid
Rupperath
Ohlerath
Pitscheid
Hümmel
Hecken
Harscheid
Rohr
Kreuzberg
Mülheim
Schuld
Oberschömbach
Blankenheimerdorf
Ohlenhard
Wershofen
Blankenheim
13
Reetz
Eichenbach
Fuchshofen
Winnerath
Schmidtheim
Nonnenbach
Lommersdorf
Aremberg
16
Freilingen
Reifferscheid
Antweiler
Hüngersdorf
Ahrhütte
Rodder
Ripsdorf
Dahlem
17
Waldorf
Dorsel
Müsch
Baasem
Dollendorf
Uedelhoven
Ahrdorf
12
Hoffeld
Wirft
Esch
Alendorf
Wimbach
Glaadt
Kerschenbach
Stadtkyll
Feusdorf
Trierscheid
Pomster
Barweiler
Kottenborn
freiluftkonzepte
© OpenStreetMap-Mitwirkende

ZEICHEN IM BUCH

Wanderweg
Sehr leicht
Leicht
Mittel
Schwer
Sehr schwer

Erläuterung zur Schwierigkeit unter: www.schoeneres-wandern.de/html/bucher.html

Download GPX
Gehzeit
Steigung/Gefälle
Höchster Punkt
Kalorienverbrauch
Anfahrt
Parkplatz

Telefonnummer
Internet-Adresse
Öffnungszeiten/Termine*
Start/Ziel
(1) Streckenpunkt
Tourist-Info
Hundetipp
Einkehren
Übernachten
Tipp/Hinweis
Bus/Bahn
Taxi
Wohnmobil-Stellplatz
Nicht barrierefrei
Eingeschränkt barrierefrei
Burg/Schloss

scan to go®

▶ mit App: Tour laden ▶ S. 223

▶ ohne App: Startpunkt ▶ S. 218

** Öffnungszeiten sind saisonabhängig. Bitte telefonisch erfragen.*

- **Wegformat:**

Fester Belag	Harter Belag	Natur-Belag

- **Höhenangaben:** Bezogen auf NN
- **Entfernungsangaben:** Beschriebene Hauptstrecke inkl. empfohlener Abstecher (ca.)
- **GPS-Daten:** Kürzeste Strecke
- **Zeitangaben:** Mittleres Wandertempo (reine Gehzeit, ohne Pausen)
- **Koordinatenangaben der POIs:** Wir geben UTM-Koordinaten der Zone 32 U WGS 84 an. Dieses System nutzen u.a. alle offiziellen Karten der Landesvermessungsämter. Für die Pkw-Navigationsgeräte geben wir für die Park-/Startplätze die geografischen Koordinaten in Breite/Länge (hddd°mm'ss.s) an. Diese können von den meisten gängigen AutoNavis verwendet werden. In den Outdoor GPS-Geräten sowie auf PCs und mobilen Geräten können die Koordinatensysteme entsprechend eingestellt werden.
- **Kalorienberechnung:** Für jede Etappe wird der Kalorienverbrauch angegeben. Dieser wird unter Berücksichtigung von Entfernung, Aufstieg, Zeit, Geschlecht, Alter, Gewicht und Körpergröße für zwei Beispielpersonen berechnet (Mann: 50 Jahre, 175 cm, 70 kg; Frau: 50 Jahre, 165 cm, 60 kg). Ihre persönliche Berechnung können Sie unter www.schoeneres-wandern.de durchführen. Die Kalorienberechnung ist für Mittelgebirgstouren optimiert.

- **Allgemeine Infos:**
  www.schoeneres-wandern.de
  www.nordeifel-tourismus.de
  www.wanderwelt-nordeifel.de

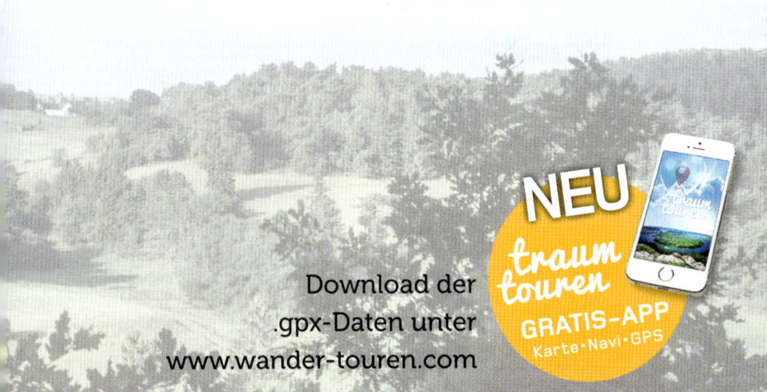

GUT ZU WISSEN

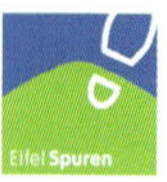

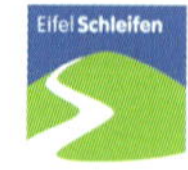

- **Eifelspuren/Eifelschleifen:** Auf 18 Eifelspuren und 94 Eifelschleifen dürfte wirklich jeder einen geeigneten Weg für eine spannende Wanderung in der Nordeifel finden. Bei den Eifelspuren handelt es sich um Wanderwege mit Themenschwerpunkten, die mit markanten Markierungslogos und zusätzlich mit Wegweisern ausgeschildert sind. Bei den Eifelschleifen handelt es sich um lokale Wanderrouten. Auch diese sind durchgehend mit einem eigenen Logo markiert, allerdings gibt es für die Schleifen keine Wegweiser. In jedem Eifelspurkapitel werden am Ende die Eifelschleifen aufgeführt, die bei der Tour berührt werden.

- **Eingeschränkte Barrierefreiheit:** Bei den Eifelspuren handelt es sich um Wanderwege, die oft naturnahe Wege und/oder Pfade nutzen. Daher sind sie in der Regel nicht für Kinderwagen oder Rollstuhl/Rollator geeignet. Einige wenige Eifelspuren sind jedoch barrierefrei, wenn man an einzelnen Stellen von der ausgewiesenen Route abweicht. In jeder Tour findet sich eine entsprechende Kennzeichnung in der Karte.

- **Wanderkarten:** Passend zum Buch hat der Eifelverein sechs Wanderkarten im Maßstab 1:25000 herausgegeben. Neben den 18 Eifelspuren enthalten die Karten auch die 94 Eifelschleifen.

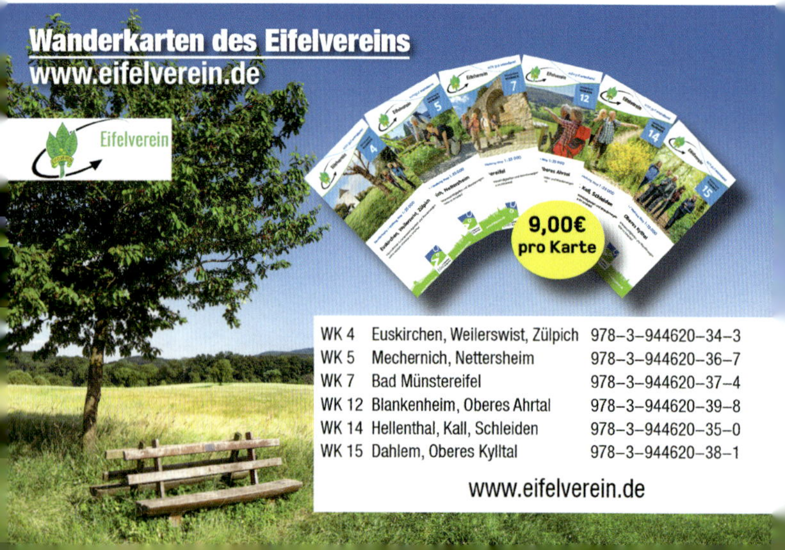

01 Zwischen Ville und Eifel

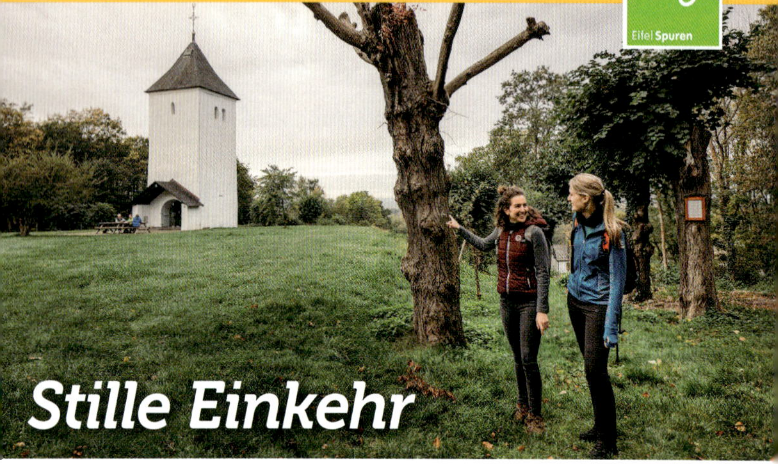

Eifel Spuren

Stille Einkehr

10.1	3h	104	153	613 720	ESP18X1
km					

Start/Ziel: Kölner Straße/ Dobscheider Straße, Weilerswist

Anfahrt: A 61 und dann Bonner Straße bis Weilerswist, im Ort rechts in die Kölner Straße (L 194), unter der A 61 durch bis zur Kreuzung Dobscheider Straße. Alternativ: A 1 bis Weilerswist West, dann L 33 in den Ort und links in die Kölner Straße.

Parken: Dobscheider Straße (Straßenrand)
N50° 46' 01.8'' • E6° 51' 00.6''
Parkplatz Rietmaar
N50° 45' 46.9'' • E6° 53' 08.1''

Wegpunkte:

P1 Abzweig Weilerswist (Dobscheider Straße)
32 U 348401 5626136

P2 Schutzhütte Hölzerner Mann
32 U 350152 5625308

P3 Parkplatz Rietmaar
32 U 350884 5625605

P4 Sequoias Gut Londorf
32 U 350755 5626647

P5 Swister Turm
32 U 348582 5626384

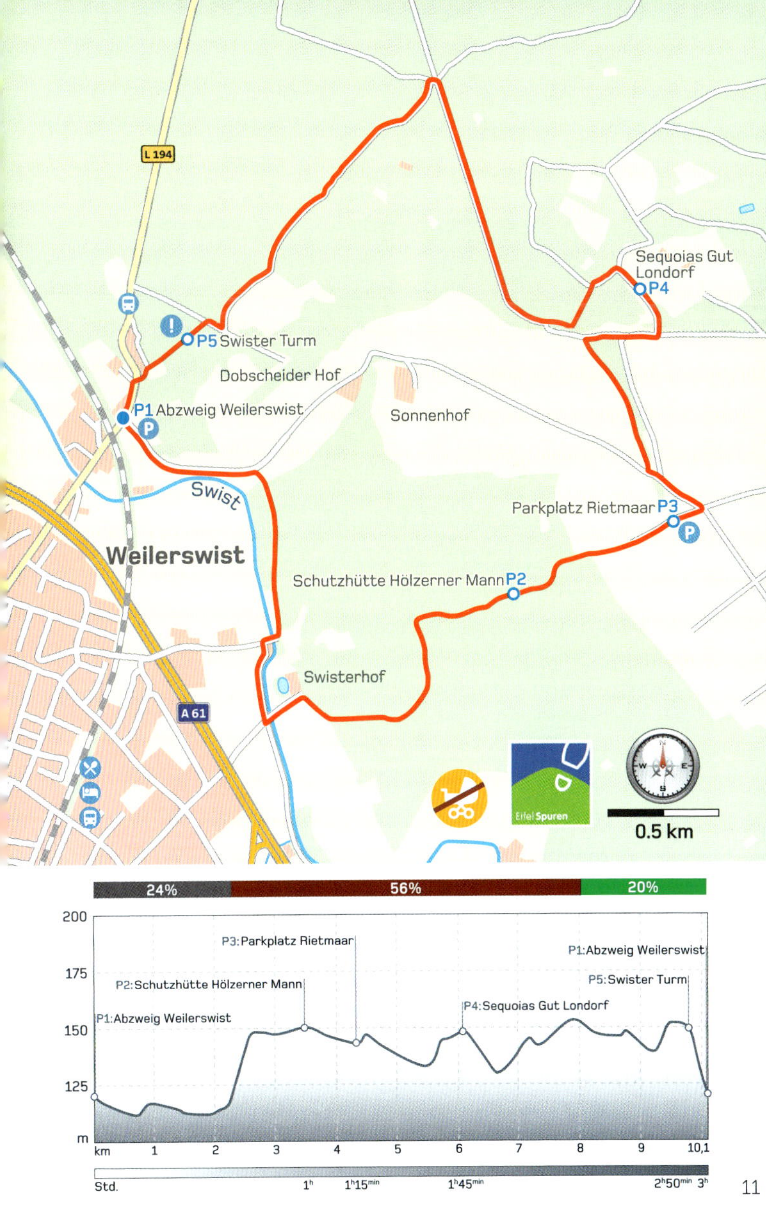
L 194
P5 Swister Turm
Dobscheider Hof
P1 Abzweig Weilerswist
Sonnenhof
Sequoias Gut Londorf
P4
Swist
Weilerswist
Parkplatz Rietmaar P3
Schutzhütte Hölzerner Mann P2
Swisterhof
A 61
Eifel Spuren
0.5 km
24%
56%
20%
200
175
150
125
m
P1:Abzweig Weilerswist
P2:Schutzhütte Hölzerner Mann
P3:Parkplatz Rietmaar
P4:Sequoias Gut Londorf
P5:Swister Turm
P1:Abzweig Weilerswist
km
1
2
3
4
5
6
7
8
9
10,1
Std.
1h
1h15min
1h45min
2h50min 3h

Die Eifelspur „Zwischen Ville und Eifel" bietet uns einen gemütlichen Rundgang durch schöne Waldpassagen und über aussichtsreiche Flur. Gekrönt wird die entspannte Tour durch den Besuch am Swister Turm, der Gelegenheit zur inneren Einkehr und eine tolle Fernsicht bietet.

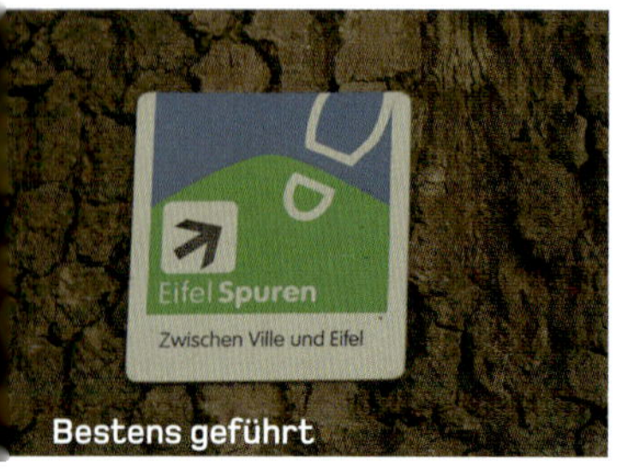

Bestens geführt

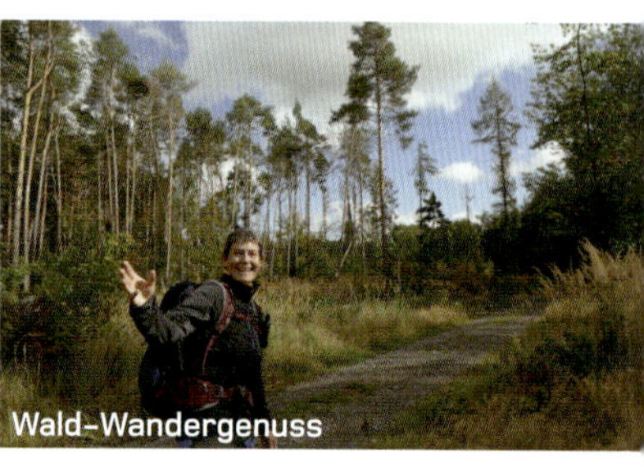

Wald-Wandergenuss

Wir starten die Eifelspur an der Ecke Kölner Straße/ Dobscheider Straße (1). An dieser Stelle trifft der Zuweg vom Weilerswister Bahnhof auf die Eifelspur, und entlang der Dobscheider Straße gibt es Parkmöglichkeit.

Wir laufen gegen den Uhrzeigersinn, um uns den Swister Turm als Höhepunkt für den Schluss aufzuheben. Also wandern wir zunächst entlang der Dobscheider Straße, die zum Glück meistens kaum befahren ist.

Etwas unterhalb, meist in dichtem Gebüsch verborgen, begleitet uns die kanalisierte Swist. Nach **0.7 km** dürfen wir der Straße den Rücken kehren und rechts auf einen Feldweg abbiegen. Der führt uns nun zwischen Waldrand und Hecken südwärts. Allmählich sind die Geräusche der nahen A 61 zu vernehmen, doch wir lassen uns nicht aus der Ruhe bringen und genießen die grüne Natur um uns herum.

Wir folgen weiter dem Waldrand, bis unser Weg an einem Rastplatz abknickt und wir die Swist queren. Nach einem einzelnen Haus wenden wir uns nach links und folgen dem

Asphaltweg neben der leise fließenden Swist, während uns rechts Felder begleiten.

Nach **1.9 km** nutzen wir die nächste Brücke, um die Swist erneut zu queren und zum nahen Swisterhof zu laufen. Wir lassen den Hof links liegen und folgen einem anfangs noch befestigten Weg nach rechts.

Bald biegt er leicht nach links und führt uns durch Hecken erstmals bergan. Kurz darauf treten wir in den Wald ein und gewinnen nun spürbar an Höhe. Hinter der Lichtung flacht die Steigung ab, und wir können das gemütliche Waldwandern genießen.

Eine erste Waldkreuzung passieren wir mit leichtem Linksknick und lassen eine Bank unbeachtet. Erst an der folgenden Kreuzung ändern wir die Richtung deutlich und folgen den Logos rechts auf einen Forstweg. Der führt uns durch eine Waldlichtung, bevor sich der hohe Mischwald wieder über uns schließt. Nach **3.5 km** erwartet uns mitten im Wald an einer Kreuzung eine Schutzhütte, die vom „Hölzernen Mann" (2) bewacht wird. Hier können wir gemütlich verschnaufen.

Der fast ebene Waldweg führt uns geradeaus zum Waldrand. Auch hier behalten wir die Richtung bei, erfreuen uns nun aber an der weiten Fernsicht, die an klaren Tagen bis zu den markanten Kuppen des Siebengebirges reicht.

In einer kleinen Senke passieren wir nach **4.4 km** den Wanderparkplatz Rietmaar (3). Auf asphaltiertem Grund laufen wir einige Meter bergan zu einer Kreuzung, an der wir scharf links abbiegen. Unmerklich verlieren wir wieder an Höhe, während wir durch die offene Flur wandern. Einen ersten rechts abzweigenden Weg vor einem Gehölz ignorieren wir, biegen aber dann direkt nach dem Gehölz rechts ab.

Es ist ein Grenzgang zwischen Wald und Feld, auf dem Feldweg kommen wir gut voran. Sanft senkt sich der Weg ab, bis wir uns in einem Wiesental nach rechts wenden und es wieder etwas bergan geht. Wir treffen auf einen weiteren Feldweg und laufen geradeaus, um am nahen Waldrand den Logos nach links zu folgen.

Noch geht es ein paar Meter aufwärts, dann überrascht uns die Eifelspur mit Spalier stehenden Ahornbäumen und herrlichen Sequoias (4), die duftend den Weg säumen und auf dem Areal des Gut Londorf stehen.

An der nahen Wegkreuzung halten wir uns an einem Wegweiser nach **6.2 km** links. An der Gabelung wandern wir geradeaus in den Wald und verlieren auf federndem Pfad etwas an Höhe. Am Waldrand biegen wir nach rechts und stoßen wenige Meter später auf einen Asphaltweg.

Wir behalten die Richtung bei und schwingen uns sanft bergan. Bald umschließt uns wieder der Wald, wobei sich nach einem kurzen Baumriegel ein weites, dem Borkenkäfer zum Opfer gefallenes Areal

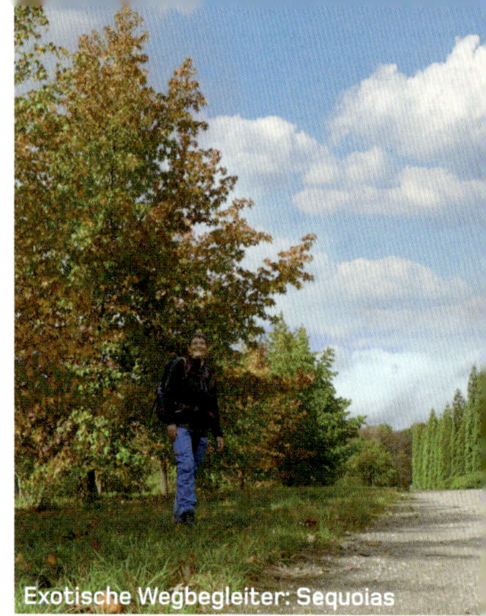

Exotische Wegbegleiter: Sequoias

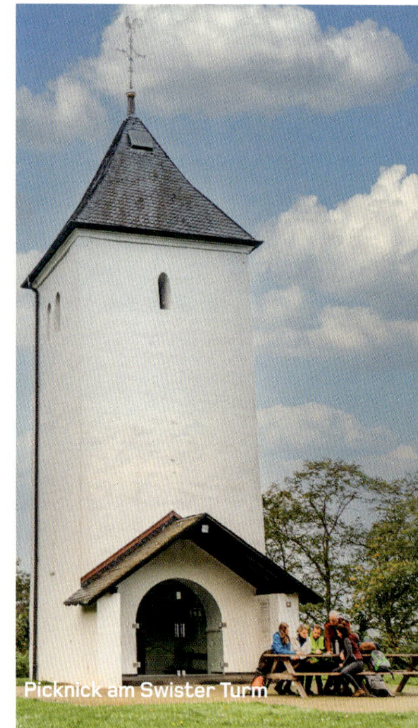

Picknick am Swister Turm

erstreckt, auf dem die Neubesiedlung mit Pionierpflanzen bereits begonnen hat.

Wippende Farnwedel grüßen vom Wegesrand, während wir schnurgerade dem intakten Hochwald entgegenstreben. Dort angelangt, biegen wir nach **7.9 km** an der Siebenwegekreuzung scharf links ab. Auf bequemem, befestigten Forstweg kommen wir nun zügig voran und ignorieren mehrere abzweigende Wege.

Direkt neben unserem Weg gibt es eine Extraspur für Reiter, die hier gerne entlanggaloppieren. Wir passieren ein weiteres gelichtetes Waldareal, bevor wir entlang der - kaum als solche erkennbaren - alten Kiesgrube zurück in dichten Wald laufen. Vorbei an einem kleinen Tümpel kommen wir zu einem Querweg und biegen rechts ab.

Nur 100 m später schickt uns dann ein Wegweiser nach links auf den Stichweg an die Hangkante. Dort stehen wir nach **9.8 km** auf der Wiese am Swister Turm (5). Ein Fotofenster, Bänke, Rastplätze und sogar zwei aussichtsreiche Sinnesbänke stehen zur verdienten Pause im Schatten des nicht nur für Jakobspilger bedeutenden Turmes bereit.

Unsere Eifelspur führt uns dann rechts neben dem Turm auf steilem Weg talwärts, und bald treffen wir an der Kölner Straße ein. Wir laufen nach links und erreichen nach entspannten **10.1 km** wieder den Startpunkt unserer heutigen Rundtour.

FAZIT

Der Weg nutzt immer wieder leicht befestigte oder auch naturbelassene Wege, daher sind feste Wanderschuhe sinnvoll. Am schönsten erlebt man den Weg, wenn man gegen den Uhrzeigersinn läuft.

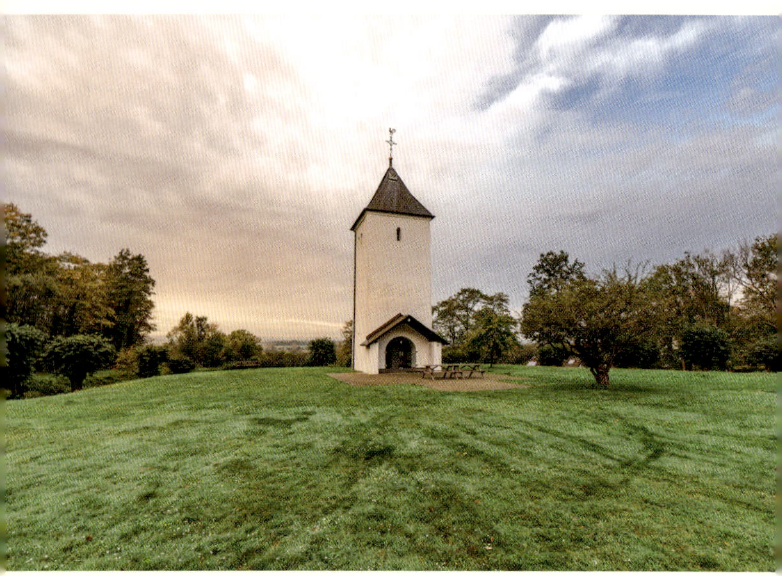

Wallfahrt und Weitsicht

Hoch über Weilerswist erhebt sich auf dem Swisterberg das Wahrzeichen der Gemeinde: der Swister Turm. Die ursprüngliche Pfarrkirche von Swist wurde Anfang des 12. Jahrhunderts erbaut, wobei einige Relikte des Fundaments bereits aus dem 9. Jahrhundert stammen. 1224 erwähnen Urkunden erstmals eine St. Gereon geweihte Kirche auf dem Swisterberg. Um 1700 war die Kirche ein bedeutender Wallfahrtsort und auch bei Jakobspilgern ein wichtiges Ziel. Anfang des 19. Jahrhunderts mussten Teile des Kirchenschiffs abgerissen werden, da sie einzustürzen drohten. 1854 kam es zur Instandsetzung des Turms, es folgten weitere Sanierungen. 2001 wurde der Verein Swister Turm gegründet, der sich um die Erhaltung und Pflege kümmert. 2006 wurde die Turmkapelle eingesegnet und die Wallfahrtstradition durch Jakobspilger wieder belebt. Infos unter: ⓘ www.swister-turm.de

Nordeifel Tourismus GmbH, Bahnhofstraße 13, 53925 Kall, 02441/99457-0, www.nordeifel-tourismus.de
- Tourist-Information im RVK-Kundencenter (Bahnhof Weilerswist) Bahnhofsallee 11, 53919 Weilerswist, 02254/969562, www.rvk.de

Restaurant Pfefferschote, Kölner Straße 260, 53919 Weilerswist, 02254/847569, www.pfefferschote-weilerswist.de
- Pizzeria Bella Italia, Kölner Str. 87, 53919 Weilerswist, 02254/8473590, www.bella-italia-weilerswist.de

Hotel-Restaurant „Zum Schwan", Kölner Str. 99-101, 53919 Weilerswist, www.hotel-zum-schwan.com 02254/82363,

Wohnmobilhafen am Wassersportsee Zülpich, Am Wassersportsee, 53909 Zülpich, 02252/52203, www.seepark-zuelpich.de/wohnmobilhafen/

Am einfachsten nutzt man den Zug für die Anreise zum Bahnhof Weilerswist. Vom Bahnhof muss man noch 2.5 km zum Start laufen, der Weg zum Start der Eifelspur ist als offizieller Zuweg markiert. Alternativ kann man mit dem Bus 985 vom Bahnhof zur Haltestelle Waldhof fahren. www.rvk.de

Mietwagen Schmidt, Mauritiusgasse 3, 53919 Weilerswist, 02254/6002255,

Hunde können die Runde problemlos laufen. Da es unterwegs keinen Zugang zu Wasser gibt, muss man einen ausreichenden Vorrat für den Vierbeiner mitnehmen. Bitte auf die Leinenpflicht für Hunde achten.

EIFELSCHLEIFEN

- Zum Bleibach, ▸ 10.1 km

02 Auf Tuchmachers Fährte

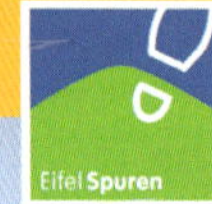

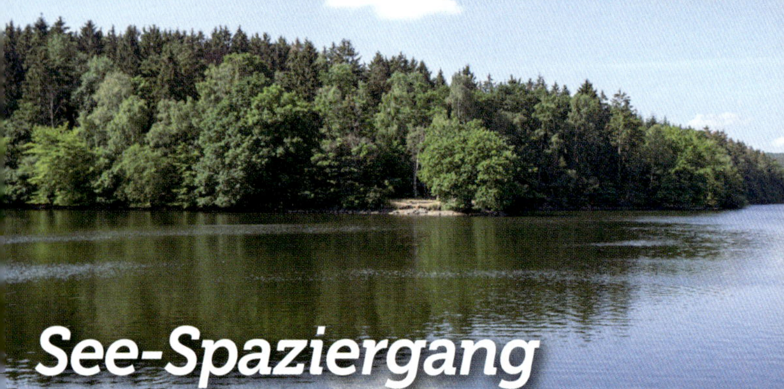

3.1	1h	26	284	189 222	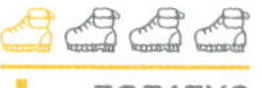
km					 ESP17X2

Start/Ziel: Parkplatz Steinbachtalsperre Euskirchen-Kirchheim

Anfahrt: A 61 bis Swisttal, dann L 182 Richtung Euskirchen. An der Kreuzung auf L 210 wechseln, dann die L 11 nach Kirchheim zur Steinbachtalsperre nehmen.

Parken: Steinbachtalsperre
N50° 35' 13.8'' • E6° 49' 45.1''

Wegpunkte:
P1 Parkplatz Steinbachtalsperre
32 U 346334 5606167
P2 Waldschwimmbad
32 U 346470 5606301
P3 Rastplatz & Hütte
32 U 346942 5606940
P4 Dammkrone Süd
32 U 347120 5606729
P5 Hütte & Seeblick
32 U 346962 5606500
P6 Freizeitanlage
32 U 346401 5606060

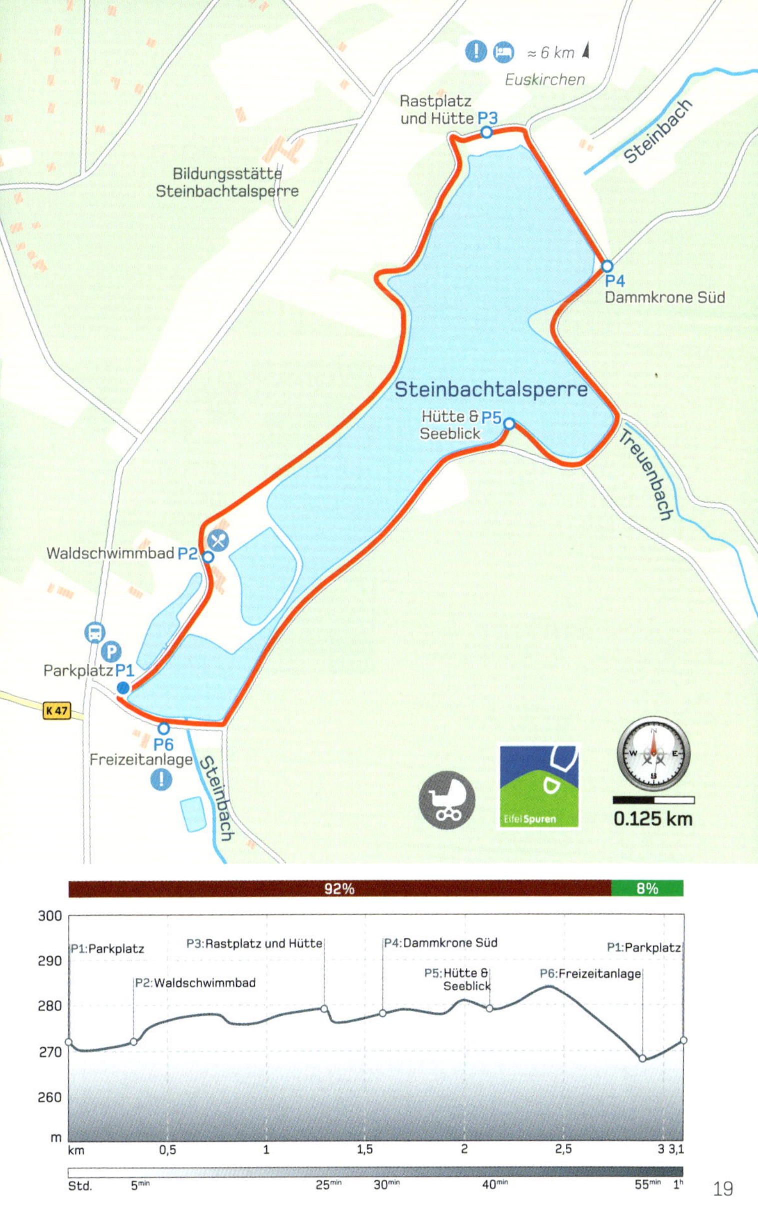
≈ 6 km
Euskirchen
Rastplatz
und Hütte P3
Bildungsstätte
Steinbachtalsperre
Steinbach
P4
Dammkrone Süd
Steinbachtalsperre
Hütte & P5
Seeblick
Treuenbach
Waldschwimmbad P2
Parkplatz P1
K 47
P6
Freizeitanlage
Steinbach
Eifel Spuren
0.125 km
92%
8%
300
290
280
270
260
m
P1:Parkplatz
P2:Waldschwimmbad
P3:Rastplatz und Hütte
P4:Dammkrone Süd
P5:Hütte & Seeblick
P6:Freizeitanlage
P1:Parkplatz
km
0,5
1
1,5
2
2,5
3 3,1
Std.
5min
25min
30min
40min
55min
1h

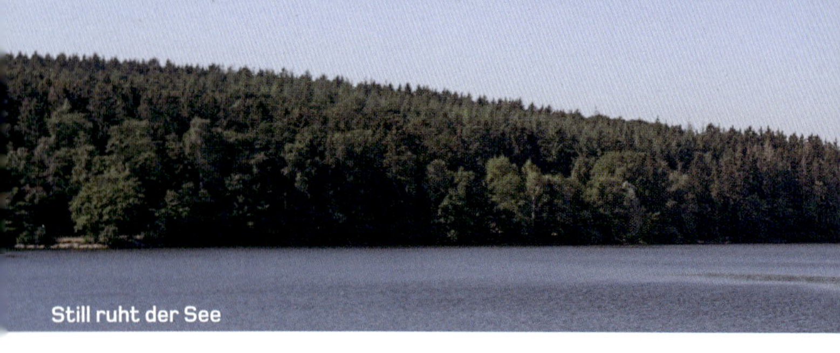
Still ruht der See

Die kleine, aber feine Runde um die Steinbachtalsperre hat alles, was man für eine kurze Atempause im Grünen braucht: herrliche Natur an einem idyllischen See. Dazu laden immer wieder Rastplätze zum Verweilen ein, und am Ende locken Waldfreibad und Gastronomie zum Besuch.

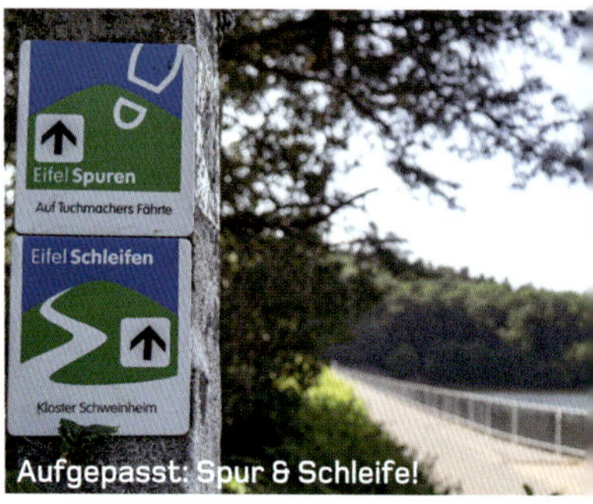

Aufgepasst: Spur & Schleife!

Am großen Parkplatz der Steinbachtalsperre (1) (gebührenpflichtig) beginnen wir unseren kurzen Seespaziergang auf der Fährte der Tuchmacher von Euskirchen.

Denn tatsächlich wurde der Stausee ursprünglich von 1934 bis 1935 erbaut, um die Tuchmacherindustrie in Euskirchen mit ausreichend Wasserkraft zum Turbinenantrieb zu versorgen. Heute ist das zuletzt 1990 aufwendig sanierte Staubecken in erster Linie ein sehr beliebtes Freizeitziel.

Das wollen wir selbst überprüfen und vertrauen uns daher mal wieder dem markanten Eifelspuren-Logo an. Vorbei am Kassenhaus des Parkplatzes wandern wir auf dem Asphaltweg links abwärts, und schon beim Abzweig des ersten Seitenwegs nach links

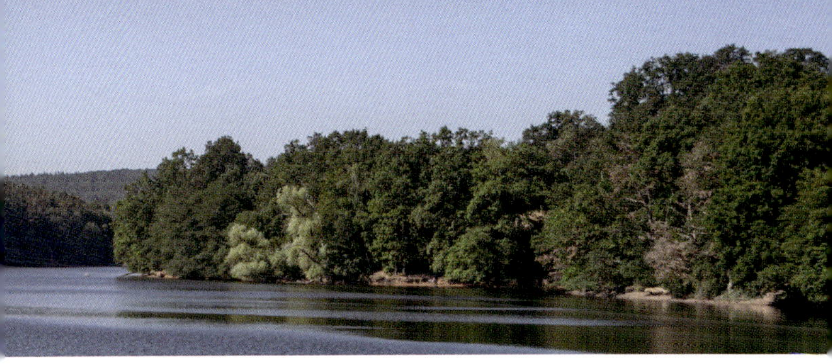

stehen wir vor einem Wegweiser. Wir laufen im Uhrzeigersinn und biegen links auf den asphaltierten Seeuferweg ab.

Der führt uns sogleich auf einem rechts wie links vom Wasser der Vorsperre umgebenen Damm zum Eingang des Waldschwimmbades (2), das, abgegrenzt vom eigentlichen Talsperrenwasser, zum Bad im kühlen Nass einlädt. In der Talsperre selbst ist Baden verboten, doch im Waldschwimmbad kann man sich in der Sommersaison nach Herzenslust im naturbelassenen Wasser erfrischen.

Aber vor dem kühlen Nass kommt der Wanderspaß: Wir laufen links zur nahen Gastronomie und folgen dort einem Wegweiser rechts bergan.

An einem Querweg biegen wir rechts ab. Nun befinden wir uns etwas oberhalb des Sees und können fast ohne Höhenunterschied den gemütlichen Spaziergang genießen.

Inzwischen haben wir das Areal des Waldschwimmbades hinter uns gelassen und genießen den kühlen Schatten des Uferwaldes. Regelmäßig laden am Wegesrand Bänke zur kurzen Pause ein, und einige naturkundliche Tafeln bieten Wissenswertes zu Natur, Flora und Fauna. Dazu sorgen immer wieder kleine Durchblicke auf den See für Kurzweil. Kurz vor dem Staudamm passieren wir einen besonders einladenden Wiesenplatz mit Schutzhütte und Rastplatz (3). Hier lässt es sich hervorragend verweilen.

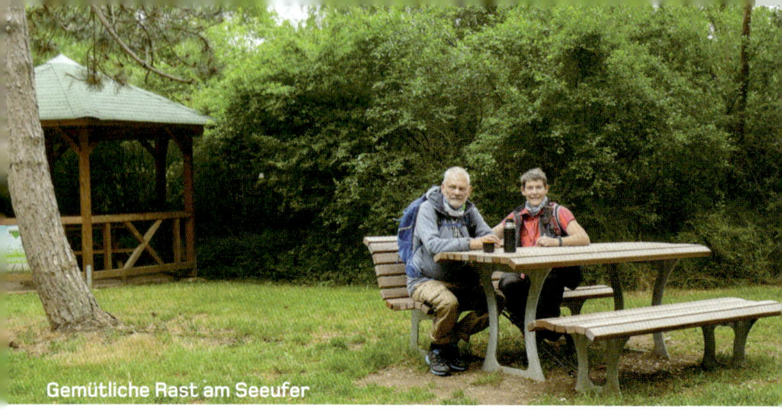
Gemütliche Rast am Seeufer

Anschließend folgen wir den Logos zur nahen Kreuzung, an die sich ein fast parkähnliches Areal anschließt. Wir aber biegen nach rechts und bleiben unwillkürlich stehen, denn nun öffnet sich an der nördlichen Dammkrone der weite Blick über den See.

Prima, dass wir diese tolle Aussicht auch von einer der urbequemen Sinnesbänke genießen können. Ein „Fotofenster" steht ebenfalls bereit, um dem Erinnerungsfoto den richtigen Rahmen zu geben.

Wir schlendern über den Damm und erreichen nach **1.6 km** die südliche Seite der Dammkrone (4). Wir folgen dem Wegweiser nach rechts und bleiben am Seeufer. Auf einer kleinen Landzunge rechts des Weges warten gleich zwei Bänke und eine Sinnesbank auf Wanderer, die sich entspannen wollen, und auch wir nehmen gerne Platz und lassen den Blick über den See schweifen. Anschließend wandern wir weiter und queren in einer langen Rechtskurve einen der Zuflüsse zum See, den Treuenbach.

Kaum nähern wir uns wieder dem Hauptsee, dürfen wir den Asphaltweg verlassen und rechts einem Pfad zu einer Landspitze folgen. Dort bietet eine Schutzhütte (5) nach **2.1 km** die nächste idyllische Gelegenheit zum Verweilen, und eine herrliche Aussicht über den gesamten See gibt es natürlich auch.

Kurz wandern wir noch auf dem Pfad unmittelbar am Ufer entlang, dann treffen wir wieder auf den asphaltierten Seerundweg. Der führt uns nun wieder zum Waldschwimmbad, das wir durch das Geäst der Uferbäume in Augenschein nehmen können. Am Ende des Vorbeckens treffen wir auf einen querenden Weg und bleiben rechts. Nur wenige Schritte später erreichen wir nach **2.9 km** das Freizeitgelände (6).

Familien sollten hier zusätzliche Zeit einkalkulieren, denn das riesige Gelände beherbergt nicht einfach nur einige Spielgeräte, sondern entpuppt sich als echtes Freizeitareal, auf dem vor allem die jungen Besucher ganz auf ihre Kosten kommen.

Spätestens der künstliche Bachlauf und die Hängebrücke wecken die pure Abenteuerlust. Daneben laden zahlreiche Geräte, darunter sogar ein Bodentrampolin, sowie Spielfelder und Picknickbereiche zum Verweilen ein. Es ist also gar kein Problem, hier den ganzen Tag zu verbringen.

Wir wandern am Freizeitgelände vorbei und passieren den bereits bekannten ersten Wegweiser am Abzweig zum Waldschwimmbad.

Diesmal laufen wir geradeaus und treffen nach **3.1 km** wieder am Parkplatz (1) ein, wo diese gemütliche, aber auch ungemein kurzweilige und entspannende Seewanderung zu Ende geht.

FAZIT

Der Weg eignet sich für Jung und Alt und verlangt keine besonderen Fähigkeiten. Feste Schuhe sind jedoch sinnvoll. Am schönsten erlebt man die Runde, wenn man im Uhrzeigersinn läuft.

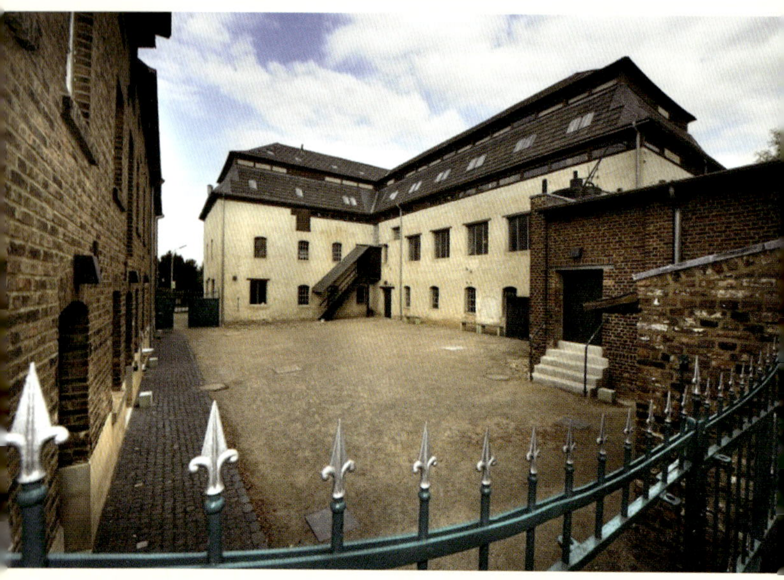

Vom Papier zum Stoff

So lange ist es noch gar nicht her, dass die Region um Euskirchen ein Zentrum der Wolltuchindustrie gewesen ist. In der komplett erhaltenen Tuchfabrik Müller kann man dieser Zeit auf die Spur kommen. Beim Rundgang durch die Werkshallen scheint es, als wären die Arbeiter gerade erst gegangen. Regelmäßig werden die Dampfmaschinen angeworfen, und ratternd erwachen die Webstühle zu neuem Leben. Zunächst produzierte man von 1801 an Papier, stellte aber 1841 auf eine Spinnerei und Walkerei um. 1894 entstand unter Ludwig Müller eine Volltuchfabrik, die Uniformstoffe fertigte. 1961 kam aufgrund der wachsenden Konkurrenz vor allem aus Italien und wegen der veralteten Maschinen das Aus. 1988 übernahm der Landschaftsverband Rheinland das Industriedenkmal als einzigartiges Museum. ⓘ www.industriemuseum.lvr.de

Nordeifel Tourismus GmbH, Bahnhofstraße 13, 53925 Kall, 02441/99457-0, www.nordeifel-tourismus.de
- *Tourist-Information im Kundencenter der Stadtverkehr Euskirchen GmbH (gegenüber dem Bahnhof), Oststraße 1-5, 53879 Euskirchen, 02251/14140, www.sveinfo.de*

Waldgasthaus Steinbachtalsperre, Talsperrenstraße 105, 53881 Euskirchen, 02255/958300, www.waldgasthaus-steinbach.de

Hotel Restaurant Rothkopf, Kommerner Straße 76, 53879 Euskirchen, 02251/55611, www.rothkopf.de

Wohnmobilhafen am Wassersportsee Zülpich, Am Wassersportsee, 53909 Zülpich, 02252/52203, www.seepark-zuelpich.de/wohnmobilhafen/

Bis Euskirchen gelangt man mit der Bahn. Von dort kann man mit der Buslinie 873 nach Kirchheim zur Steinbachtalsperre fahren. Infos: www.rvk.de

Alpha Taxi Euskirchen, Skorpionstraße 13a, 53881 Euskirchen, 02251/778584

Erfrischung gefällig? Kein Problem: Die Wanderung auf der Eifelspur lässt sich bestens mit einem Besuch im **Waldfreibad** *kombinieren. Die kühlen Naturfluten sorgen für erquickliche Abkühlung, Sprungtürme (1 m, 3 m, 5 m) und eine Wasserrutsche für den Nervenkitzel. 02255/6250*

Hunde können den Weg problemlos laufen. Unterwegs gibt es aber keinen für Hunde geeigneten Zugang zum See oder anderen Wasserstellen.

EIFELSCHLEIFEN

- *Kloster Schweinheim, ▸ 4.3 km*
- *Madbachtalsperre, ▸ 6.9 km*
- *Hahnenberg, ▸ 10.0 km*

03 Ritter, Römer, Rüben

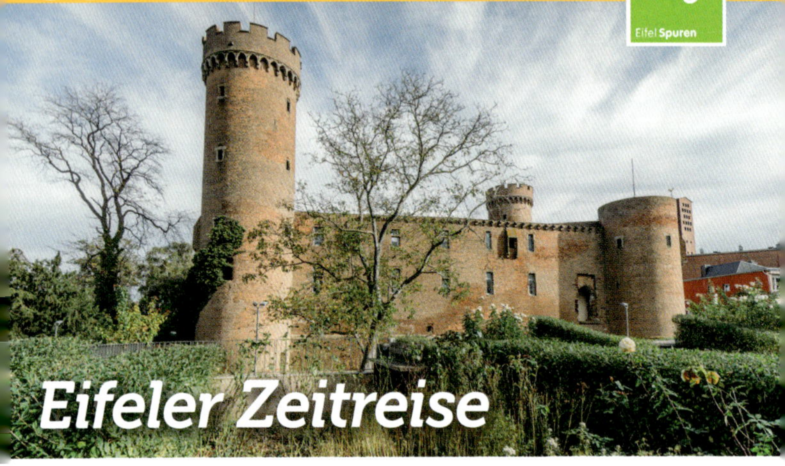

Eifel Spuren

Eifeler Zeitreise

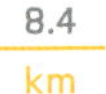

8.4 km

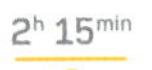

2^h 15^{min}

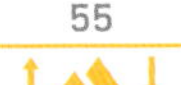

55

84

478 562

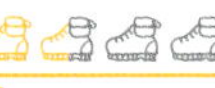

ESP16X3

Start/Ziel: Parkplatz am Seepark Zülpich

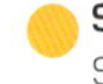

Anfahrt: A 1 bis zur Ausfahrt 110b (Euskirchen), kurz auf die B 56n, dann auf die L 61 nach Dürscheven. Auf B 56 Richtung Zülpich und via Lövenich zum Parkplatz am Seepark fahren.

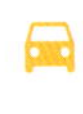

Parken: Parkplatz am Wassersportsee, Zülpich
N50° 40' 40.5'' • E6° 39' 19.9''

Wegpunkte:
P1 Parkplatz am Seepark
32 U 334362 5616630
P2 Tripelpunkt Römerbastion
32 U 334615 5617352
P3 Rosengarten & Burgblick
32 U 333780 5617972
P4 Kölntor
32 U 334188 5618384
P5 Marktplatz
32 U 333857 5618236

scan to go®

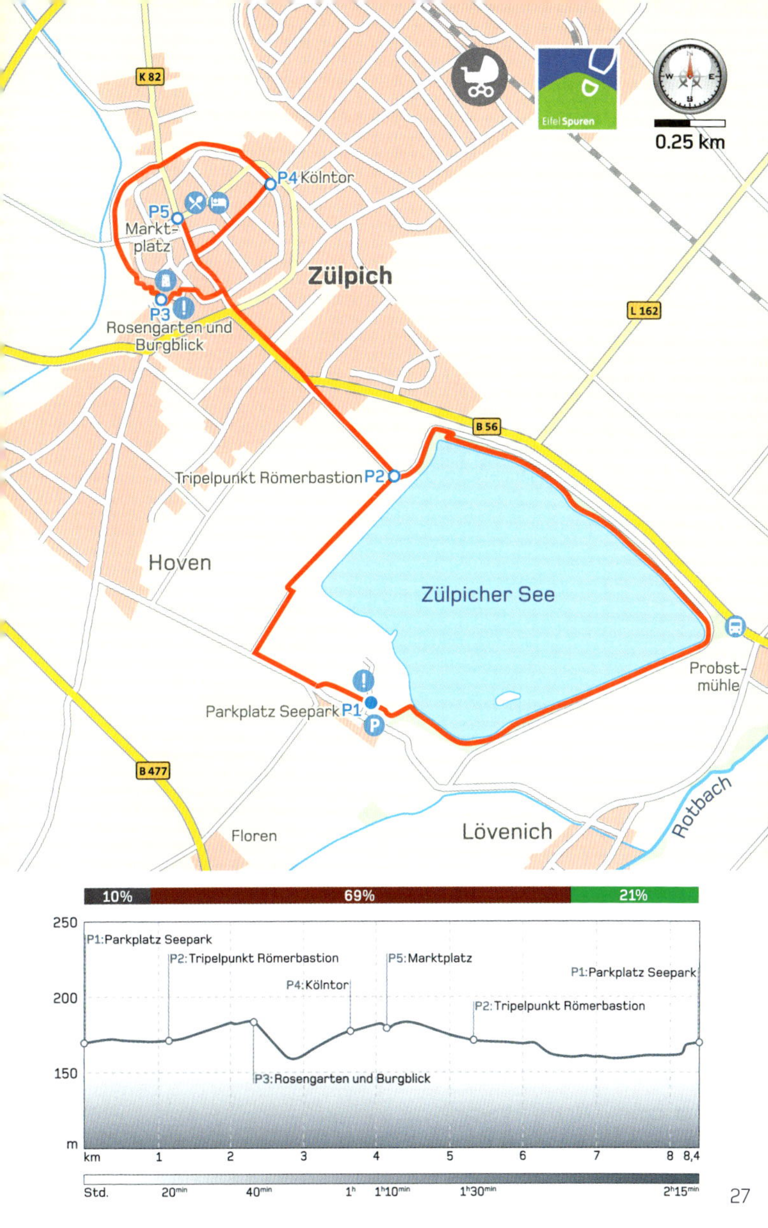

K 82
Eifel Spuren
0.25 km
P4 Kölntor
P5
Markt-
platz
Zülpich
P3
Rosengarten und
Burgblick
L 162
B 56
Tripelpunkt Römerbastion P2
Hoven
Zülpicher See
Probst-
mühle
Parkplatz Seepark P1
B 477
Floren
Lövenich
Rotbach
10%
69%
21%
250
200
150
m
P1: Parkplatz Seepark
P2: Tripelpunkt Römerbastion
P4: Kölntor
P5: Marktplatz
P1: Parkplatz Seepark
P2: Tripelpunkt Römerbastion
P3: Rosengarten und Burgblick
km
1
2
3
4
5
6
7
8
8,4
Std.
20min
40min
1h
1h10min
1h30min
2h15min

Der Name verrät es bereits: die Eifelspur Ritter, Römer, Rüben bietet uns eine bunte Mischung aus Landschaftserlebnis und Zeitreise. Rund um den Zülpich See dominieren Felder und das Seeufer mit dem einladenden Seepark. In der Stadt erwartet uns ein historischer Rundgang zu Römern und Rittern.

Am großen Parkplatz am Zülpicher Seepark (1) starten wir zur Entdeckungstour zwischen Kultur und Freizeit. Direkt vor dem Haupteingang des Seeparks, der zur Landesgartenschau 2014 komplett neu und sehr attraktiv gestaltet wurde, empfängt uns das Portal der Eifelspur.

Den gebührenpflichtigen Besuch im Seepark heben wir uns für den Abschluss auf und wenden uns daher zunächst nach links. Auf asphaltiertem Weg laufen wir also außen am umzäunten Areal entlang und wenden uns an einem Wegweiser nach rechts. Wir folgen dem Zaun und lassen links den Blick über die angrenzenden Felder schweifen: Damit ist das mit den „Rüben" im Wegnamen also schon mal geklärt.

Vorbei an einer ersten Bank und mit einem kleinen Versatz gelangen wir nach **1.1 km** zum Seepark Nebeneingang Römerbastion (2). Hier stehen wir zugleich am Tripelpunkt unserer Wanderung, denn an dieser Stelle unterbrechen wir die Seeumrundung und biegen links Richtung Stadt ab, da wir zunächst die historischen Spuren Zülpichs entdecken wollen.

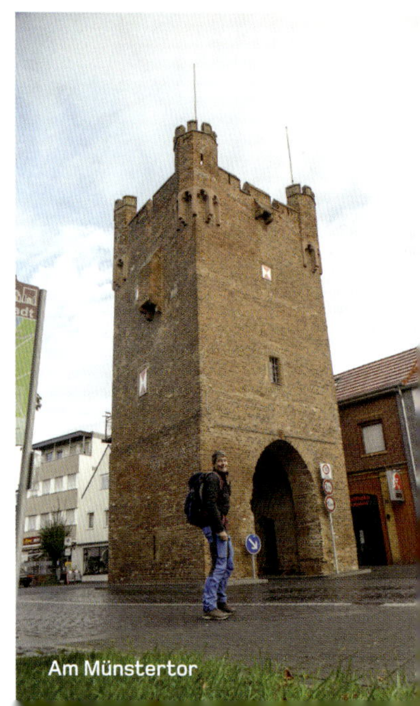

Am Münstertor

Der von attraktiv geschnittenen Bäumen alleeartig gesäumte Fußweg führt uns mit unwesentlicher Steigung zum Stadtrand von Zülpich. Dort treffen wir auf die Bonner Straße, der wir auf dem Gehweg zum nahen Münstertor folgen. Hier betreten wir nach **2 km** das historische Zentrum.

Bei erster Gelegenheit biegen wir links in die Brauersgasse ab, die uns leicht rechts zur Peterskirche bringt. Das außen recht modern anmutende Gebäude hat uralte Wurzeln: Die Krypta stammt noch aus dem Frühmittelalter. Gleich nebenan lädt übrigens das Museum der Badekultur zum Rundgang ein. Wir merken uns den Besuch für später vor, lassen die Kirche links liegen und laufen über den Vorplatz zur beeindruckend aufragenden Landesburg.

Direkt an dem noch immer recht trutzigen Bau führt uns eine Brücke über den Wallgraben in die zur Landesgartenschau neu angelegten Parkareale am und im Wallgraben. So biegen wir gleich nach der Brücke rechts ab und lassen uns im idyllischen Rosengarten zu einer Pause verführen. Dabei haben wir die Landesburg (3) mit den runden Türmen bestens im Blick. Wir schlendern durch die herrlich arrangierten Rosenbeete und steigen schließlich rechts zum Fuß der Burgmauer ab. Von hier aus laufen wir auf verschlungenem Pfad durch den neu angelegten Streuobstgarten, der sich nun vor der Stadtmauer erstreckt.

Wir erreichen nach **2.8 km** die eindrucksvolle Doppelanlage des Weiertors. Wir behalten die Richtung bei und folgen einem Fußweg durch die Grünanlage an der Stadtmauer. Einige Outdoor-Fitnessgeräte locken zur körperlichen Ertüchtigung im Schatten der mittelalterlichen Gemäuer, doch wir begnügen uns heute mit Wandern.

Als wir die Bachstraße queren, grüßt rechts das imposante Bachtor. Noch bleiben wir aber außerhalb der Stadtbefestigung und nutzen den geradeaus führenden Fußweg im Schatten mächtiger Bäume. Wir passieren ein Ehrenmal und queren per Ampel die Martinstraße.

Dann ist es soweit: Nach **3.6 km** stehen wir am Kölntor (4) und biegen rechts ins Stadtzentrum ab. Die Kölnstraße führt uns mitten in die Stadt, wo wir an der Kreuzung Münsterstraße auf einen weiteren Verzweigungspunkt unserer Eifelspur stoßen: Eigentlich setzt sich die Runde links fort, doch wir wollen dem nahen Marktplatz noch einen kurzen Besuch abstatten und wenden uns daher zunächst nach rechts. Nur 100 m später stehen wir am schön gestalteten Marktplatz (5).

Wir kehren zurück zur Verzweigung an der Kölner Straße und laufen nun geradeaus mit der Münsterstraße zum Münstertor. Von hier aus geht es auf bereits bekannter Strecke mit der Bonner Straße zum Beginn des Alleeweges. Auf diesem erreichen wir nach **5.3 km** wieder den Tripelpunkt an der Römerbastion am Zülpich See (2), wo wir unseren Seerundgang mit einem Linksschwenk wieder aufnehmen.

Zunächst bleiben wir auf dem asphaltierten Seeuferweg und gelangen zügig ans Nordufer des Sees. Einige Bänke bieten Rastgelegenheit und Seeblicke. Nach **6.2 km** dürfen

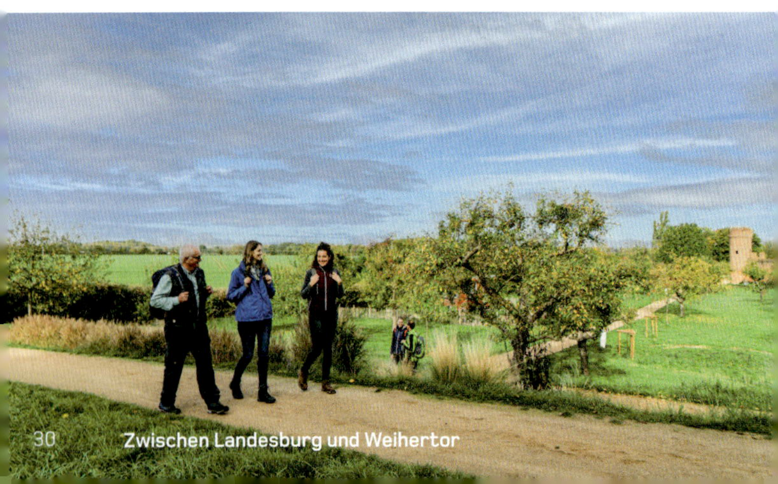

wir endlich direkt ans Seeufer absteigen, wozu wir rechts einen Stichweg zum naturbelassenen Uferweg nutzen. Nun haben wir das Wasser stets gut im Blick und beobachten das muntere Treiben der Seevögel. Besonders an sonnigen Wochenenden tummeln sich viele Boote auf dem See, sodass wir von den regelmäßig bereitstehenden Bänken stets kurzweilige Unterhaltung genießen können.

Am Ostende des Sees laufen wir wieder kurz auf dem Asphaltweg und bleiben dabei mit einer Wendung nach rechts dem See weiter treu. Schon bald dürfen wir wieder auf den Naturweg am Seeufer wechseln und den gemütlichen Spaziergang fortsetzen.

Dann rückt die Seeinsel in unseren Fokus und mit etwas Glück lassen sich auch die eleganten Reiher beim Fischfang beobachten. So gelangen wir ans Südufer und passieren den umzäunten Bereich des Zülpicher Ruder- und Segelvereins. Nun heißt es Abschied nehmen vom See, denn der Weg knickt nach links bergan, und wir treffen wieder am Rand des Parkplatzes ein.

Nun sind es nur noch wenige Schritte, bis sich der Kreis dieser abwechslungsreichen und spannenden Tour nach **8.4 km** am Portal (1) beim Seepark-Eingang schließt. Wer möchte, kann den Seepark besuchen und je nach Jahreszeit die zauberhafte Blütenpracht bewundern.

FAZIT

Der Weg eignet sich für Jung und Alt und verlangt keine besonderen Fähigkeiten. Feste Schuhe sind jedoch sinnvoll. Am schönsten erlebt man den Weg, wenn man ab dem Tripelpunkt im Uhrzeigersinn läuft.

Alles blüht

Auf dem ehemaligen Gelände der Landesgartenschau bietet der kostenpflichtige Seepark Zülpich heute auf 20 Hektar ein buntes Erlebnisprogramm von inspirierenden Gärten bis zum atemberaubenden Flying Fox. Pflanzenfreunde kommen besonders in den Mustergärten auf ihre Kosten: Egal ob Staudenbeet oder mediterranes Flair – die verschiedenen Themengärten geben zugleich Inspiration und Gelegenheit zum Entspannen im Grünen.

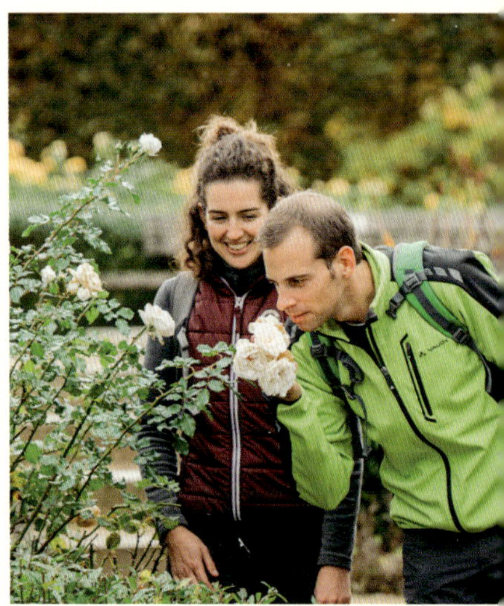

Wer es aktiv angehen möchte, kann sich auf dem 400 Quadratmeter großen Sandstrand austoben. Attraktionen wie ein Piraten-Kletterschiff, Riesen-Schaukeln oder der Wasserspielplatz kommen bei den jungen Besuchern ganz groß an. Wer es gemütlicher will, kann in einem Strandkorb Platz nehmen oder den See per Tretboot erkunden.
www.seepark-zuelpich.de

Nordeifel Tourismus GmbH, Bahnhofstraße 13, 53925 Kall, 02441/99457-0, www.nordeifel-tourismus.de
- *Tourist-Information Zülpich, (Römerthermen Zülpich – Museum der Badekultur) Andreas-Broicher-Platz 1, 53909 Zülpich, 02252/83806-100, www.roemerthermen-zuelpich.de*

Café Lago Beach Zülpich, Am Wassersportsee, 53909 Zülpich, 02252/53266, www.lago-beach-zuelpich.de
- *Café Gehlen, Münsterstr. 21-23, 53909 Zülpich, 02252/2000*

Kaffee Siechhaus, Siechhaus 1, 53909 Zülpich, 02252/8309920, www.siechhaus.de

Wohnmobilhafen am Wassersportsee Zülpich, Am Wassersportsee, 53909 Zülpich, 02252/52203, www.seepark-zuelpich.de/wohnmobilhafen/

Von Düren oder Euskirchen mit der Bördebahn nach Zülpich. Infos: www.rvk.de

Taxi Matusiak, Karolingerstraße 13, 53909 Zülpich, 02252/94050

Die römischen Wurzeln von Zülpich sind unübersehbar, besonders wenn es um die Badekultur geht. Beim Besuch des 2008 eröffneten **Museum für Badekultur** *sorgt die besterhaltene römische Therme nördlich der Alpen dann auch sogleich für eine Zeitreise 2000 Jahre zurück in die Zeit der Römer. Denn die legten schon viel Wert auf Komfort. www.roemerthermen-zuelpich.de*

Hunde können die Runde problemlos laufen, sind aber an der Leine zu führen. Es gibt höchstens am Ostufer des Wassersportsees Zugang zum Wasser.

EIFELSCHLEIFEN

- *Zum Bleibach, ▸ 10.1 km*
- *Himmel und Äad, ▸ 11.1 km*
- *Via Agrippa, ▸ 13.3 km*

04 Soweit das Auge reicht

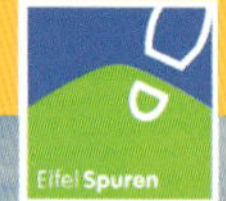

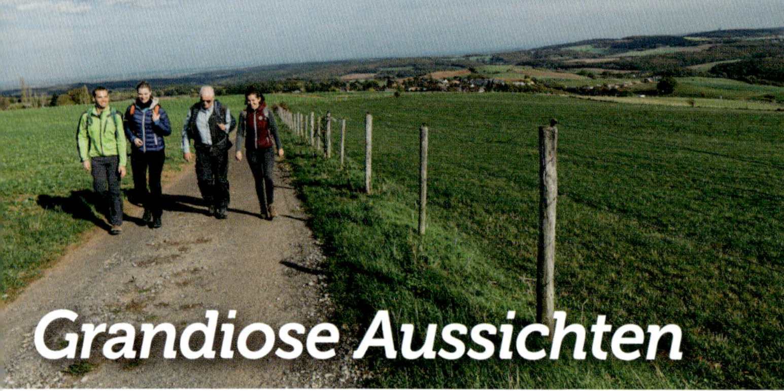

Grandiose Aussichten

16.3	4h 45min	384	500	1110 1303	
km					ESP15X4

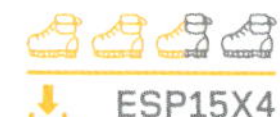

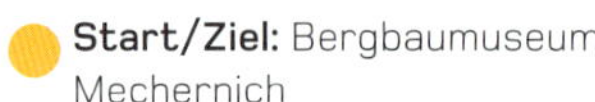

Start/Ziel: Bergbaumuseum Mechernich

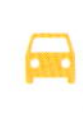

Anfahrt: A 1 bis Mechernich, dann B 477 nach Mechernich. Am Kreisel südlich auf die K 28 (Bleibergstraße) Richtung Bergheim.

Parken: Parkplatz am Bergbaumuseum Mechernich
N50° 35' 11.0'' · E6° 38' 57.0''

Wegpunkte:

P1 Bergbaumuseum
32 U 333641 5606498

P2 Abzweig Bleiberg
32 U 331502 5604299

P3 Aussicht Bleiberg
32 U 331230 5604485

P4 Eifelblick Pflugberg
32 U 331675 5603686

P5 Aussicht Lichtertberg
32 U 332883 5602643

P6 Eifelblick Galgennück
32 U 332851 5604119

scan to go®

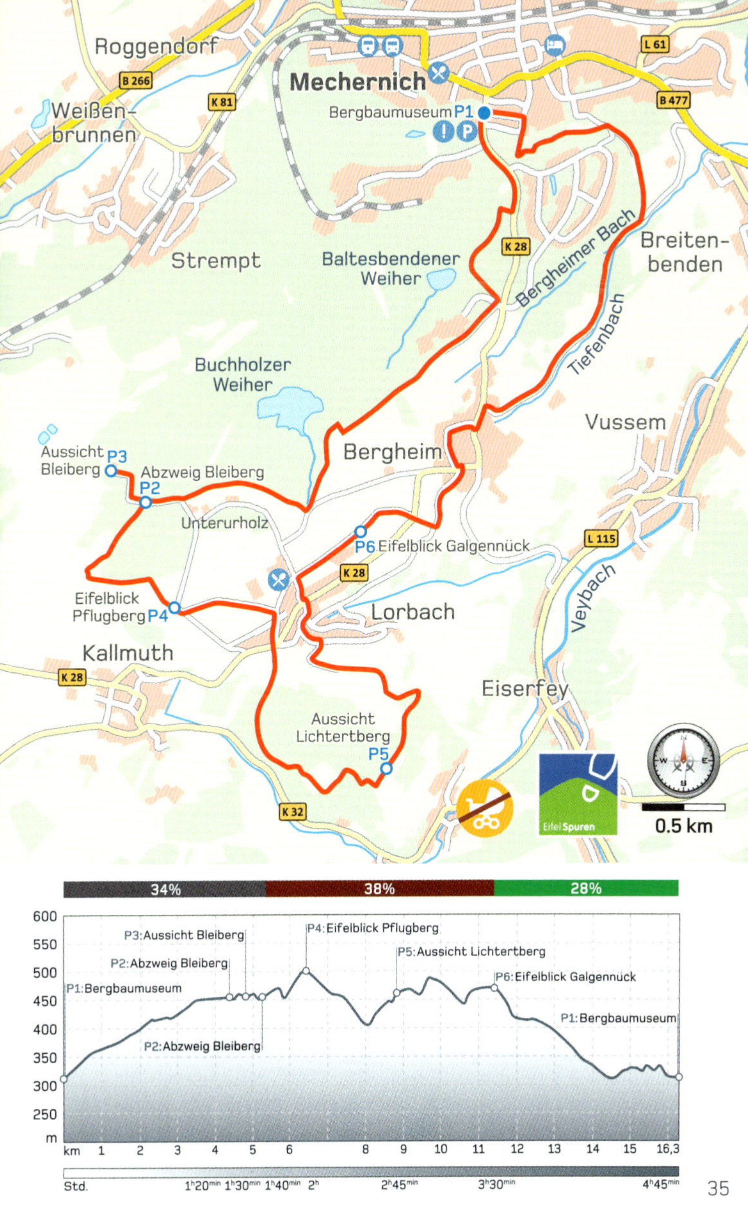
Roggendorf
B 266
Weißen-
brunnen
K 81
Mechernich
Bergbaumuseum P1
L 61
B 477
Strempt
Baltesbendener
Weiher
K 28
Bergheimer Bach
Breiten-
benden
Tiefenbach
Buchholzer
Weiher
Vussem
Aussicht
Bleiberg P3
Abzweig Bleiberg
P2
Bergheim
Unterurholz
P6 Eifelblick Galgennück
L 115
K 28
Eifelblick
Pflugberg P4
Lorbach
Veybach
Kallmuth
K 28
Eiserfey
Aussicht
Lichtertberg
P5
K 32
EifelSpuren
0.5 km
34%
38%
28%
600
550
500
450
400
350
300
250
m
P3: Aussicht Bleiberg
P2: Abzweig Bleiberg
P1: Bergbaumuseum
P4: Eifelblick Pflugberg
P5: Aussicht Lichtertberg
P6: Eifelblick Galgennück
P1: Bergbaumuseum
P2: Abzweig Bleiberg
km 1 2 3 4 5 6 8 9 10 11 12 13 14 15 16,3
Std. 1h20min 1h30min 1h40min 2h 2h45min 3h30min 4h45min

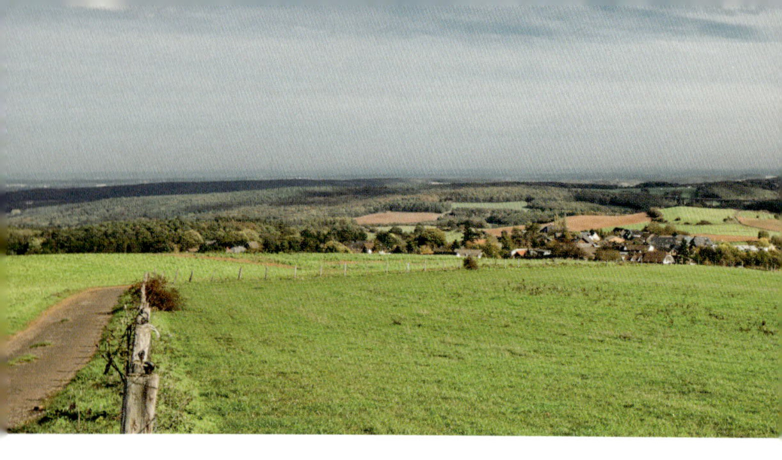

So weit das Auge reicht – das ist heute Programm: Auf der gut 16 km langen Runde um Mechernich sind die Aussichten über die Eifel grandios. Dazu erleben wir Bergbaugeschichte hautnah und dürfen eine abwechslungsreiche wie reizvolle Natur erleben.

Direkt am Bergbaumuseum in Mechernich (1) beginnen wir die Wanderung auf der Eifelspur „Soweit das Auge reicht", die ihrem Namen immer wieder alle Ehre machen wird.

Wir laufen gegen den Uhrzeigersinn und wenden uns daher am Wegweiser an der Straße rechts bergan. Auf asphaltiertem Parallelweg zur Bleibergstraße gelangen wir zur Zufahrt ins Bundeswehrdepot und queren kurz darauf auch die Bleibergstraße.

Wir setzen den Anstieg auf asphaltiertem Fußweg fort, passieren die Kaserne und queren nach **0.7 km** erneut die Bleibergstraße, um auf der anderen Seite erstmals in den Wald einzutauchen. Kurz darauf treffen wir auf einen Querweg und halten uns links.

Auf befestigtem Grund laufen wir fast eben durch den Wald und ignorieren abzweigende Wege. An einer Lichtung stoßen wir auf eine Kreuzung und wenden uns halb rechts

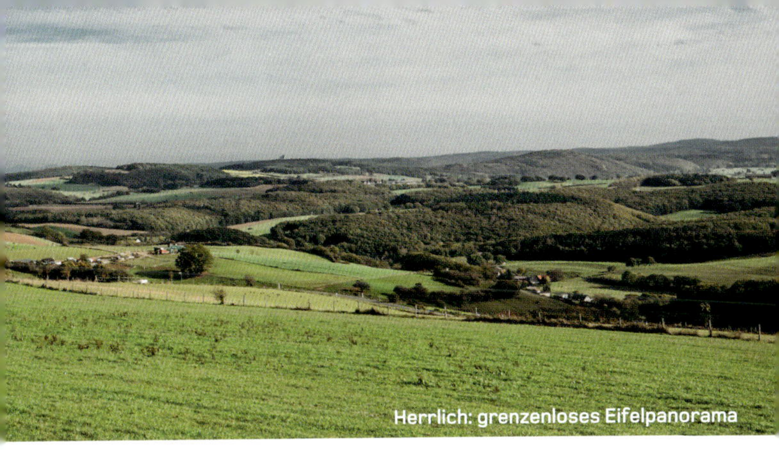
Herrlich: grenzenloses Eifelpanorama

sanft bergan. Der Schotterweg führt uns bis kurz vor die Bleibergstraße.

Allerdings schickt uns der Wegweiser auf einen bequemen Weg, der erst am Waldrand und bald am Zaun der Bundeswehranlage entlangführt. Nach links genießen wir die freie Sicht über die Felder, und besonders der Blick zurück gibt uns einen ersten Eindruck der heute zu erwartenden Panoramen.

Nach **2.3 km** liegt die Bundeswehranlage hinter uns, und wir erreichen einen Heckenriegel. Hier dürfen wir geradeaus auf einen Naturweg wechseln, der uns nun zwischen den Feldern und dem Wald weiter gemächlich aufwärts führt. Wir folgen stets dem Waldrand, auch als dieser wegen einer Wiese etwas zurückweicht. Am nächsten Wegweiser bleiben wir dem grasigen Waldrandweg weiter treu und kommen zügig voran, während wir weiter an Höhe gewinnen.

Nach **3.3 km** treffen wir an einer Wegkreuzung ein und biegen scharf rechts ab. Schon auf den ersten Metern auf diesem Waldrandweg sind wir begeistert, denn rechts steht eine Allee aus alten Eichen Spalier und sorgt für einen Schatten spendenden grünen Baldachin. Während wir diese zauberhafte Wegbegleitung genießen, wandern wir gemütlich aufwärts, lassen einen abzweigenden Weg unbeachtet und eine umzäunte Wiese links liegen. An einem Querweg mit Schranke biegen wir halb rechts ab und laufen nun wieder durch den Wald bergab.

Nach **4.4 km** stehen wir am Abzweig zum Bleiberg (2). Eigentlich setzt sich die Eifelspur links fort, doch wir wollen uns den insgesamt knapp 1 km langen Abstecher zum Bleiberg nicht entgehen lassen und laufen daher zunächst geradeaus auf asphaltiertem Weg weiter.

Der Wald hat sich spürbar gewandelt: Kiefern dominieren das Wegumfeld und verströmen an warmen Tagen herrlichen Harzgeruch, der uns an südliche Gefielde erinnert.

Wir folgen der Waldstraße um zwei Biegungen und passieren einen Sendemast. Nach **4.8 km** ist es dann so weit: Inmitten heideartiger Landschaft haben wir den Aussichtspunkt Bleiberg (3) samt Infotafel und Premiumblick auf einen

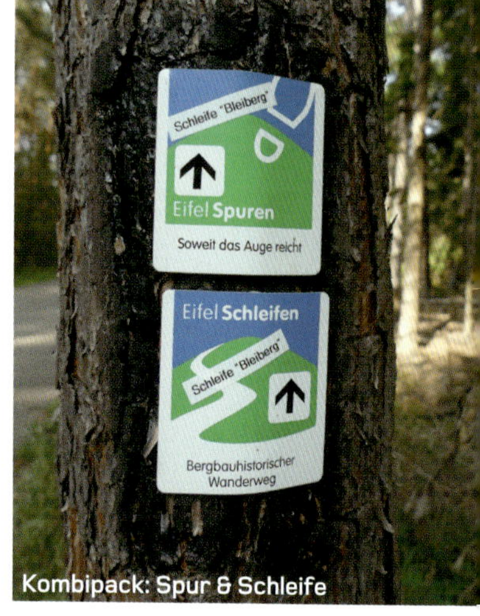

Kombipack: Spur & Schleife

alten Abbaubereich erreicht. Sogar Kelten und Römer rückten hier einst dem Gestein zu Leibe, um wertvolles Erz zu gewinnen.

Beeindruckt von so langer Bergbaugeschichte, kehren wir auf der Waldstraße zurück zum Abzweig der Bleibergschleife (2) und wenden uns nun rechts wieder unserer Eifelspur zu. Die ausgeschilderte Route verläuft weiter durch die von Kiefern und Heidekraut geprägte Bergbaulandschaft des Kallmuther Berges. Hell knirscht das Gestein unter den Sohlen – wir können uns kurz wie in der

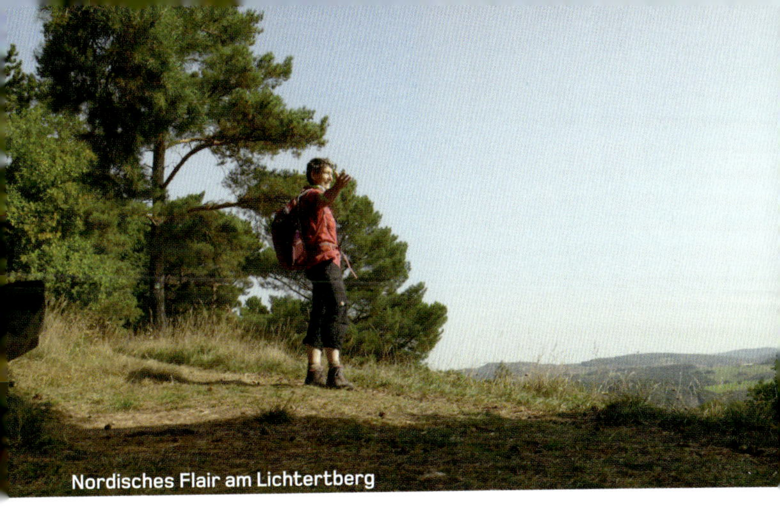
Nordisches Flair am Lichtertberg

Lüneburger Heide fühlen. An der Hangkante eröffnet sich nach **5.7 km** ein großartiger Blick über die gewellte Mittelgebirgslandschaft der Eifel.

Wir steigen auf steinigem Geröllweg endgültig vom Kallmuther Berg ab und wenden uns nach deutlichem Höhenverlust an einem Wegweiser nach links. Nun lässt es sich wieder entspannt wandern, denn auf grasigem Grund finden wir festen Halt und erobern entlang des Waldrandes die Flanke des Pflugberges. Bevor wir auf die offene Weite der Wiesen abbiegen, lädt uns ein Rastplatz zur Pause im Grünen ein. Nur das nahe Windrad beeinträchtigt den Genuss einer Rast, und so folgen wir dem Wiesenpfad zügig hinauf zum Gipfel des Berges. Was für eine Aussicht!

Und toll, dass kurz nach dem Gipfel, als unser Wiesenweg auf einen Asphaltweg stößt, gleich zwei urbequeme Sinnesbänke (4) zum Pausieren bereitstehen. Das lassen wir uns nach **6.5 km** nicht entgehen. Berauscht von der Sicht, wandern wir weiter und biegen bald links auf einen Asphaltweg ab, der uns mit sanftem Gefälle an den Ortsrand von Lorbach bringt.

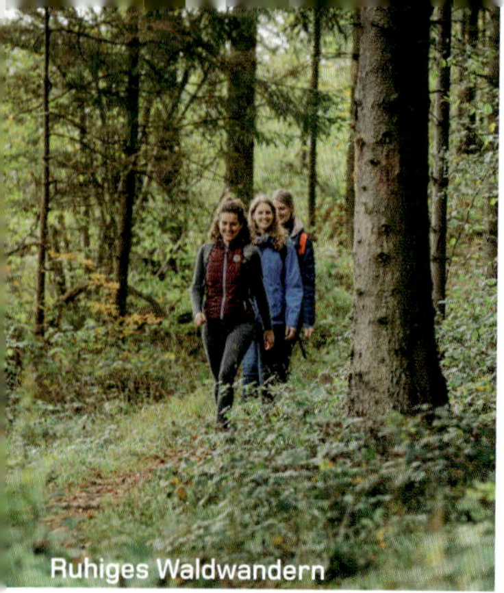

Ruhiges Waldwandern

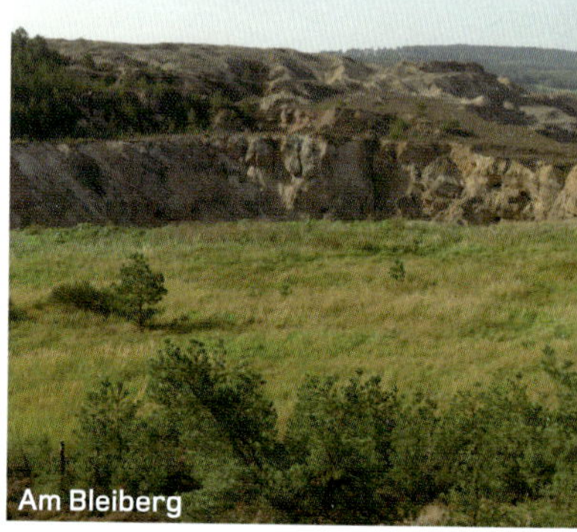

Am Bleiberg

Hier besteht nach 7.1 km die Möglichkeit, die Tour um 3.6 km zu kürzen. Wer die landschaftlich reizvolle Umrundung des Lichtertberges auslassen will, kann an dieser Stelle links dem Asphaltweg folgen und wird nach 250 m am Antoniushof wieder auf die Eifelspur treffen.

!

Wer die gesamte Tour und den vollen Wanderspaß erleben möchte, biegt daher rechts ab. Wenig später queren wir die Bergheimer Straße und wandern auf einem Feldweg in die offene Flur. An der nächsten Weggabelung halten wir uns rechts und tauchen mit unserem mittlerweile naturbelassenen Weg wieder in den Wald ein. Anfangs nur wenig, bald aber recht stramm führt uns die Eifelspur talwärts.

Nach **8 km** treffen wir auf einen Querweg, auf dem auch der Römerkanal-Wanderweg und die Eifelspur „Wasser für Köln" (Seite 48) verlaufen. Gemeinsam geht es links auf befestigtem Forstweg bergan. Kurz unterbricht eine Wiese den Waldanstieg, dann sorgt der Mischwald wieder für Schatten. An einer Waldkreuzung biegen wir rechts ab und erreichen kurz darauf den nächsten Wegweiser.

Hier trennen wir uns von Römerkanal-Wanderweg und „Wasser für Köln", die geradeaus dem Forstweg folgen. Wir aber dürfen links auf einen urigen Pfad wechseln, der sich durch den dichten Wald bergan windet. Unvermittelt öffnet sich die Baumkulisse und wir stehen an der Hangkante des Lichtertberges.

Weit schweift der Blick über das Tal hinweg, und ein toller Pfad führt uns aussichtsreich und fast höhenparallel durch die atemberaubend schöne Natur. Kein Wunder, dass es hier nach **8.8 km** eine Bank (5) und etwas versteckt im Wald auch einen (anmelde- & gebührenpflichtigen) Naturlagerplatz zum Zelten gibt.

Wir genießen die weitere Pfadpassage, die viel zu schnell an einem Forstweg endet. Doch lange bleiben wir nicht auf dem befestigten Weg, denn bei Verlassen des Waldes dürfen wir links auf einen Grasweg abbiegen, der uns vorbei an einer Bank stramm bergan zurück in die offenen Wiesen bringt.

Der Anstieg endet an einem Querweg, auf den wir uns rechts wenden. Die Aussicht ist erneut gigantisch: Bei klarem Wetter reicht der Blick mühelos bis zum Rheintal, wo sich beispielsweise das Siebengebirge deutlich erkennen lässt.

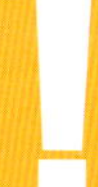

Besonders gut ist die Sicht von einer Bank in einer Kurve.

Danach nähert sich der Weg wieder Lorbach, das wir mit einigen gut markierten Schlenkern nach **10.5 km** erreichen. Über den Masholderweg erreichen wir das Zentrum des Ortes und biegen links hoch zur Bergheimer Straße.

Wir queren sie und laufen über den Urholzer Weg bergan zum Ortsrand. Am Antoniushof schicken uns die Logos nach **10.9 km** scharf rechts auf einen asphaltierten Wirtschaftsweg.

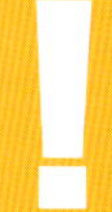

Wer die Abkürzung genutzt hat, stößt an dieser Stelle von links wieder auf die Eifelspur.

Wir laufen nun an einigen Weiden vorbei in die offene Flur und sind begeistert, als wir am Eifelblick Galgennück (6) ankommen. Wieder stehen gleich zwei Sinnesbänke und eine normale Bank zum Genießen des grandiosen Panoramas bereit. Eine Einladung, der wir nicht widerstehen können ...

Nach ausgiebigem „Eifel-Fernsehen" setzen wir die Wanderung fort, verlieren langsam an Höhe und queren nach **11.8 km** erneut die Bergheimer Straße. Ein Grasweg führt uns noch etwas tiefer, bis wir einem Asphaltweg links ins nahe Bergheim folgen.

Dort passieren wir die ersten Häuser, bis wir wieder an die Bergheimer Straße kommen. Nun biegen wir links und kurz darauf wieder rechts in die Straße „In den Benden" ab und wandern durch das ruhige Wohngebiet.

Nach dem Kindergarten knickt die Route rechts auf „Im Heidenpesch" ab und führt uns bis zur St. Barbara Kapelle an der Eifelstraße. Wir wenden uns nach links und dürfen am Ortsende rechts mit der Tiefenbachstraße endgültig die Bebauung verlassen. Der Weg bleibt asphaltiert, und so können wir weit ausschreiten und gleichzeitig den Blick über die Hecken, Wiesen und Gehölze der Umgebung schweifen lassen.

Dann rückt die Vegetation näher an den Weg heran, und der Asphalt geht in einen Naturweg über. Abzweigende Wege ignorieren wir, während wir Schritt für Schritt tiefer in das Tal eindringen. Schließlich passieren wir rechts eine eingezäunte Weide und treffen an deren Ende auf eine Kreuzung mit Wegweiser: Hier wechseln wir links an den Waldrand und laufen mal wieder aufwärts.

Die rechts angrenzende Wiese gibt Gelegenheit, den Blick über die Umgebung schweifen zu lassen, während sich links bald wieder Bundeswehrareal erstreckt. Wir tauchen erneut in den Wald ein und wandern dort sanft bergan bis zu einer

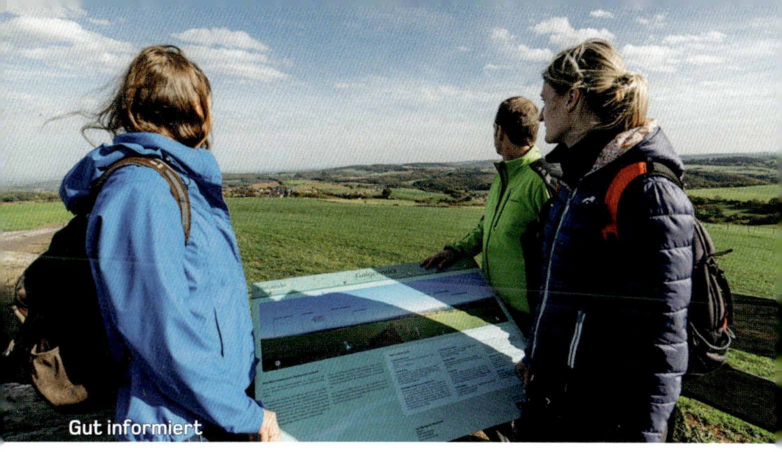
Gut informiert

Weggabelung: Hier wenden wir uns nach **15.2 km** nach links und folgen nun dem Zaun des Bundeswehrareals mit etwas Auf und Ab durch den Wald.

Nach einem letzten Anstieg treffen wir an einer Waldkreuzung mit Bank und Wegkreuz ein. Hier schicken uns die Logos rechts bergab, und nur 100 m später entlässt uns der Wald in eine ruhige Nebenstraße von Mechernich.

Wir laufen geradeaus, biegen dann links in die Günnersdorfer Straße ab, der wir zur Bleibergstraße folgen.

Diese queren wir beim Bergbaumuseum, wo sich nach **16.3 km** der Kreis unserer aussichtsreichen Bergbauwanderung schließt (1). Wer mag, kann die Tour durch einen Besuch des Besucherbergwerks krönen.

FAZIT

Aufgrund seiner Länge verlangt der Weg gute Kondition. Festes Schuhwerk, Regen- oder Sonnenschutz und ausreichend Verpflegung sind wichtig. Am schönsten erlebt man die Tour gegen den Uhrzeigersinn. Der Weg weist einige An- und Abstiege auf, besonders anspruchsvolle Passagen gibt es nicht.

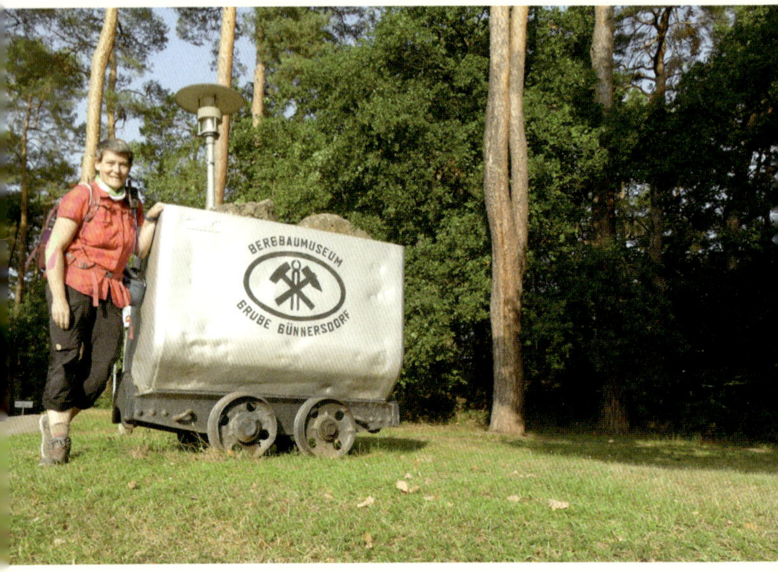

Schatzsuche am Bleiberg

Schon vor 2000 Jahren suchten Kelten und Römer rund um Mechernich nach wertvollen Bodenschätzen. Abgebaut wurden Bleierze, die bis ins Mittelalter meist von Eigenlöhnern in kleinen Stollen gefördert wurden. Im 17. Jahrhundert gründeten drei Großkaufleute eine Gesellschaft, ließen einen Entwässerungsstollen anlegen und konnten so tiefere Erzlager erschließen. Im 19. Jahrhundert arbeiteten knapp 2000 Bergleute am Bleiberg, dem erzreichsten Abbau im Kaiserreich. 1931 war die Lagerstätte in Günnersdorf weitgehend erschöpft. Nach der Stilllegung versuchte man um 1950 eine Wiederbelebung, die jedoch an Grubenwasser, Erdbeben und eingefallenen Stollen scheiterte. 1957 wurde der Betrieb endgültig eingestellt. Heute ist ein Teil der Stollen ein Besucherbergwerk. Rund eineinhalbstündige Führungen geben einen Einblick in den Erzabbau.
ⓘ www.bergbaumuseum-mechernich.de

Nordeifel Tourismus GmbH, Bahnhofstraße 13, 53925 Kall, 02441/99457-0, www.nordeifel-tourismus.de
- Tourist-Information Mechernich, Krewelshof 1/Enzener Straße, 53894 Mechernich-Obergartzem, 02256/9595629, www.krewelshof.de

Restaurant Stadtkrone, Heerstraße 117, 53894 Mechernich, 02443/1642, www.restaurant-stadtkrone.de
- Café Hofmann & Hofmann, Bahnstr. 44, 53894 Mechernich, 02443/2472
- Eifel Hofladen, Dörriestr. 4, 53894 Mechernich, 0163/5000145, www.eifelhofladen.de
- Gaststätte Zum Müden Wolf, Michael-Schumacher-Str. 3, 53894 Mechernich-Lorbach, 02482/1453,

Landhotel Josefshof, Josefshof 1, 53894 Mechernich-Bergheim, 02484/919571, www.landhotel-josefshof.de

Wohnmobilstellplatz am Mühlenpark, Elisabethhütte, 53894 Mechernich

Am einfachsten nutzt man den Zug für die Anreise zum Bahnhof Mechernich. Infos: www.rvk.de

Taxi Esser, Waldstraße 43, 53894 Mechernich, 02443/2777

Das **LVR Freilichtmuseum**, eines der größten in Europa, ist eine tolle Ergänzung. Auf 80 Hektar mit über 60 historischen Gebäuden erlebt man hautnah, wie unsere Vorfahren gelebt und gearbeitet haben. Von April bis Oktober gibt es zahlreiche Veranstaltungen, bei denen man Akteure bei längst vergessenen Tätigkeiten erleben kann. www.kommern.lvr.de

Für Hunde mit guter Ausdauer ist der Weg kein Problem. Unterwegs gibt es jedoch keinen Zugang zu Wasser.

EIFELSCHLEIFEN

- Altusknipp-Weg, 4.2 km
- Ab in den Wald, 8.8 km
- Fachwerkidylle, 9.8 km
- Bergbauhistorischer Wanderweg, 10.2 km

Notizen

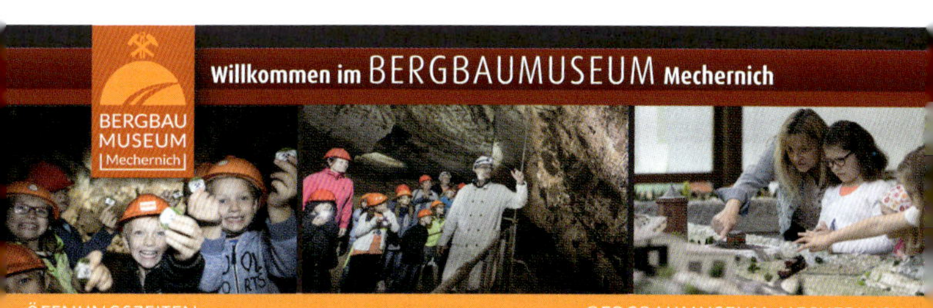
Willkommen im BERGBAUMUSEUM Mechernich
BERGBAU
MUSEUM
Mechernich
ÖFFNUNGSZEITEN:
MO: Ruhetag (Nur angemeldete Gruppen werden geführt!)
DI - SA: 14:00–16:00 Uhr · Führung Bergwerk: 14:00 Uhr
SO: 11:00–16:00 Uhr · Führung Bergwerk: 11:00 Uhr & 14:00 Uhr
BERGBAUMUSEUM MECHERNICH
Bleibergstr. 6 · Mechernich · Tel.: 02443 4 86 97
bergbaumuseum-mechernich@t-online.de
www.bergbaumuseum-mechernich.de

05 Wasser für Köln

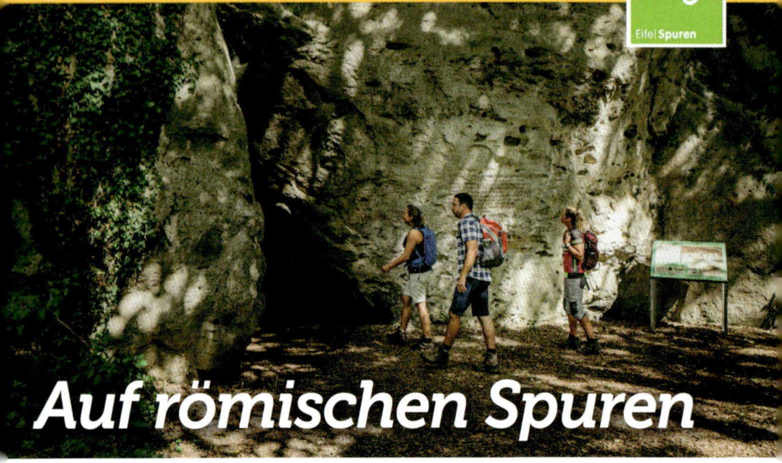

EifelSpuren

Auf römischen Spuren

16.9	5h	465	480	1194 1401	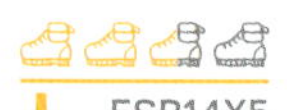
km		↑ ↓		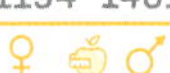	ESP14X5

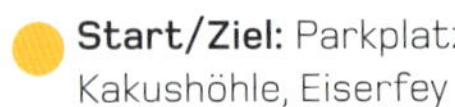
Start/Ziel: Parkplatz Kakushöhle, Eiserfey

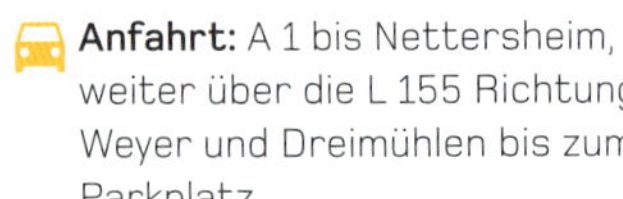
Anfahrt: A 1 bis Nettersheim, weiter über die L 155 Richtung Weyer und Dreimühlen bis zum Parkplatz.

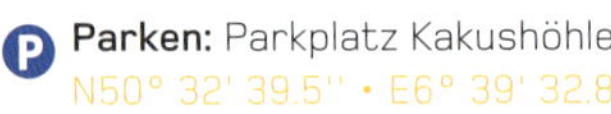
Parken: Parkplatz Kakushöhle
N50° 32' 39.5'' • E6° 39' 32.8''

Wegpunkte:

P1 Parkplatz Kakushöhle
32 U 334146 5601765

P2 Weyer, Kirche
32 U 333525 5601556

P3 Schutzhütte
32 U 332174 5600560

P4 Urfey
32 U 332551 5601668

P5 Röm. Brunnenstube
32 U 332063 5602771

P6 Aquädukt Vussem
32 U 334886 5604039

P7 Röm. Sammelstelle Eiserfey
32 U 333990 5603004

P8 Kakushöhle
32 U 334222 5601883

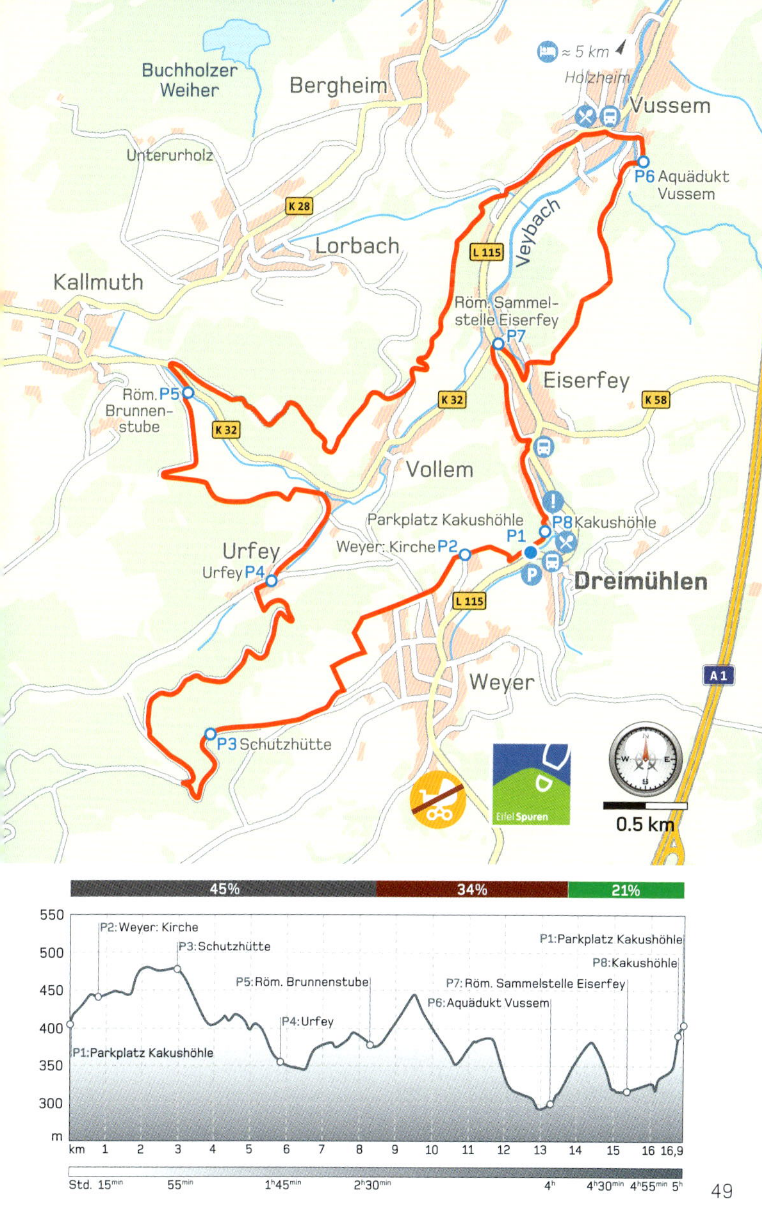
Buchholzer Weiher
Bergheim
≈ 5 km
Holzheim
Vussem
Unterurholz
K 28
P6 Aquädukt Vussem
Veybach
Lorbach
L 115
Kallmuth
Röm. Sammel-stelle Eiserfey
P7
Eiserfey
Röm. P5 Brunnen-stube
K 32
K 58
K 32
Vollem
Parkplatz Kakushöhle
P8 Kakushöhle
Urfey
Weyer: Kirche P2
P1
Urfey P4
Dreimühlen
L 115
A 1
Weyer
P3 Schutzhütte
Eifel Spuren
0.5 km
45%
34%
21%
550
500
450
400
350
300
m
P2: Weyer: Kirche
P3: Schutzhütte
P5: Röm. Brunnenstube
P4: Urfey
P1: Parkplatz Kakushöhle
P6: Aquädukt Vussem
P7: Röm. Sammelstelle Eiserfey
P8: Kakushöhle
P1: Parkplatz Kakushöhle
km 1 2 3 4 5 6 7 8 9 10 11 12 13 14 15 16 16,9
Std. 15min 55min 1h45min 2h30min 4h 4h30min 4h55min 5h

Die Eifelspur „Wasser für Köln" präsentiert uns eine grandiose Mischung aus herrlichen Aussichten, toller Natur und beeindruckenden Relikten römischer Ingenieurskunst. Gekrönt wird diese sehr reizvolle und abwechslungsreiche Runde mit der Passage durch die Kakushöhle.

Direkt am Parkplatz Kakushöhle (1) an der B 477 am Ortsrand von Eiserfey beginnen wir die Tour „Wasser für Köln". Den Besuch der Höhle wollen wir uns für den Schluss aufheben, was gut passt, da man die Eifelspur am besten im Uhrzeigersinn wandert.

So wenden wir uns am Wegweiser neben dem kleinen Bistro direkt der Treppe zu, die uns stramm bergan in den Wald führt. Viele Stufen müssen wir nicht meistern, dann treffen wir auf einen Querweg, dem wir nach links folgen.

Bald lichtet sich die Vegetation, und wir laufen am Heckenrand nach rechts. Wenige Schritte später stoßen wir auf einen Feldweg und laufen rechts weiter am Waldrand entlang. Dabei eröffnet sich uns ein erster schöner Fernblick. Am nächsten Abzweig verlassen wir den Waldrand und wenden uns links einem durch offene Flur ansteigenden Feldweg zu. Einen Querweg ignorieren wir und wandern an Steinkreuz und Bank vorbei Richtung Weyer. Das Dorf erreichen wir nach **0.8 km** an der Kirche (2).

Ein Wegweiser schickt uns geradeaus am Ortsrand entlang, und bald bleiben die letzten Häuser hinter uns zurück. Dabei genießen wir den tollen Blick nach rechts Richtung Urfeyer Tal und zum ehemaligen Bergbauareal am Bleiberg, das wir von der Eifelspur „Soweit das Auge reicht" (▸ Seite 34) kennen.

Wir folgen dem bequemen Weg an einem Waldstück entlang und biegen dann wieder in die offene Wiesenlandschaft ab. Mit einem scharfen Rechtsknick wechseln wir auf einen befestigten Feldweg

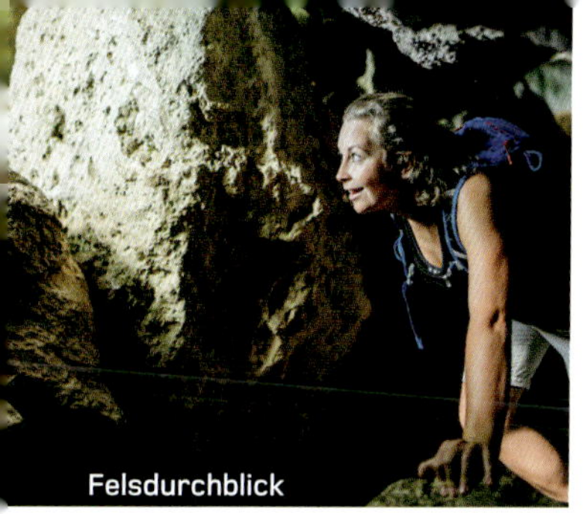

Felsdurchblick

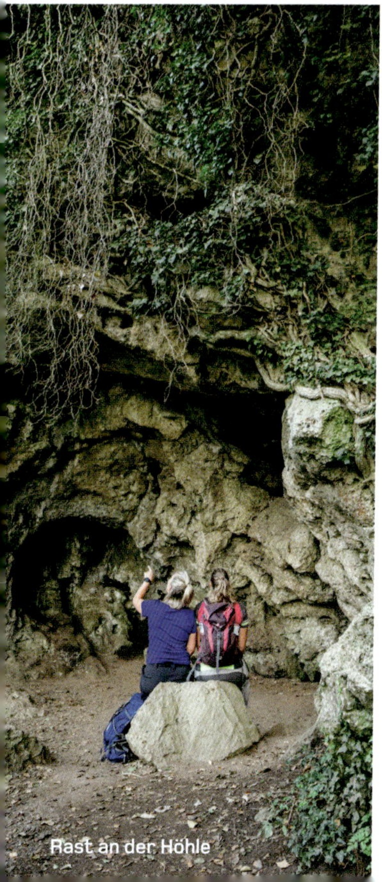

Rast an der Höhle

und genießen wieder die herrliche Aussicht. Die wird noch besser, nachdem wir links auf federndem Grasweg einige Höhenmeter erklommen haben und auf einen Asphaltweg treffen.

Dem folgen wir nun nach rechts und können dabei den Blick weit über die Eifellandschaft gleiten lassen. Beim Blick zurück beherrscht der markante Kirchturm von Weyer das Bild, am Horizont zeichnet sich mal wieder die Schüssel des Effelsberger Radioteleskops ab. Die werden wir heute noch öfter zu Gesicht bekommen ...

Nach **2.2 km** gabelt sich unser Weg, und wir dürfen halb rechts auf einen nur noch befestigten Waldweg wechseln. Der führt uns zunächst heckengesäumt durch Wiesen, taucht aber bald in den Wald ein. Erst sorgen duftende Nadelbäume für eine völlig neue Umgebung, dann mischen sich zunehmend Buchen dazu, und wir erfreuen uns an der herrlich ruhigen und dennoch abwechslungsreichen Waldpassage. Riesige Buchenkronen spannen ihr grünes Dach über uns, bevor uns in einer Waldkurve eine Schutzhütte (3) zur Pause einlädt.

Wir wandern weiter auf befestigten Waldwegen und verlieren dabei kontinuierlich an Höhe. Mit einigen Kurven gelangen wir nach **3.9 km** wieder an den Waldrand, wo uns die Logos mit scharfer Kehre nach rechts schicken. Links begleitet uns nun eine große Waldwiese mit Solitärbäumen.

Nach deutlichem Höhenverlust treffen wir an einem Wegweiser ein: Hier biegen wir rechts zurück in den Wald. Es geht mal wieder bergauf, wobei der Anstieg moderat ausfällt. Erneut ist es der Wald, der ein attraktives und kurzweiliges Rahmenprogramm beisteuert, während wir mit stetem Auf und Ab Richtung Urfey wandern.

Um dort anzukommen, dürfen wir nach **5.4 km** den scharfen Knick nach links auf einen absteigenden Waldweg nicht übersehen. Rasch gelangen wir an den Waldrand, folgen dort einem schmalen Pfad und biegen schließlich mit einem Wirtschaftsweg rechts zu den ersten Häusern von Urfey ab.

An einem Wegweiser wenden wir uns nach rechts auf einen Asphaltweg. In der Ortsmitte (4) gabelt sich die Straße, wir nutzen die links abbiegende Urfeyer Straße, um dem Urfeyer Bachtal zu folgen.

Rasch kommen wir voran, und an einer Wegkreuzung stößt von rechts ein Sträßchen aus Weyer zu uns. Wir biegen links ab, passieren einige Häuser und queren den Kallmuther Bach. Unmittelbar bevor wir an der Kaller Straße ankommen, dürfen wir links auf einen Wiesenweg wechseln.

Der führt uns erst sanft, dann kurzzeitig sehr steil durch den offenen Wiesengrund des Tales. Bald dürfen wir entspannt zwischen Wald und Wiesen talaufwärts wandern und bekommen dabei wieder Gelegenheit, herrliche Weitblicke zu genießen.

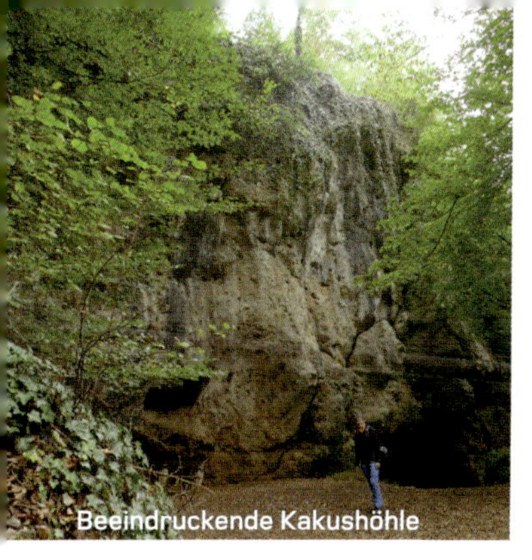

Beeindruckende Kakushöhle

Nach **7.4 km** treffen wir auf einen Querweg und laufen links in ein Seitental. Lange dauert es nicht, bis wir den Talgrund queren und auf der anderen Seite sanft bergan laufend wieder dem Haupttal zustreben. Mittlerweile haben wir Asphalt unter den Sohlen und kommen darauf zügig voran.

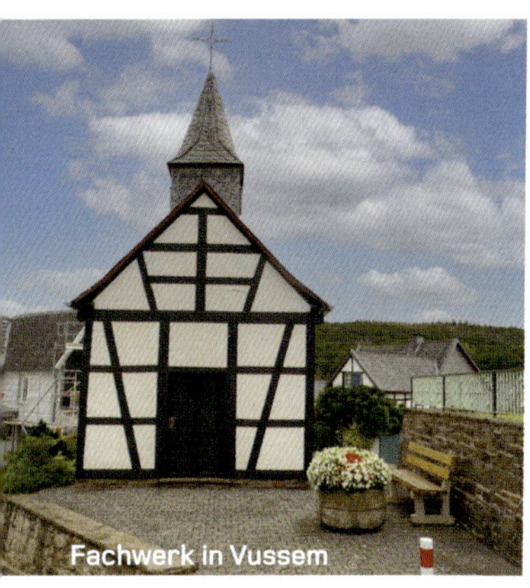

Fachwerk in Vussem

Als der Weg nach links biegt, öffnet sich ein toller Blick auf das Kallmuther Bachtal. Wir folgen der Eifelspur nun wieder talwärts, und am Beginn des Waldstücks dürfen wir den abrupten Abzweig nach rechts auf einen Treppenpfad nicht verpassen. Die Treppe bringt uns hinab ins Tal, wo wir nach **8.3 km** an der römischen Brunnenstube (5) der Ingenieurskunst der Römer eine erste Referenz erweisen.

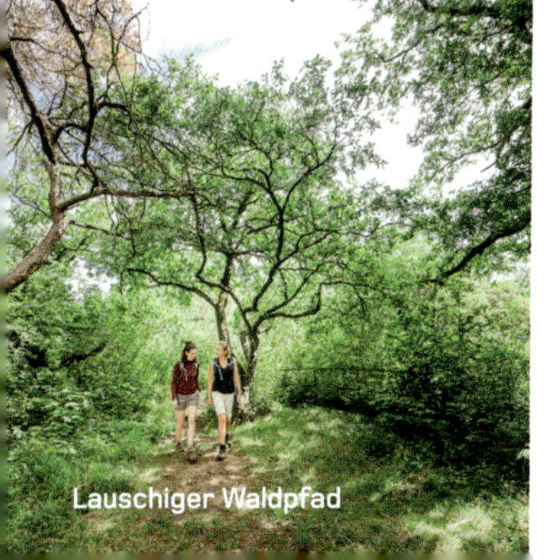

Lauschiger Waldpfad

Wir laufen zur nahen K 32, wo uns ein Wegweiser nach links schickt. Bei der folgenden, 100 m langen Passage auf dem Straßenbankett sind Vorsicht und volle Aufmerksamkeit gefragt, denn die schmale Straße ist recht gut

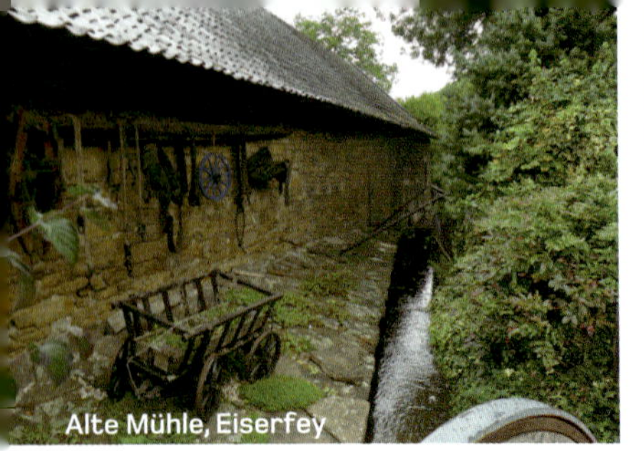
Alte Mühle, Eiserfey

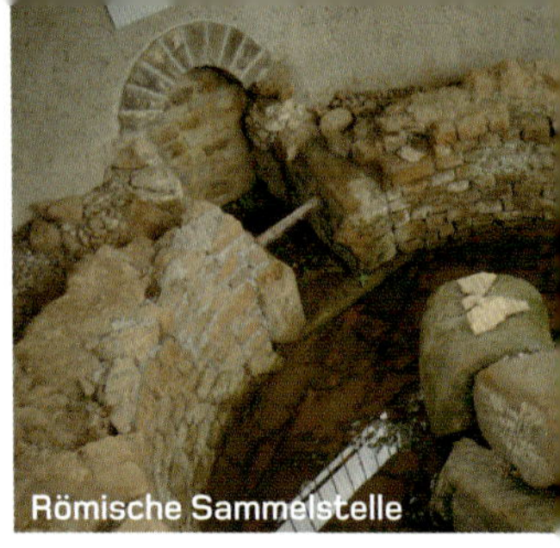
Römische Sammelstelle

frequentiert. Am nächsten Wegweiser queren wir die Straße und laufen auf dem Forstweg bergan in den Wald.

Wir erobern die Flanke des Lichtertberges und bekommen Gesellschaft von der Eifelspur „Soweit das Auge reicht" (Seite 34). Wir meistern den Aufstieg, passieren eine kleine Wiese und halten uns an einer T-Kreuzung im Wald rechts. Nach **9.6 km** verabschiedet sich „Soweit das Auge reicht" nach links, während wir geradeaus laufen.

Kurz umgibt uns noch Wald, doch dann führt unser Weg an einer Wiese vorbei und mit einem Schlenker in die offene Flur. Wir befinden uns nun auf halber Hanghöhe und bekommen mal wieder eine herrliche Aussicht auf das Tal geboten.

Dann schieben sich wieder Gehölze in den Vordergrund, und wir treffen auf einen Asphaltweg. Mit diesem wandern wir rechts talwärts und sind froh, dass wir an der nächsten markanten Kurve an einem Wegweiser, einem Steinkreuz und einer Bank links auf einen Feldweg abbiegen dürfen.

Mit einigen Windungen schrauben wir uns wieder etwas bergan, und bald ist wieder Panoramawandern angesagt, denn entlang der Hangkante laufend, liegt uns das Feybachtal zu Füßen, während unsere Blicke weit ins Hinterland schweifen können.

Nur gut, dass auf diesem Abschnitt auch immer wieder Bänke zum Genießen der Aussichten bereitstehen.

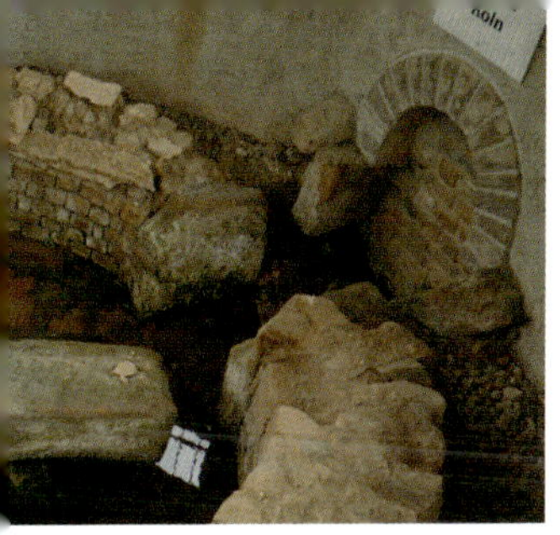

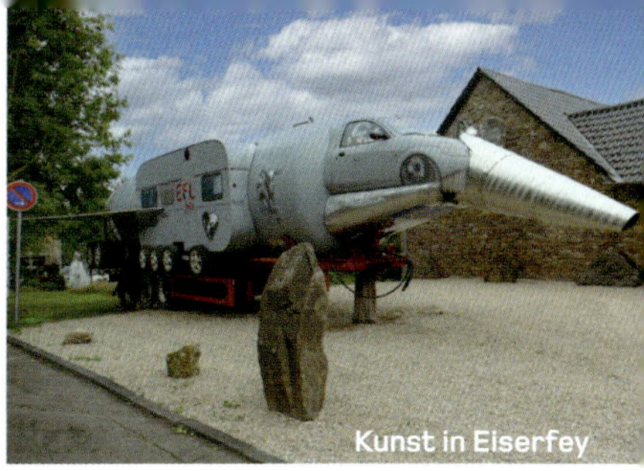

Kunst in Eiserfey

Nach **11.2 km** tauchen wir erneut in ein Waldstück ein, und in einem Taleinschnitt verabschiedet sich der Römerkanal-Wanderweg vorübergehend nach rechts. Wir folgen dem idyllischen Pfad durch Wald und Gehölze. Kurz darauf öffnet sich links wieder die offene Weite der Wiesen, und nun können wir den Blick zum Kamm des Galgennücks schweifen lassen, den wir auf der Eifelspur „Soweit das Auge reicht" erobert haben.

An einer Wegkreuzung schicken uns die Logos rechts auf einen absteigenden Waldpfad. Auf steinigem, etwas schwierig begehbarem Grund laufen wir mit einigen Schleifen bergab, bis sich unvermittelt vor uns das Gebüsch öffnet und wir an einer Straße stehen.

Die Querung an dieser sehr unübersichtlichen Stelle ist gefährlich, zumal wir auf der anderen Seite noch etwa 25 m nach links entlang der Leitplanke laufen müssen, bevor wir an einem Marterl mit Bank und Tisch rechts auf einen Asphaltweg abbiegen dürfen.

Wir folgen der kleinen Anliegerstraße nach Vussem, wo wir durch ein Wohngebiet zur Trierer Straße kommen. Wir biegen links ab und laufen bis zum Zebrastreifen, um sicher auf die andere Straßenseite zu gelangen. Nun sind es nur noch wenige Meter, bis wir rechts in die Holzheimer Straße abbiegen und mit dieser zum Ortsrand laufen. Dort wenden wir uns nach rechts und erreichen nach **13.3 km** das nächste unübersehbare

Römerrelikt: Beeindruckend ragen vor uns die Reste eines Aquäduktes (6) auf.

Voller Bewunderung für die Baukunst der Römer laufen wir zum nahen Sportplatz und biegen dort scharf rechts ab. Vorbei am Clubhaus gelangen wir zu einem steilen Pfad, der uns kurz bergan zum Rand des Friedhofs bringt. Wir laufen links weiter und treffen am Waldrand auf eine große Kreuzung. Der Römerkanal-Wanderweg biegt rechts ab, während unsere Eifelspur geradeaus ansteigend in den Wald eintaucht.

Auf dem Asphalt kommen wir rasch voran, und bald erreichen wir wieder offenes Terrain. Erst am Wegweiser an einem querenden Weg orientieren wir uns nach rechts und streben zum nahen Waldrand, wo nach **14.4 km** eine sehr aussichtsreiche Bank auf uns wartet. Bei klarer Sicht reicht der Blick bis ins Rheintal, und die Radioteleskopschüssel liegt auch wieder als altbekannte Wegmarke im Blickfeld.

Wir folgen dem Waldrand. An der Weggabelung bleiben wir rechts und dürfen bald wieder in den Wald eintreten. Doch der geht in ein Gehölz über, und ein sehr steiler Grasweg bringt uns an den Rand von Eiserfey.

Dort biegen wir links auf „Im Wiesental" ab und halten uns an der Straßengabelung bei der alten Mühle rechts. So

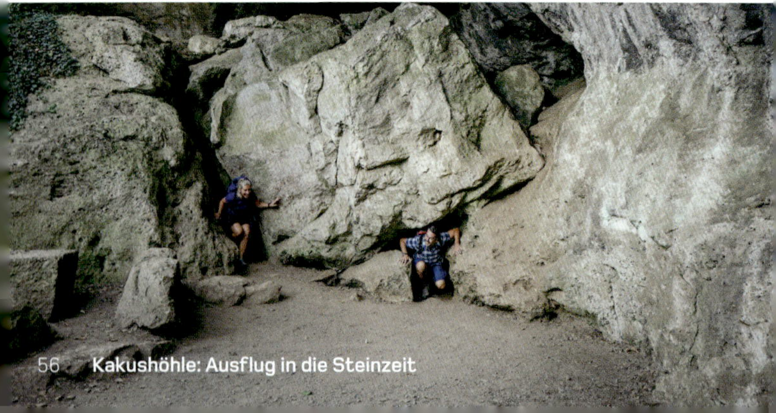

treffen wir nach **15 km** an der Hauserbachstraße ein und biegen rechts ab. Auf dem Gehweg laufen wir bis zum nächsten historischen Höhepunkt: der Römischen Sammelstelle (7).

Unter dem Schutzdach eines Pavillons erkennen wir ein Sammelbecken, in dem sich die Zuläufe aus Urfey und Dreimühlen mit dem Ablauf nach Köln trafen.

Nach diesem Exkurs queren wir die Straße und biegen scharf links auf den „Alten Weg" ab. Wir laufen durch das Wohngebiet und gelangen, vorbei an einem Atelier und der Kirche, noch einmal an die Hauserbachstraße, wo wir nach rechts laufen.

Bei erster Gelegenheit biegen wir rechts auf „Zur Kakushöhle" ab. Beim letzten Haus laufen wir dann rechts auf einem Pfad zurück in den Wald, wo wir den Endanstieg zur Höhle in Angriff nehmen.Treppen und Pfade führen uns etwas verschlungen durch den Wald, und bald passieren wir erste große Felsen. Dann ist es so weit: Nach **16.8 km** stehen wir vor der großen Karsthöhle.

Unsere Eifelspur führt auf einem der zahlreichen Pfade durch das Felsenlabyrinth und schließlich sogar mitten durch die Kakushöhle (8). Hier nehmen wir die Spur der Steinzeitmenschen auf und fühlen uns ganz klein.

Auf der anderen Seite erblicken wir wieder das Tageslicht und passieren einige Tafeln, bevor wir nach **16.9 km** am ersten Wegweiser stehen und am Parkplatz (1) diese sehr ereignisreiche und aufregende Tour beenden.

FAZIT

Aufgrund seiner Länge verlangt der Weg gute Kondition. Festes Schuhwerk, Regen- oder Sonnenschutz und ausreichend Verpflegung sind wichtig. Am schönsten erlebt man die Tour im Uhrzeigersinn. Der Weg weist einige An- und Abstiege auf, besonders anspruchsvolle Passagen gibt es nicht.

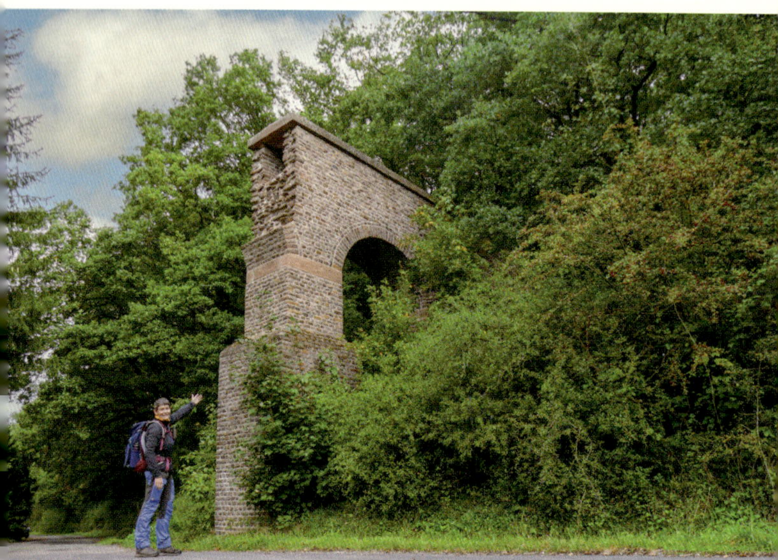

Wasser marsch!

Technisch versiert waren sie schon, die Römer. Die vor gut 2000 Jahren erbaute Wasserleitung zur Versorgung von Köln ist eine echte Meisterleistung. Das 95,4 km lange Bauwerk wurde in weniger als fünf Jahren umgesetzt, Reste der Wasserleitung sind bis heute zu bewundern. An einigen Stellen wurde der Römerkanal originalgetreu rekonstruiert und gewährt Einblicke in die römische Ingenieurskunst. Die Wasserleitung funktionierte alleine durch das Gefälle und versorgte die Stadt Köln 200 Jahre lang täglich mit 20 Millionen Liter Frischwasser. Die Leitung war meist 50 cm breit und 90 cm hoch, eine ein Meter starke Erdabdeckung schützte vor Frost. Zur Überwindung von Tälern baute man Aquädukte, deren Reste man heute im Urfttal bestaunen kann. Wer mehr wissen möchte, kann den 116 km langen Römerkanal-Wanderweg laufen oder das Infozentrum in Rheinbach besuchen. ⓘ www.roemerkanal.de

Nordeifel Tourismus GmbH, Bahnhofstraße 13, 53925 Kall, 02441/99457-0, www.nordeifel-tourismus.de

- Tourist-Information Mechernich, Krewelshof 1/Enzener-Straße , 53894 Mechernich-Obergartzem, 02256/9595629, www.krewelshof.de

Café Zur Kakushöhle, Kakusstraße, 53894 Mechernich-Dreimühlen, 02482/9198282, www.kakushoehle.de

- Gaststätte Feytal, Hauserbachstraße 71, 53894 Mechernich-Eiserfey, 02484/2346

Brunnenhof, Heistardstraße 13, 53894 Mechernich-Holzheim, 02484/9191331 www.brunnenhof-eifel.de

Wohnmobilstellplatz am Mühlenpark, Elisabethhütte, 53894 Mechernich

Der Regionalverkehr fährt zum Bahnhof Mechernich. Von dort nimmt man den Bus 830 (Richtung Nettersheim, Zingheim Rathaus) bis zur Haltestelle Dreimühlen in Mechernich.
Infos: www.rvk.de

Taxi Esser, Waldstraße 43, 53894 Mechernich, 02443/2777

Die Kakushöhle gehört zu den größten offen begehbaren Höhlen in Europa. Sie besteht aus Travertin, welcher durch Kalkablagerungen einer mineralreichen Quelle entsteht. Mit der Zeit traten Risse auf, und Wasser löste einen Teil des Gesteins auf. Die entstandene Höhle wurde bereits von Neandertalern genutzt, was Steinwerkzeuge beweisen. Heute steht die Kakushöhle unter Naturschutz und bietet im Winter zahlreichen Fledermäusen Unterschlupf.
www.kakushoehle.de

Hunde mit guter Ausdauer können den Weg absolvieren. Wasser unbedingt mitnehmen, unterwegs gibt es keinen Zugang.

EIFELSCHLEIFEN

- Rund um die Kakushöhle, ▸ 7.8 km
- Stockertblick und Herkelstein, ▸ 10.9 km
- Kakushöhle und Kartsteinhöhe, ▸ 13.7 km

06 Kneippwanderweg

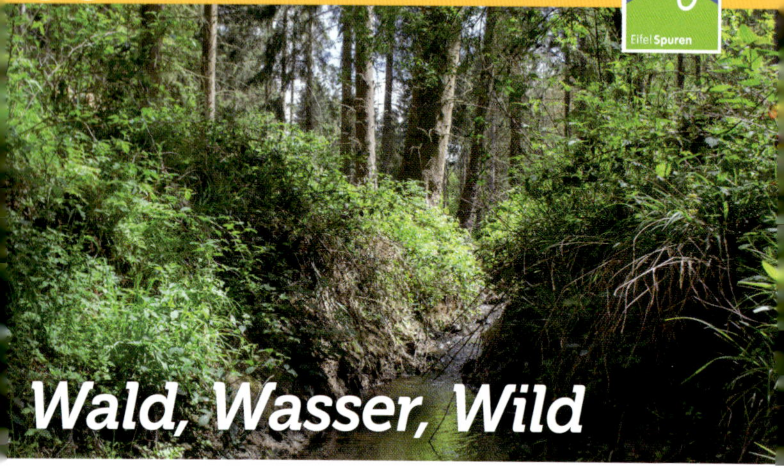

Wald, Wasser, Wild

15.5	4h 45min	378	458	1076 1263	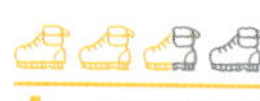
km					ESP13X6

Start/Ziel: Bahnhof Bad Münstereifel

Anfahrt: A 1 bis zur Ausfahrt Mechernich, über die L 165 ostwärts bis Bad Münstereifel.

Parken: P&R Bf. Bad Münstereifel
N50° 33' 36.7'' • E6° 45' 50.7''
Wanderparkplatz im Schleidtal
N50° 33' 27.7'' • E6° 47' 45.7''

Wegpunkte:
P1 Bf. Bad Münstereifel
32 U 341682 5603171
P2 Schutzhütte Jägersruh
32 U 343978 5603646
P3 Holzappelsweiher
32 U 344678 5603478
P4 Parkplatz Schleidtal
32 U 343890 5602960
P5 Eichenhütte
32 U 343451 5602247
P6 Sinnesbank & Aussicht
32 U 342667 5601757
P7 Abzweig Johannistor
32 U 341777 5602620
P8 Wildgehege
32 U 342771 5602820

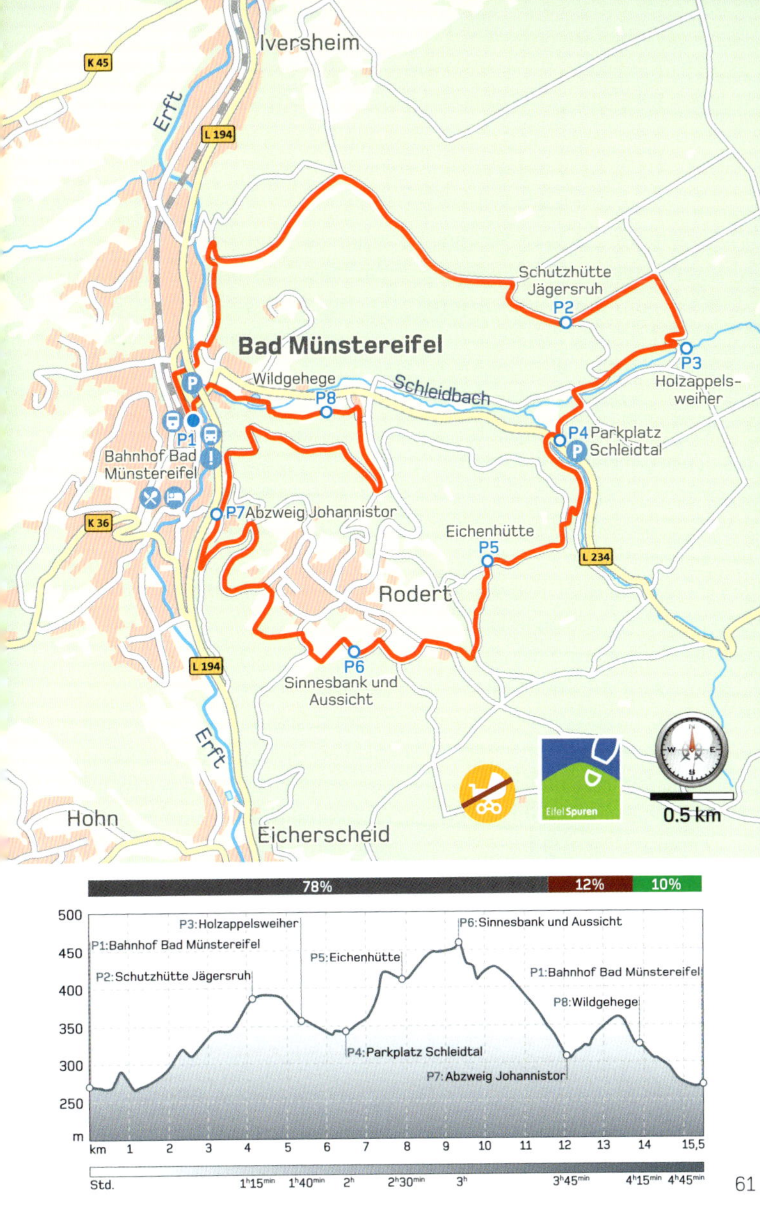
Iversheim
K 45
Erft
L 194
Bad Münstereifel
Schutzhütte
Jägersruh
P2
P3
Holzappels-
weiher
Wildgehege
P8
Schleidbach
P1
Bahnhof Bad
Münstereifel
P4 Parkplatz
Schleidtal
K 36
P7 Abzweig Johannistor
Eichenhütte
P5
L 234
Rodert
P6
Sinnesbank und
Aussicht
L 194
Erft
Eifel Spuren
0.5 km
Hohn
Eicherscheid
78%
12%
10%
P1:Bahnhof Bad Münstereifel
P2:Schutzhütte Jägersruh
P3:Holzappelsweiher
P4:Parkplatz Schleidtal
P5:Eichenhütte
P6:Sinnesbank und Aussicht
P7:Abzweig Johannistor
P8:Wildgehege
P1:Bahnhof Bad Münstereifel
500
450
400
350
300
250
m
km 1 2 3 4 5 6 7 8 9 10 11 12 13 14 15,5
Std. 1h15min 1h40min 2h 2h30min 3h 3h45min 4h15min 4h45min

Der Kneippwanderweg verspricht eine waldreiche, entspannende und dennoch auch fordernde Tour. Neben ruhigen Waldtälern erleben wir tolle Weitblicke und dürfen am Ende sogar mitten durch ein Wildgehege wandern, bevor die Tour vor den Toren der Bad Münstereifler Altstadt endet.

Wir beginnen die Wanderung auf dem Kneippwanderweg am Bahnhof von Bad Münstereifel (1). Da wir im Uhrzeigersinn wandern, laufen wir zunächst über den ausgedehnten P&R Parkplatz und queren dann per Zebrastreifen die Kölner Straße.

Wir biegen nun erst links, sogleich aber wieder rechts ab und nutzen eine kleine Brücke, um die Erft zu überwinden. Dann laufen wir unter der B 51 durch und wenden uns am Friedhof links auf einen Pfad. Dieser verläuft neben der quirligen Erft zum nahen Sportplatz. Nun geht es rechts zu einem Wegweiser, an dem wir links auf einen befestigten Wirtschaftsweg wechseln, der uns sogleich ins Grüne führt.

An einer Weggabelung laufen wir halb links weiter und gelangen nach **1.1 km** zu einer deutlichen Linkskurve. Während der Jakobsweg hier rechts auf einen Stichpfad abbiegt, laufen wir nach links und treffen kurz darauf auf einen Querweg. Erst hier wenden auch wir uns nach rechts. Wenig später mündet der Stichpfad auf unseren Forstweg, der uns nun langsam, aber stetig ansteigend ins Kornbachtal führt.

Vor allem zu Beginn der Talpassage führen uns frisch gerodete Areale die Folgen der letzten Hitzesommer hautnah vor Augen, doch als wir weiter in das herrlich ruhige Tal eindringen, erreichen wir wieder intakten Mischwald, der uns mit Schatten verwöhnt.

Während wir Schritt für Schritt bergan streben und abzweigende Wege ignorieren, lauschen wir dem Rauschen der Blätter und vergessen den Alltagsstress.

Nach **2.3 km** treffen wir an einer großen Kreuzung mit Schutzhütte und Wegweiser ein. Gerne nutzen wir die Gelegenheit zur kurzen Verschnaufpause, bevor wir dem weiterhin befestigten Forstweg nach rechts folgen. Wieder können wir das entspannte Waldwandern genießen und erleben dabei erneut einen steten Wechsel von gerodeten Arealen, neu aufstrebendem Jungwald und hochgewachsenem, alten Mischwald.

Seitenwege lassen wir unbeachtet, bis wir nach **3.6 km** von den markanten Eifelspur-Logos nach rechts geschickt werden. Wir setzen den Anstieg auf bequemem Forstweg fort und freuen uns, als wir wenig später an der Schutzhütte Jägersruh (2) die nächste Rastgelegenheit bekommen.

Vor uns breitet sich mal wieder ein gerodetes Gebiet aus, auf dem erste Pionierpflanzen dem Sonnenlicht entgegenstreben. Wir biegen an der Kreuzung links ab und ge-

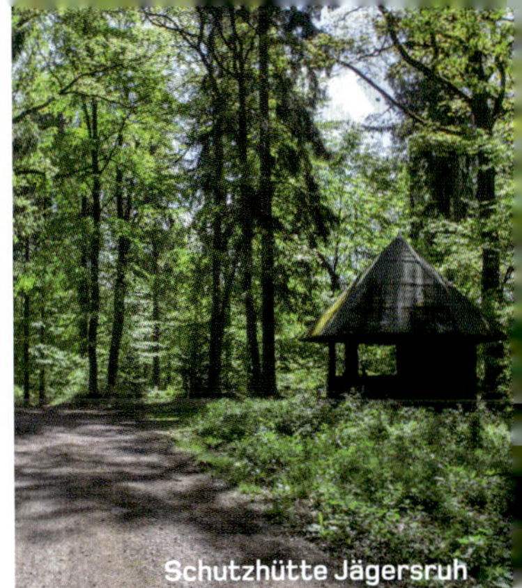
Schutzhütte Jägersruh

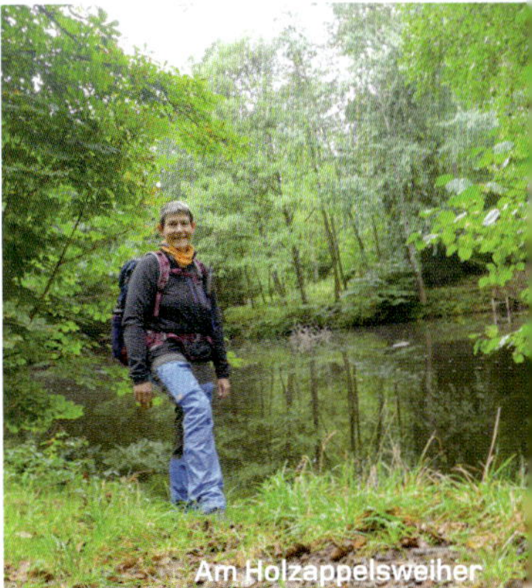
Am Holzappelsweiher

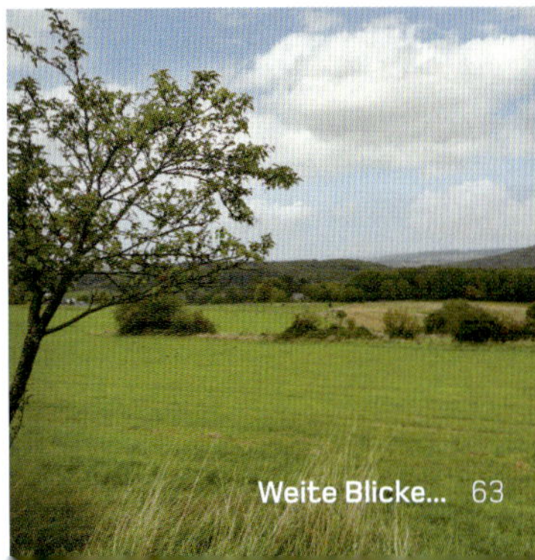

nießen es, nun mal fast eben durch den Wald zu wandern. Doch zu sehr sollten wir nicht ins Träumen kommen, damit wir an der nächsten Kreuzung den scharfen Knick nach rechts nicht verpassen. Wir überschreiten eine Kuppe, und dann senkt sich unser Weg spürbar ab. Wieder lassen wir Seitenwege unbeachtet und folgen unseren Markierungen mit einigen Schlenkern ins idyllische Schleidbachtal.

Dort treffen wir nach **5.4 km** an einem Wegweiser ein. Bevor wir hier jedoch rechts auf einen Naturweg wechseln, unternehmen wir einen kleinen Abstecher. Dazu laufen wir noch 50 m geradeaus zum nahen Rastplatz am Holzappelsweiher (3), wo wir am idyllischen Seeufer eine Pause einlegen können.

Anschließend kehren wir zum Wegweiser zurück und wandern nun auf federndem Waldpfad durch das Schleidtal. Im unteren Talabschnitt kommen wir in Nadelwald, und auch hier hat der Borkenkäfer ganze Arbeit geleistet.

So ist für uns der Blick nach links zum Talgrund frei. An einer Gabelung laufen wir links weiter und treffen schließlich unweit einer Waldwiese auf einen Querweg.

Wir orientieren uns links, ändern aber schon an der folgenden Kreuzung erneut die Richtung und folgen rechts dem Asphaltweg. Nach **6.5 km** erreichen wir den Wanderparkplatz Schleidtal (4), den man ebenfalls als Einstiegspunkt nutzen kann.

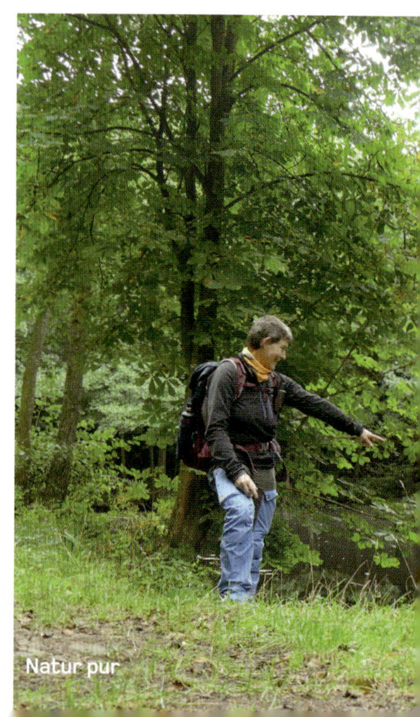

Natur pur

Wir queren die L 234 und wenden uns auf der anderen Seite links einem zunächst kaum ansteigenden Waldweg zu.

Noch hören wir die nahe Straße, doch nachdem wir an einer Weggabelung rechts bergan laufen, verstummen die Verkehrsgeräusche allmählich. Wieder gilt es Höhenmeter gutzumachen, und so erobern wir langsam, aber stetig die Bergflanke des Haarscheids. Gut geleitet von den Markierungen, überstehen wir einige Wendungen und treffen nach **7.9 km** an einer großen Waldkreuzung bei der Eichenhütte (5) ein, die uns zur verdienten Rast einlädt.

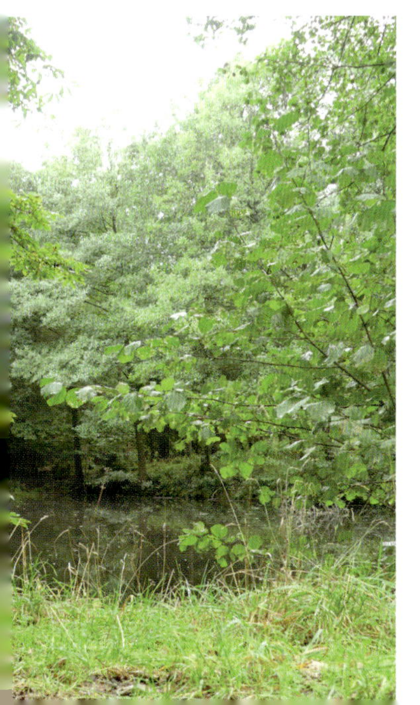

Im Anschluss setzen wir die Tour links fort und wandern an einem unscheinbaren Waldtümpel vorbei durch ein altes Windwurffeld. Zurück im dichten Wald, queren wir einen Forstweg und schwingen uns im Rechtsbogen pfadig bergan.

Lange dauert diese Passage nicht, die nach kurzem Anstieg am Effelsberger Weg bei einem einsamen Haus endet. Wir laufen nach rechts, verlassen den Wald und genießen erstmals eine tolle Fernsicht.

Nach kurzer Asphaltpassage biegen wir nach einer Bank links bergan und folgen dem Waldrand. Dabei können wir den Blick weit nach Norden schweifen lassen. Besonders gut gelingt das nach **9.4 km** an einem der typischen Eifelblickfenster oder von der benachbarten urbequemen Sinnesbank (6).

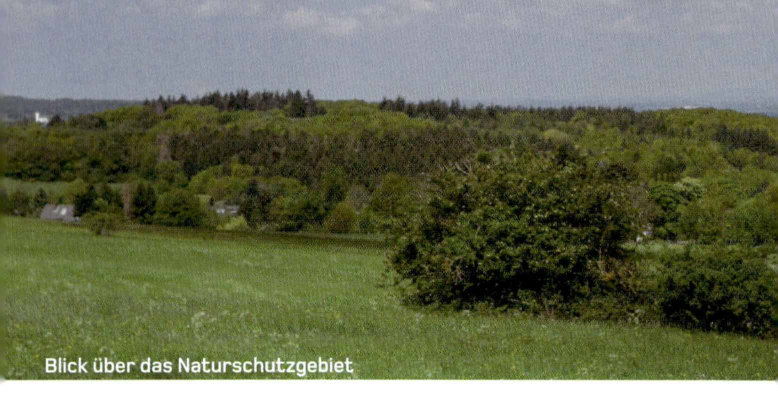
Blick über das Naturschutzgebiet

Kurz danach biegen wir an einem Querweg nach links, laufen durch ein Wäldchen und wandern auf dem Asphalt steil bergab zurück in die offene Flur. Im Tal sehen wir vor uns bereits die Häuser von Rodert, aber wir wenden uns bei nächster Gelegenheit links einem Feldweg zu.

Doch auch auf diesem bleiben wir nicht lange, sondern biegen an einer Weide rechts auf einen Grasweg ab, der uns abwärts zu einem Asphaltweg bringt. Dem folgen wir rechts bergan bis zu einem Wegweiser, an dem wir links wieder in den Wald eintauchen.

Nun umrunden wir auf bequemem Weg und fast ohne Höhendifferenz den Eselsberg. Schließlich weicht der Wald zurück, und wir laufen über eine Wiese zum Ortsrand von Rodert.

Vorbei am ersten Haus gelangen wir nach **10.5 km** ans Ende der Waldstraße und halten uns links. Nun befinden wir uns an der Südflanke des Radberges. Auch diesen umrunden wir, bis wir auf einen Asphaltweg stoßen, an dem wir scharf links auf den nächsten befestigten Forstweg abbiegen.

Schritt für Schritt verlieren wir Höhe und hören aus dem Tal bereits den Verkehr rund um Bad Münstereifel. An einer weiteren Schutzhütte kommt

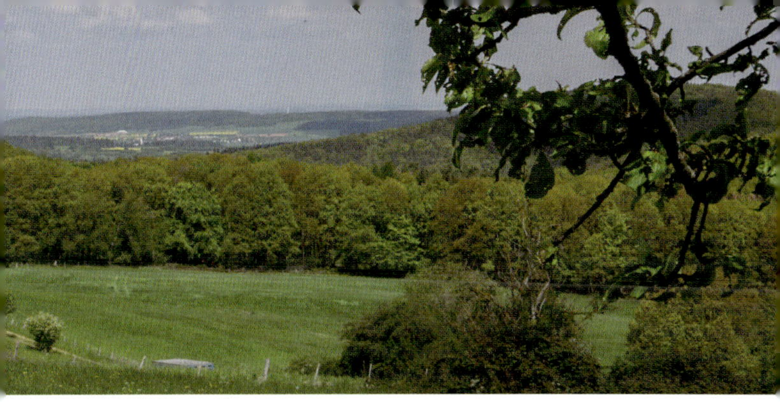

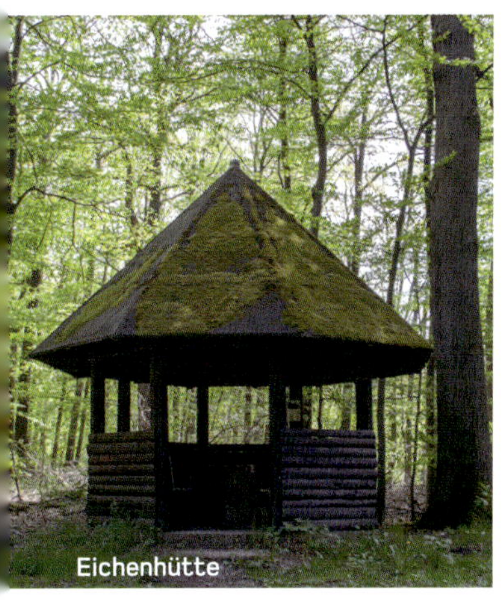

Eichenhütte

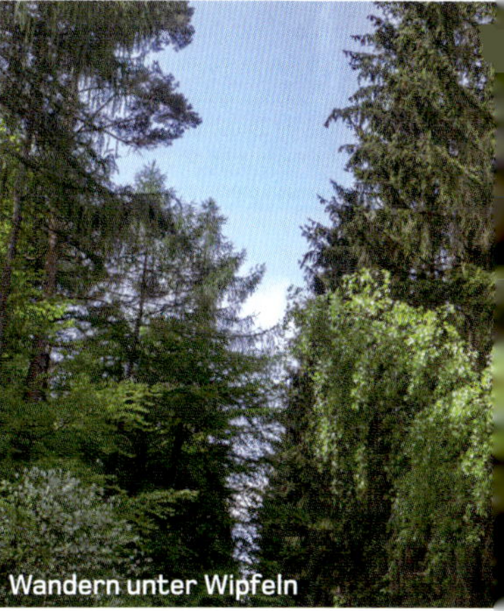

Wandern unter Wipfeln

ein Weg von rechts dazu, wir behalten aber die Richtung noch bei. Erst an einem Wegweiser biegen wir scharf rechts auf einen Forstweg ab, auf dem auch die Eifelspur „Kräuterpfad“ (▸ Seite 116) verläuft.

Gemeinsam nähern wir uns rasch dem Rand von Bad Münstereifel. Nach **12.1 km** stehen wir am Kreuzgäßchen, an dem der Kräuterpfad links durch das Johannistor (7) in die Altstadt führt. Wer die Wegstrecke abkürzen möchte,

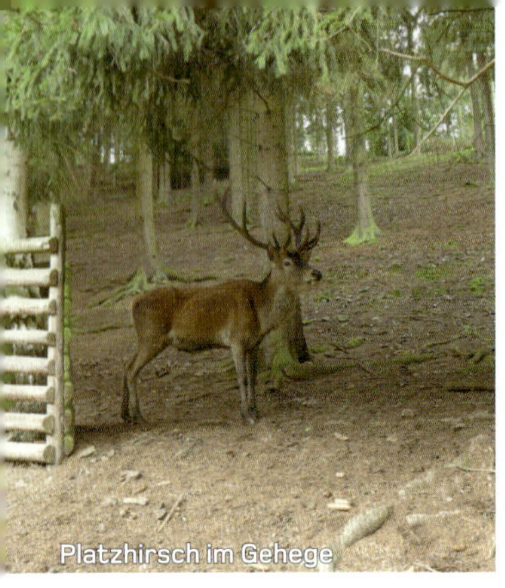

Platzhirsch im Gehege

Karolingische Fliehburg

kann ab hier mit dem Kräuterpfad zurück zum 800 m entfernten Bahnhof laufen.

Wer mit Hund unterwegs ist, sollte hier links in die Stadt abbiegen und zurück zum Bahnhof laufen. Denn mit Hund darf das folgende Wildgehege nicht betreten werden, und es gibt keine sinnvolle Umgehung dafür!

Wir aber wollen die Schleife zum Wildgehege nicht auslassen und wandern daher geradeaus mit dem Kneippwanderweg ein weiteres Mal bergan. Entlang des Roderter Kirchweges laufen wir an einem Hotel vorbei und passieren auch den alten jüdischen Friedhof. Mit einer Rechtskurve tauchen wir wieder in den Hochwald ein, wo wir uns nach einer Wegeinmündung an einer Kreuzung links halten und auf breitem Forstweg Höhe gewinnen.

In der nächsten Wegkurve nach rechts erwartet uns nach **12.8 km** eine Infotafel, die darüber aufklärt, dass sich einst an dieser Stelle ein alter Ringwall, die „Alte Burg", befunden hat. Leider ist heute kaum mehr etwas davon zu erkennen.

Ähnlich verhält es sich kurz darauf, als ein Holzschild uns auf die nahe karolingische Fliehburg rechts oberhalb des

Weges aufmerksam macht. Wir wandern weiter sanft bergan und können dabei den Blick ins Schleidtal schweifen lassen. Dann erreichen wir eine Kreuzung mit Schutzhütte und überschreiten die letzte Kuppe der Tour. Nun geht es abwärts.

Wir halten uns links und verlieren auf dem befestigten Forstweg rasch an Höhe. Als wir im Tal eintreffen, biegen wir scharf links ab und können kurz darauf nach **13.9 km** durch ein Gatter das Dammwildgehege (8) betreten.

Das Dammwild lässt sich durch uns nicht stören, und so haben wir eine tolle Gelegenheit, den Tieren recht nah zu kommen. Durch ein zweites Gatter verlassen wir das Gehege um eine Erfahrung reicher und folgen dem Weg geradeaus zurück in den Wald. Nach einer markanten Linkskurve bleiben wir nur noch kurz auf dem Forstweg, dann dürfen wir rechts auf einen Pfad zum Waldrand und über eine Wiese laufen.

Vorbei an Streuobstbäumen gelangen wir am Waldrand zu einer letzten Sinnesbank. Dann folgen wir dem Pfad in den Wald und erreichen über einen Steg nach **14.9 km** den Kurpark der Stadt. Über die gepflegten Wege laufen wir durch den Park und treffen auf Höhe des Friedhofs auf die Schleidtalstraße.

Wir wenden uns nach links, laufen unter der B 51 durch und queren die Erft. An der Kölner Straße biegen wir links ab und beenden kurz darauf nach **15.5 km** am Bahnhof (1) diese waldreiche Tour.

FAZIT

Aufgrund seiner Länge verlangt der Weg etwas Kondition. Festes Schuhwerk und ausreichend Getränke sind wichtig. Am schönsten erlebt man die Tour wenn man im Uhrzeigersinn wandert. Einige An- und Abstiege, sind teilweise etwas fordernd, besonders anspruchsvolle Passagen gibt es nicht.

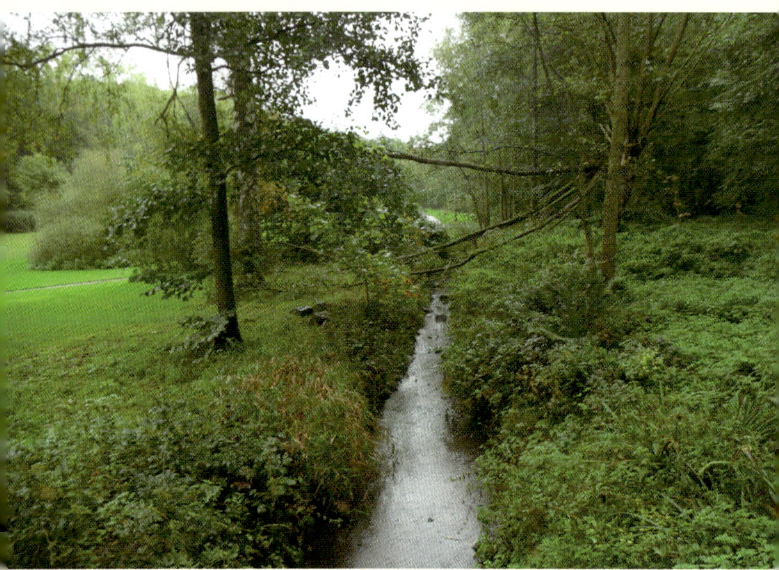

Garten der Stadt

Seit 1974 darf sich Bad Münstereifel staatlich anerkanntes Kneipp-Heilbad nennen. Klar, dass dazu auch ein schön gestalteter Kurpark zur Erholung gehört. So kommt man beim Besuch des Kurgartens wie von alleine runter vom Alltagsstress. Der Kurgarten befindet sich im Wallgraben mitten im Stadtbereich. Einst zur Verteidigung der Stadt angelegt, war der Wallgraben später Gemüse- und Kräutergarten. Mitte des 20. Jahrhunderts befand sich der Wallgraben im Besitz zahlreicher Privatleute, die hier kleine Gärten pflegten. Mit Erhebung der Stadt zum Heilbad erwarb die Stadt die Parzellen und legte ein Gesamtkonzept für einen städtischen Kurgarten vor. Heute kann man hier im Schatten der Stadtmauer natürlich nicht nur im Grünen flanieren, sondern in den Kneippbecken auch den Kreislauf stärken und die Durchblutung fördern, ganz im Sinne von Sebastian Kneipp. @ *www.bad-muenstereifel.de*

Nordeifel Tourismus GmbH, Bahnhofstraße 13, 53925 Kall, 02441/99457-0, www.nordeifel-tourismus.de
- *Tourist-Information Bad Münstereifel (Bahnhof), Kölner Straße 13, 53902 Bad Münstereifel, 02253/542244, www.bad-muenstereifel.de*

Café T, Werther Str. 34, Bad Münstereifel, 02253. 8846, www.cafe-t.de
- *Landgasthaus Steinsmühle, Kölner Str. 122, 53902 Bad Münstereifel, 02253/4587, www.steinsmuehle.de*
- *Münstereifler Brauhaus, Markt 8, 53902 Bad Münstereifel, 02253/6203, www. brauhaus-bam.de*

Boutiquehotel Marielle Unnaustraße 8-10, 53902 Bad Münstereifel, 02253/926 9858, www.hotel-marielle.de

Am besten mit dem Zug zum Bahnhof Bad Münstereifel. Infos: www.rvk.de

Taxi Senad, Kölner Str. 50, 53902 Bad Münstereifel, 02253/2760

Die Fachwerkkulisse von Bad Münstereifel lädt zum romantischen Stadtbummel auf historischem Pflaster ein. Überragt von der Burg, sind das **Apothekenmuseum** *oder das* **Puppen- und Spielzeug Museum** *einen Besuch wert. Wem der Kopf mehr nach Shopping steht, der wird auch nicht enttäuscht, denn integriert in den historischen Ortskern lockt das City Outlet zum Einkaufserlebnis. www.bad-muenstereifel.de*

- *Weitere Tipps und Infos gibt es bei Tour 11a (▸ Seite 127)*

Mit etwas Ausdauer können Hunde den Weg meistern. Zugang zu Wasser gibt es unterwegs nicht. ACHTUNG: Das Wildgehege darf mit Hund nicht betreten werden. Daher muss man die Tour mit Hund bei P7 über den Kräuterpfad beenden.

EIFELSCHLEIFEN

- *Burgenblick, ▸ 4.2 km*
- *Eselsberg, ▸ 4.8 km*
- *Durchs Schleidtal, ▸ 7.4 km*
- *Tönnesbusch, ▸ 9.4 km*

07 Münstereifelsteig

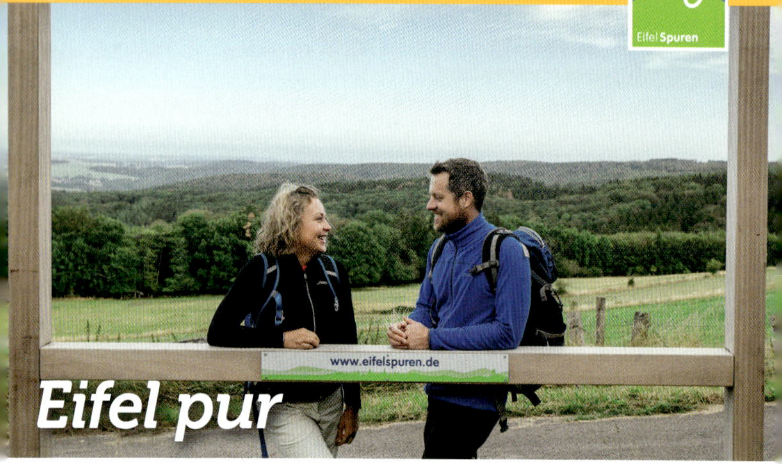

Eifel Spuren

www.eifelspuren.de

Eifel pur

21.3 km	6h 15min	538	582	1474 1730	ESP12X7

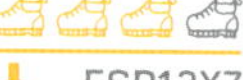

Start/Ziel: Wanderparkplatz im Bodenbachtal bei Eicherscheid

Anfahrt: A 1 bis Blankenheim, L 194 Richtung Bad Münstereifel. In Eicherscheid rechts auf L 165 bis zum Parkplatz im Bodenbachtal.

Parken: Parkplatz Bodenbachtal
N50° 31' 44.5'' • E6° 46' 58.7''
Wanderparkplatz Bleielsnück
N50° 31' 08.5''
E6° 49' 18.9''
Wanderparkplatz Wasserscheide
N50° 30' 02.7''
E6° 49' 06.8''

scan to go®

Wegpunkte:

P1 Parkplatz Bodenbachtal
32 U 342869 5599801

P2 Sinnesbank & Weitblick
32 U 345081 5598696

P3 Aussicht Michelsberg
32 U 345796 5598224

P4 Michaelskapelle
32 U 345761 5597878

P5 Wasserscheide
32 U 345389 5596538

P6 Markuskapelle
32 U 342651 5597030

P7 Schönau Ortsmitte
32 U 342651 5597030

P8 Naturschutzzentrum Eicherscheid
32 U 341997 5600238

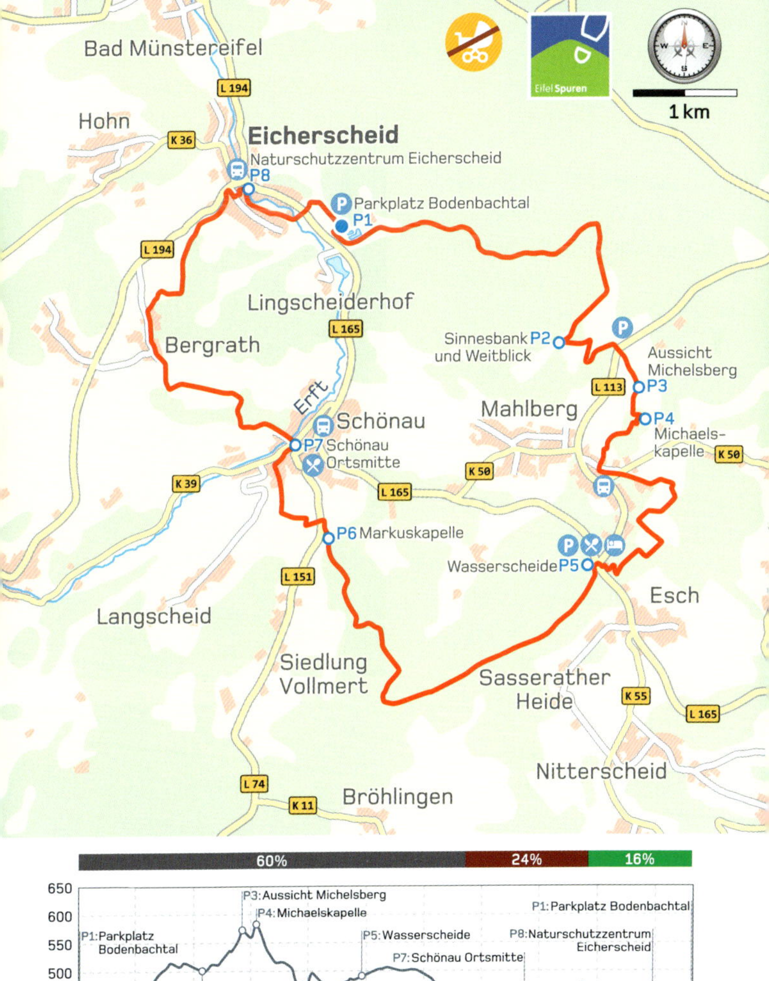

60% 24% 16%

650
600
550
500
450
400
350
300
m

P1: Parkplatz Bodenbachtal
P2: Sinnesbank und Weitblick
P3: Aussicht Michelsberg
P4: Michaelskapelle
P5: Wasserscheide
P6: Markuskapelle
P7: Schönau Ortsmitte
P8: Naturschutzzentrum Eicherscheid
P1: Parkplatz Bodenbachtal

km 2 4 6 8 10 12 14 16 18 20 21,3

Std. 1h15min 1h40min 1h50min 2h50min 4h10min 4h35min 5h50min 6h15min

Der Münstereifelsteig bietet Wanderspaß vom Feinsten, fordert allerdings auch gutes Durchhaltevermögen. Belohnt werden wir mit grandiosen Ausblicken, lauschigen Waldpassagen und herrlich stillen Momenten an kleinen Bächen.

Etwas außerhalb von Eicherscheid, am Wanderparkplatz im Bodenbachtal (1), beginnen wir die Eroberung des Münstereifelsteigs.

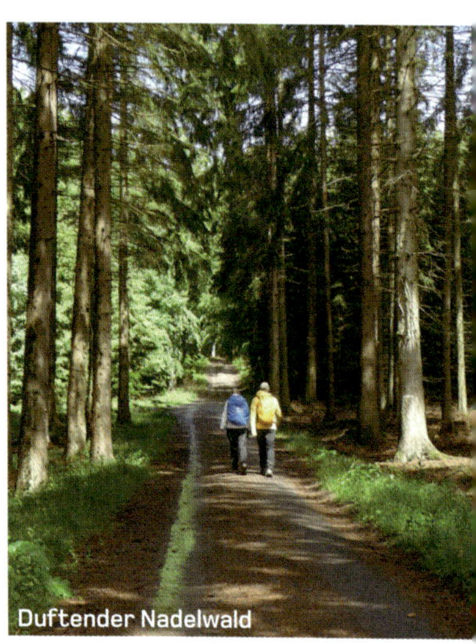

Duftender Nadelwald

Wir starten die Runde im Uhrzeigersinn, wenden uns an der Portaltafel zunächst talwärts, queren die Zufahrtsstraße und den Bodenbach und folgen einem bequemen Forstweg in den Wald. Von den Fischteichen sehen wir nicht viel, denn die dichte Vegetation erlaubt uns nur ab und an einen Blick zum Talgrund.

Der Auftakt unsere Runde gestaltet sich zunächst sehr gemütlich, denn noch geht es fast eben durch den Wald. Erst als wir das Bodenbachtal nach **1.4 km** an einem Wegweiser verlassen und uns rechts einem Seitental zuwenden, spüren wir: Es wird sportlich. Auf befestigtem Forstweg erobern wir Schritt für Schritt den Mahlberger

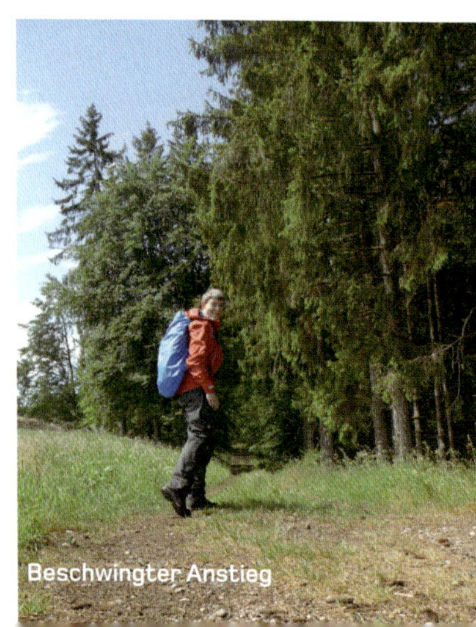

Beschwingter Anstieg

Wald und gewinnen stetig an Höhe. Der attraktive Mischwald sorgt für ein kurzweiliges Rahmenprogramm, und eine kleine Schutzhütte am Wegesrand steht nach **2.7 km** zur ersten Verschnaufpause bereit. Dann ist es zunächst geschafft, denn an einem Querweg biegen wir rechts auf einen fast eben verlaufenden Waldweg ab.

Am Hasenbruch öffnet sich links der Wald, und unser Blick schweift über eine sattgrüne Wiese. Zugleich ändert sich auch das Wegformat: Kurz spüren wir Asphalt unter den Sohlen. Doch schon in der nächsten Kurve dürfen wir den Logos rechts auf einen naturbelassenen Weg folgen, der bald wieder in den Wald abtaucht.

Nahe dem Waldrand senkt sich der Weg etwas ab und beschert uns einen ersten Aha-Moment: Unvermittelt öffnet sich der Wald und gibt einen tollen Blick Richtung Mahlberg frei. Und das Beste: Nach **4.4 km** können wir dieses herrliche, vom Wald umrahmte Panorama sogar von einer ersten Sinnesbank (2) aus genießen.

Nach diesem Höhepunkt widmen wir uns wieder der Route, die hinter der Sinnesbank nach links abknickt und uns zunächst abwärts durch den Wald führt. Bald entlässt uns der Münstereifelsteig aber in offene Flur, und wir laufen wieder bergan.

Es folgen ein scharfer Knick nach rechts und der Wiedereintritt in den Wald, wo wir sogleich links abbiegen. Sanft ansteigend geht es wieder an den Wiesenrand, und mit einem weiteren Knick nach rechts erreichen wir nach **5.3 km** den Wanderparkplatz Bleielsnück.

Wir passieren den Parkplatz und queren die nahe L 113, um auf herrlichem Wiesenpfad die nächste Herausforderung in Angriff zu nehmen: die Eroberung des Michelsberges. Doch die Natur beflügelt uns und spornt uns mit herrlichen Aussichten an. Denn je höher wir kommen, desto besser wird der Blick. Etwas außer Atem treffen wir auf halber Hanghöhe an einem Querweg ein und nehmen auf der perfekt positionierten Sinnesbank Platz (3): Was für ein Blick! Bei klarem Wetter erkennen wir rechts nicht nur das Radioteleskop Effelsberg, sondern auch die markanten Kuppen des Siebengebirges. Nach links schweift der Blick über die gewellte Landschaft der Eifel, im Vordergrund zeichnet sich Mahlberg ab.

Komplett fasziniert von dieser herausragenden Aussicht, folgen wir dem Weg nach Süden und genießen den Blick auf Mahlberg. Nach kurzem Abstieg treffen wir an einer Bank auf einen Querweg und halten uns links bergan. Kaum im Wald eingetroffen, wenden wir uns an einem Wegweiser nach rechts, erobern vollends den Michelsberg und statten nach **6.2 km** der Wallfahrtskapelle (4) einen Besuch ab.

Der Abstieg vom Berg gestaltet sich zunächst sehr steil, erst als wir kurz an den Waldrand wechseln und ein Panoramafenster passieren, wird es flacher. Am Ortsrand von Mahlberg lassen wir den Wanderparkplatz Michelsberg links liegen und erreichen nach einigen Schlenkern mit dem Engelsbergweg die Bebauung.

An einer Kreuzung biegen wir scharf links auf „In der Hüh" ab und queren am Rand des Ortes bei einer Bushaltestelle die Reckerscheider Straße. Auf der anderen Seite umfängt uns Mischwald, während wir zunächst noch an einem Zaun entlanglaufen.

Doch schon bald kommen wir in die offene Flur und überstehen einige Richtungswechsel in den Feldern und Wiesen dank guter Markierung. So schlagen wir einen kleinen Bogen nach Osten, bis wir auf einen Asphaltweg stoßen und diesem nach links abwärts folgen. Voraus sehen wir am Waldrand schon eine Schutzhütte und einen Wegweiser.

Als wir nach **8.6 km** dort eintreffen, ergreifen wir die Gelegenheit zur Verschnaufpause, bevor wir rechts auf einen Grasweg abbiegen. Zunächst wandern wir am Waldrand entlang, doch kaum sind wir unters Blätterdach geschlüpft, knickt der Weg nach rechts und kurz darauf wieder nach links.

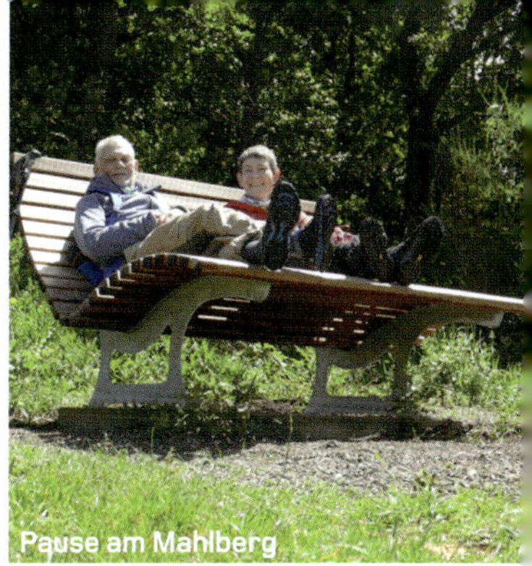
Pause am Mahlberg

Wir passieren ein umzäuntes Anwesen und halten uns am folgenden Querweg rechts. Kurz vor Ende des Weges schicken uns die Logos links auf einen unscheinbaren schmalen Pfad, der an einem Forstweg endet. Nun sind es nur noch wenige Schritte nach rechts, dann stehen wir am Hotel und Gasthof an der Wasserscheide (5).

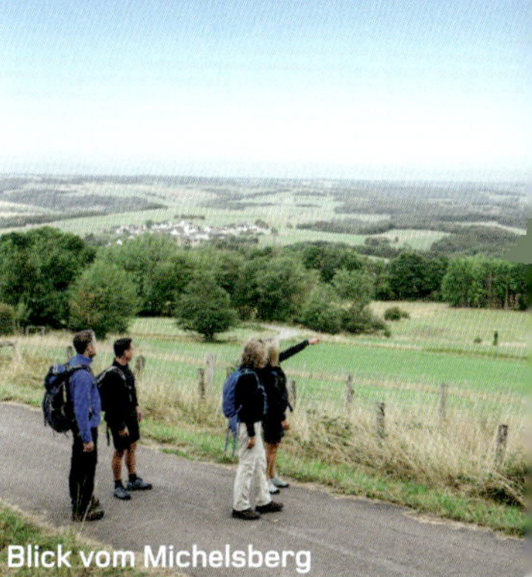
Blick vom Michelsberg

Über die Treppe am Hotel gelangen wir hinab zur Straße, die wir unweit des Kreisels vorsichtig queren. Auf der anderen Seite schickt uns der Wegweiser neben dem Wanderparkplatz auf einen Forstweg nach links in den Wald. Auf dem bequemen, fast eben verlaufenden Weg kommen wir prima voran. Nach **10.6 km** lädt eine kleine Schutzhütte am Wegrand zur

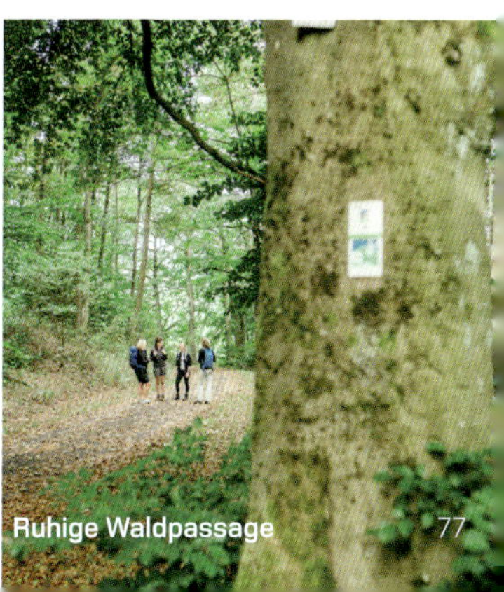
Ruhige Waldpassage

Pause ein. Nur einen guten Kilometer später bietet ein schöner Rastplatz mitten im Wald die Möglichkeit zum Naturpicknick.

Wir laufen weiter durch den Schönauer Wald und gelangen nach **12.2 km** zur Kreuzung und zum Wegweiser „Auf dem Stein". Hier biegen wir rechts ab, und auch an der folgenden Weggabelung halten wir uns rechts. Spürbar senkt sich unser Weg nun ab und führt uns dabei durch zauberhaften Wald.

Bald gesellt sich – zunächst unbemerkt – der Bülgesbach als Wegbegleiter zu uns. Erst als wir den Bach im Tal queren, nehmen wir ihn tatsächlich wahr. Wir biegen rechts ab und laufen nun durch die stille Talaue, deren Pflanzenvielfalt uns begeistert.

Allmählich gelangen wir an den Waldrand und erhaschen erste schmale Blicke in die offene Landschaft. Doch bevor wir die nächste Aussicht genießen können, gilt es mal wieder Höhe zu gewinnen.

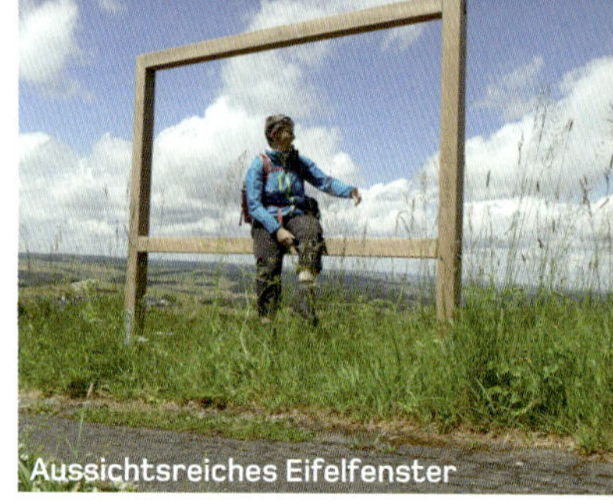

Aussichtsreiches Eifelfenster

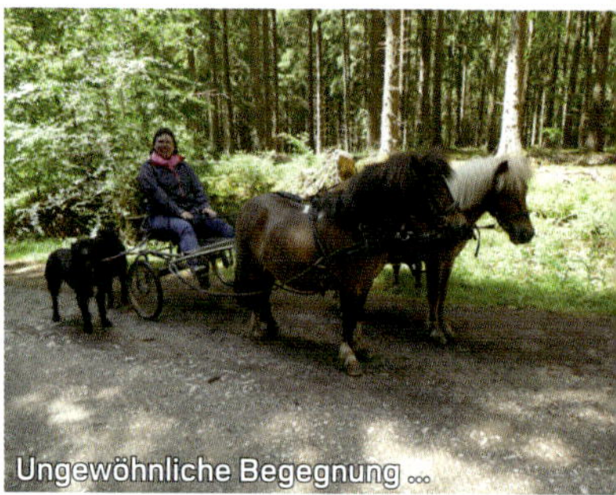

Ungewöhnliche Begegnung ...

An einer Gabelung laufen wir links bergan und verlassen den Wald. Nun können wir weit Ausschau halten, und unwillkürlich bleibt unser Blick am spitzen Kirchturm der Kapelle auf dem Michelsberg hängen.

An der kleinen Markuskapelle (6) erreichen wir nach **14.3 km** die L 151. Wir queren sie vorsichtig und laufen 50 m nach rechts, bevor wir links auf einen Grasweg abbiegen. Der führt uns aussichtsreich über

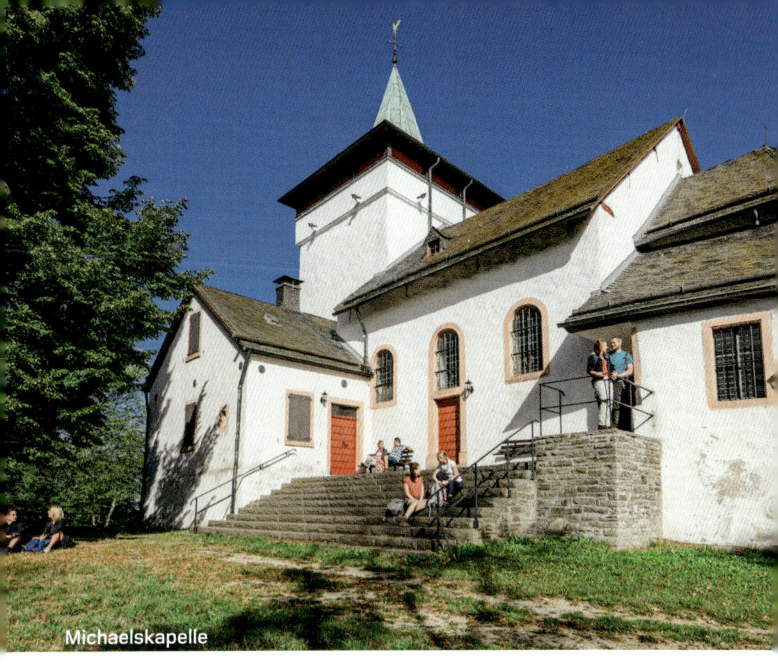
Michaelskapelle

eine Wiese zu einem Hochsitz. Hier wenden wir uns nach rechts, nutzen aber schon den ersten Feldweg nach links, um steil ins Tal abzusteigen. Durch einen Heckentunnel erreichen wir die Wiesentalstraße und folgen ihr rechts ins nahe Schönau.

Im Ort biegen wir rechts auf die Dorfstraße ab, passieren den Dieter Schmahl Platz und biegen in der Ortsmitte (7) an der Feuerwehr links zum Mühlenbach ab. Wir queren den Bach und die Erftstraße und laufen durch den Fuhrweg zum Ortsrand. Dort gabelt sich die Straße, und wir bleiben dem Waldrand treu und laufen in das ruhige Lückenbachtal.

Nach **16.2 km** kehren wir dem Tal den Rücken und folgen den Logos rechts in den Wald. Nach einem Linksknick steigt der Weg spürbar an, und Schritt für Schritt gewinnen wir Höhe. Abzweigende Wege ignorieren wir, und nach weiteren Schlenkern ist es geschafft. Wir überschreiten eine Kuppe und sehen vor uns die ersten Häuser von Bergrath. Den kleinen Ort durchqueren wir geradeaus, indem wir der Paulstraße folgen.

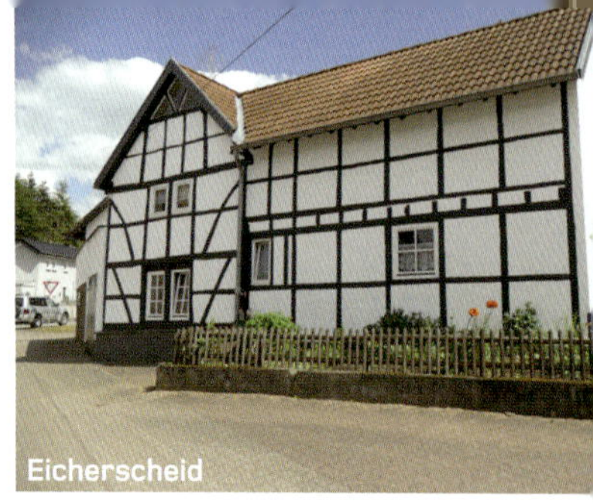

Eicherscheid

Auch nach dem Ortsschild bleiben wir auf dieser Straße, erst nach **18.1 km** biegen wir rechts auf die Prümer Straße ab. Schnell sind die letzten Häuser passiert, und ein Feldweg führt uns kurvig zwischen Wald und Feld talwärts.

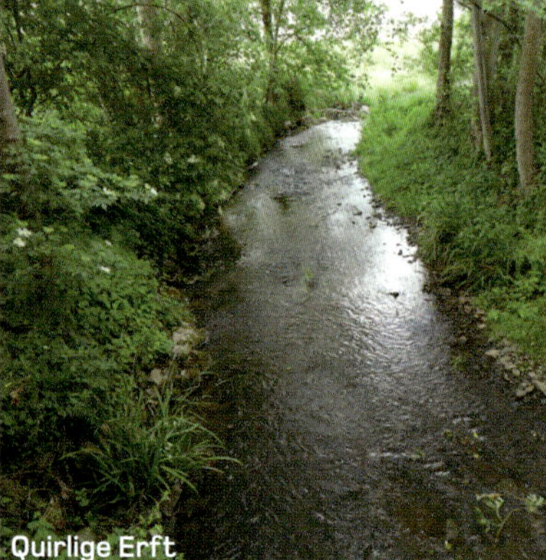

Quirlige Erft

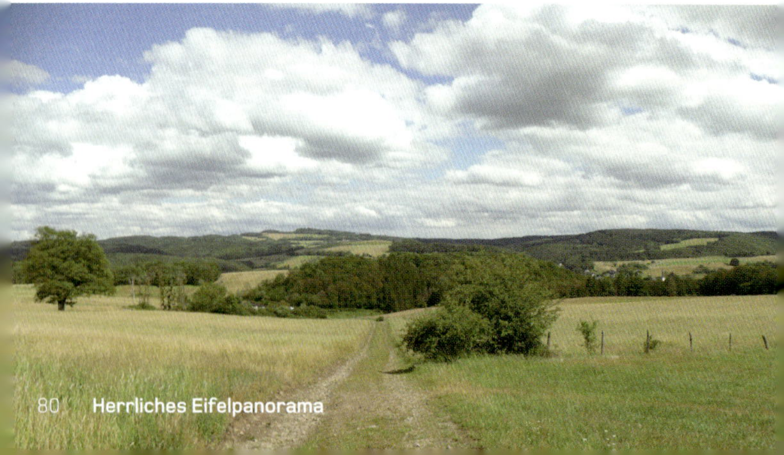

Nach deutlichem Höhenverlust treffen wir im Kruchenbachtal ein und laufen links weiter abwärts. Der attraktive Wald und der tief eingeschnittene Bach machen diesen Abschnitt sehr kurzweilig. Doch langsam übernehmen Gehölze die Regie, Wiesen und Weiden rücken an den Wegesrand, und wir vernehmen die Geräusche der vielbefahrenen L 194.

Nach **19.6 km** passieren wir das erste Haus von Eicherscheid, kurz darauf biegen wir rechts in den Aspelweg ab. Lange folgen wir dieser Straße nicht, denn wir dürfen links auf einen Fußweg abbiegen.

Der bringt uns zum Lingscheider Weg, der uns links zur nahen Abzweigung in die Brigidastraße bringt. Wir laufen nach rechts und erreichen nach **20.2 km** das in einem Turm untergebrachte Naturschutzzentrum (8).
Hier schickt uns ein Wegweiser rechts auf den Fußweg neben der Erft. Begleitet vom quirligen Wasser, gelangen wir rasch wieder ins Grüne. Wir queren eine Straße und wandern geradeaus weiter, bis uns die Logos links mit einem Steg über die Erft schicken. Kurz darauf queren wir unweit des Ortsrandes die L 165 und folgen der Straße Rothecke geradeaus bergan.

Am Waldrand stoßen wir auf einen Querweg und wenden uns nach rechts. Auch an der folgenden Kreuzung nutzen wir den rechten Weg, der uns zu einem schönen Rastplatz führt. Hier biegen wir rechts ab und treffen kurz darauf nach **21.3 km** wieder am Wanderparkplatz (1) ein.

FAZIT

Aufgrund seiner Länge verlangt der Weg gute Kondition. Festes Schuhwerk, Regen- bzw. Sonnenschutz und ausreichend Rucksackverpflegung und Getränke sind wichtig. Am schönsten erlebt man die Tour, wenn man im Uhrzeigersinn wandert.

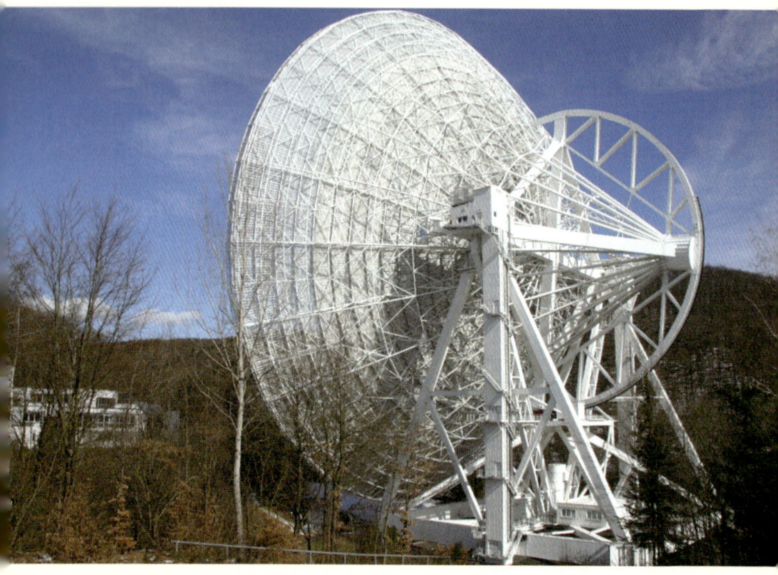

Ohr ins All

Das 1971 eingeweihte Radioteleskop Effelsberg gehört mit einem Durchmesser von 100 m nicht nur zu den beiden größten seiner Art weltweit. Auch Antrieb, Empfänger, Auswertungsgeräte und die zur Verfügung stehende Rechnerleistung sorgen dafür, dass das Teleskop zu den modernsten seiner Art gehört. Betrieben wird das Radioteleskop vom Max-Planck-Institut für Radioastronomie Bonn. Mithilfe des Teleskops beobachten die Wissenschaftler Radiostrahlung aus dem gesamten Kosmos. Um besonders aussagekräftige Ergebnisse zu bekommen, wird das Effelsberger Teleskop regelmäßig mit anderen Teleskopen zusammengeschaltet. So gelingen Aufnahmen von Pulsaren, Gaswolken, Sternentstehungsgebieten, auch aus weit entfernten Galaxien. Für interessierte Besucher gibt es regelmäßig Vorträge. Von der Besucherplattform aus hat man einen perfekten Blick auf das Teleskop.

ⓘ Infos: www.mpifr-bonn.mpg.de/effelsberg

Nordeifel Tourismus GmbH, Bahnhofstraße 13, 53925 Kall, ✆ 02441/99457-0, ⓦ www.nordeifel-tourismus.de
▪ Weitere bei 11a (Seite 127)

Erftstube, Dorfstr. 44, 53902 Bad Münstereifel-Schönau, ✆ 02253/960732
▪ Kupferkessel, Eicherscheider Str. 9, 53902 Bad Münstereifel-Schönau, ✆ 02253/932454, ⓦ www.kupferkessel-schoenau.de
▪ Balkanrestaurant Zur Post, Brühler Str. 17, 53902 Bad Münstereifel-Eicherscheid, ✆ 02253/7204, ⓦ www.balkan-zur-post-restaurant.de

Jugendherberge Bad Münstereifel, Herbergsweg 1-5, 53902 Bad Münstereifel, ✆ 02253/541740 ⓦ www.jugendherberge.de
▪ Landgasthof Zur Wasserscheide, Wasserscheide 1, 53902 Bad Münstereifel-Esch, ✆ 02257/209, ⓦ www.landgasthof-wasserscheide.de

Wohnmobilpark Bad Münstereifel (am Eifelbad), Dr.-Greve-Str. 16, 53902 Bad Münstereifel, ✆ 02253/542450, ⓦ www.wohnmobilpark-eifel.de

Am besten den Zug für die Anreise zum Bahnhof Bad Münstereifel.
Infos: ⓦ www.rvk.de

Taxi Senad, Kölner Str. 50, 53902 Bad Münstereifel, ✆ 02253/2760
▪ Taxi Sandra, Karpfenstraße 44, 53902 Bad Münstereifel-Hohn, ✆ 02253/2979646

Auf dem Stockert bei Bad Münstereifel steht das erste freibewegliche Radioteleskop Deutschlands. Der Astropeiler wurde 1956 gebaut und war damals das genaueste Messinstrument seiner Art. Die Sternwarte wird heute noch immer zur Beobachtung und zur Ausbildung genutzt. Führungen werden in der Regel sonntags angeboten. ⓦ www.astropeiler.de

Hunde mit guter Ausdauer können den Weg absolvieren. Unterwegs gibt es nicht unbedingt Zugang zu Wasser.

EIFELSCHLEIFEN

▪ Michelsberg, ▸ 5.4 km
▪ Durch die Mutscheid, ▸ 9.4 km
▪ Um den Langen Kopf, ▸ 11.0 km

08 Pingenwanderweg

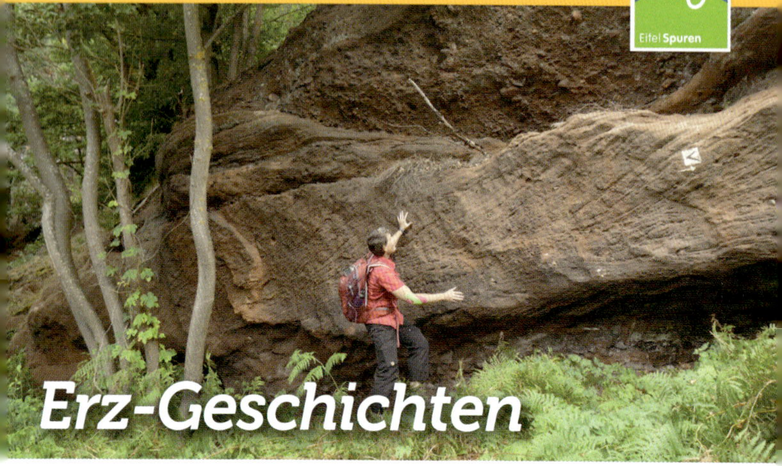

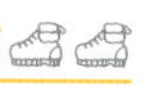

Erz-Geschichten

11.4	3h 30min	279	527	792	930	
km						ESP11X8

Start/Ziel: Kall, Parkplatz Trierer Straße

Anfahrt: B266 (von Mechernich) über L105 nach Kall. Alternativ von Schleiden über die L 204. P&R Parkplatz am Bahnhof.

Parken: P&R Parkplatz Trierer Straße 19, Kall
N50° 32' 16.7'' • E6° 33' 27.0''

scan to go®

Wegpunkte:

P1 P&R Parkplatz Trierer Straße
32 U 326923 5601297

P2 Portaltafel
32 U 326878 5601520

P3 Römersteinbruch
32 U 326497 5602578

P4 Rastplatz Fahrenbachtal
32 U 325529 5602258

P5 Doppelpinge
32 U 324553 5600934

P6 Tagebau
32 U 324385 5600955

P7 Sinnesbank am Waldrand
32 U 324627 5600416

P8 Loshardt
32 U 325926 5600782

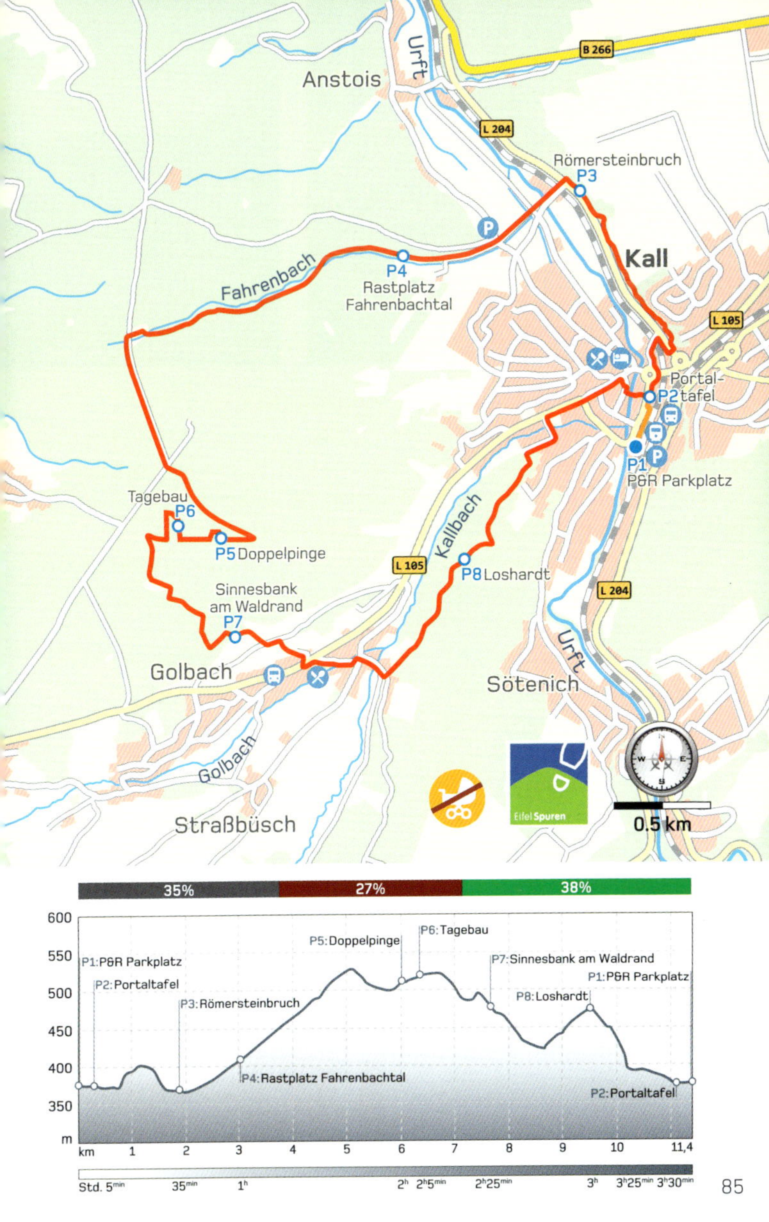
Anstois
Urft
B 266
L 204
Römersteinbruch
P3
Kall
Fahrenbach
P4
Rastplatz
Fahrenbachtal
L 105
Portal-
P2 tafel
P1
P&R Parkplatz
Tagebau
P6
P5 Doppelpinge
Kallbach
L 105
P8 Loshardt
Sinnesbank
am Waldrand
P7
L 204
Golbach
Urft
Sötenich
Golbach
Straßbüsch
Eifel Spuren
0.5 km
35%
27%
38%
600
550
500
450
400
350
m
P1: P&R Parkplatz
P2: Portaltafel
P3: Römersteinbruch
P4: Rastplatz Fahrenbachtal
P5: Doppelpinge
P6: Tagebau
P7: Sinnesbank am Waldrand
P8: Loshardt
P1: P&R Parkplatz
P2: Portaltafel
km 1 2 3 4 5 6 7 8 9 10 11,4
Std. 5min 35min 1h 2h 2h5min 2h25min 3h 3h25min 3h30min

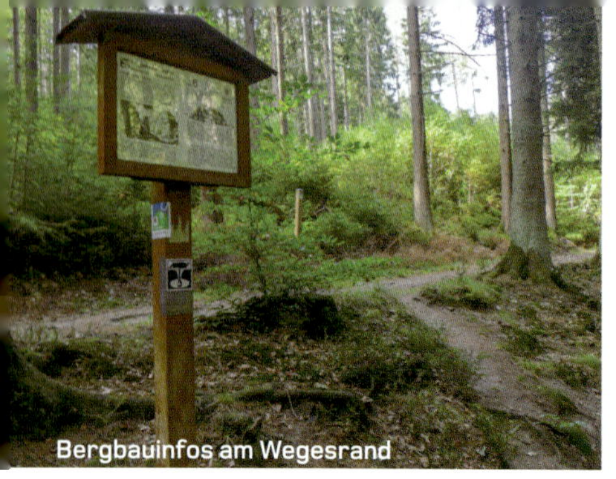
Bergbauinfos am Wegesrand

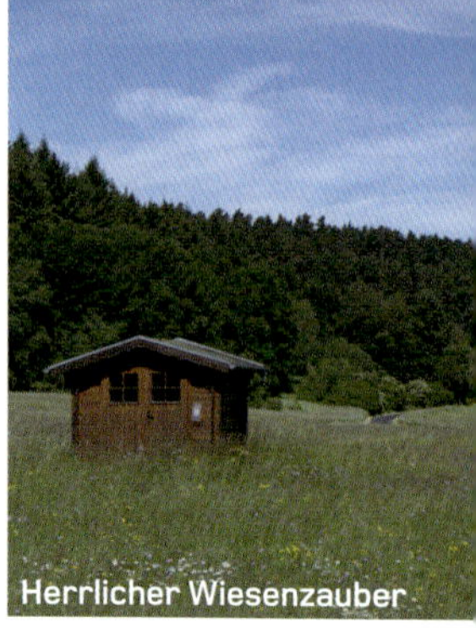
Herrlicher Wiesenzauber

Bergmännisch wird es, denn der Pingenwanderweg (Pinge = Erzabbau) führt uns auf tollen Wegen und Pfaden mitten durch ein uraltes Eisen- und Bleierzgebiet. Kurzweilig gestaltet sich die Rundtour nicht nur wegen der sehr attraktiven Natur, sondern auch dank der 21 interessanten Infotafeln. So wandern wir heute auf den Spuren des Bergbaus, den hier schon Römer und Kelten betrieben haben.

Vom P&R Parkplatz an der Trierer Straße (1) nutzen wir die Fußgängerunterführung am Bahnhof, um in die Bahnhofstraße zu gelangen. Hier wenden wir uns nach rechts und stehen nach nur **350 m** Zuweg am Portal und dem ersten Wegweiser der Eifelspur Pingenwanderweg (2).

Wir wandern gegen den Uhrzeigersinn und folgen daher den Logos geradeaus zum Kreisel mit der Aachener Straße. Wir behalten auch hier die Richtung bei und laufen „Im Sträßchen" bis zur Querung der Gleise an der Gemünder Straße. Nun biegen wir rechts ab und freuen uns, als wir nach insgesamt **0.8 km** links auf einen Fußweg abbiegen. Nur wenige Schritte später bleibt die Bebauung hinter uns zurück, und wir tauchen in das Grün des Waldes ein.

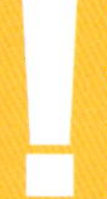
Wer aufmerksam ist, dem entgeht nicht, dass mitten im Grün erste tiefrote Felsen hervorspitzen.

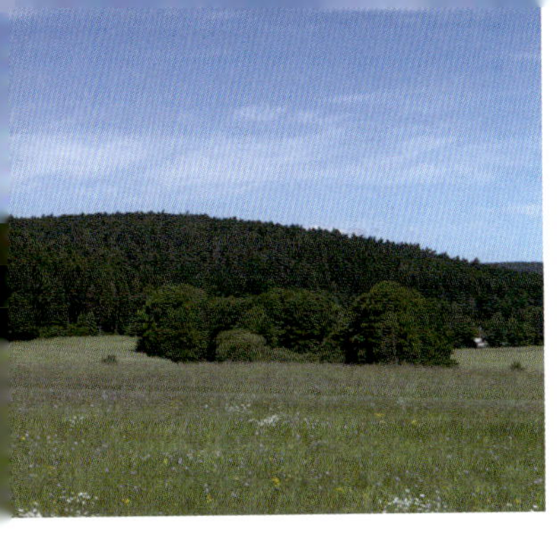

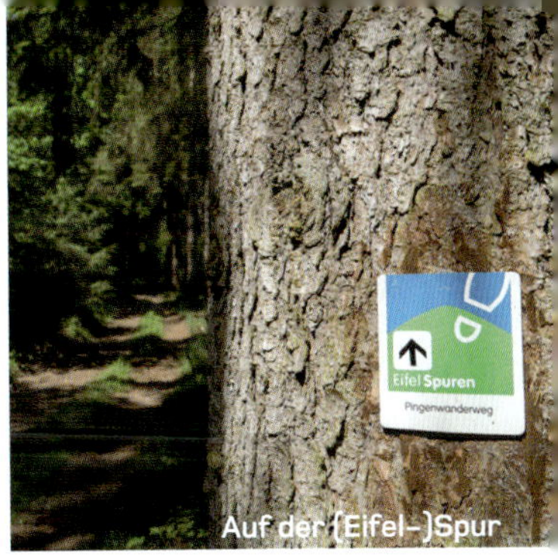

Auf der (Eifel-)Spur

Wir folgen dem engen Fußpfad bergan und stoßen auf einen Grillplatz am Waldrand. Am Wegweiser biegen wir scharf links ab und folgen nun einem großartigem Pfad, der uns dicht an den kunstvollen Strukturen der Sandsteinfelsen entlangführt. Tiefrot leuchtet das griffige Gestein, das uns noch eine Zeit lang begleitet.

Wir erfreuen uns am Kontrast, den die fein geschichteten Abschnitte zu den groben mit fast faustgroßen Kieseln versetzten Konglomerathorizonten (grobkörniges Sedimentgestein) bilden. Vom Pfad aus erhaschen wir ab und an schöne Ausblicke ins Urfttal und die letzten Ausläufer von Kall.

Nach **1.5 km** senkt sich der Pfad, und in Serpentinen geht es zur Talsohle hinab. Dort treffen wir auf eine Lichtung mit Wegkreuzung. Wir halten uns leicht links und folgen dem Pfad bis an die Straße.

Kurz laufen wir auf dem Bankett um einen Felsen und gelangen so zur 3. Infotafel des Pingenwanderweges. Auf grasigem Waldrandweg laufen wir zwischen Straße und Felsen weiter.

Nach **1.9 km** stehen wir vor einer beeindruckenden Felswand: Wir sind am Römersteinbruch (3) angekommen. Hier haben bereits die Römer den für sie besonders wertvollen Stein im Tagebau gewonnen.

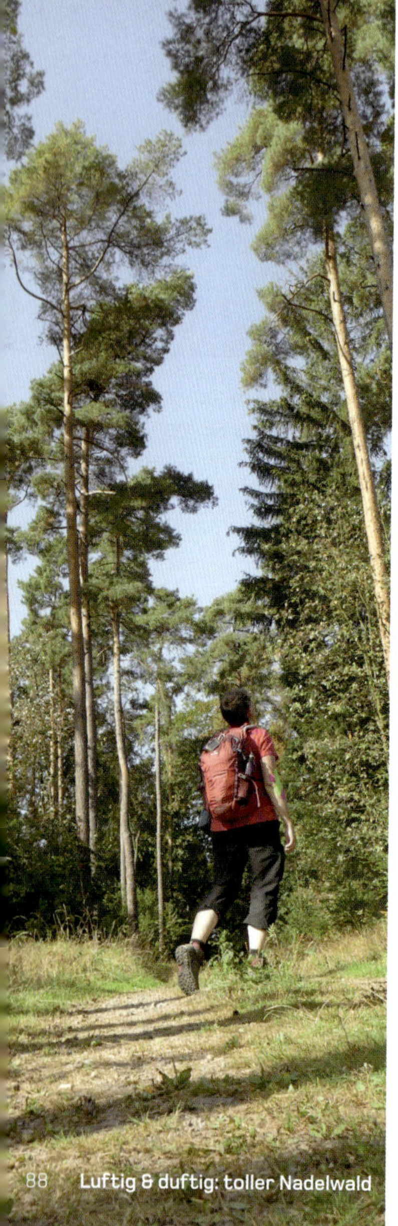

Auf Höhe der Kläranlage queren wir die L 204 und folgen der Zufahrtsstraße leicht bergan zum nahen Waldrand. Kurz nachdem wir über die munter plätschernde Urft gelaufen sind, biegt die Straße nach links, während wir weiter geradeaus Kurs auf den Waldrand halten.

Am dortigen Wanderparkplatz laufen wir geradeaus auf einem befestigten Weg entlang des Waldrands neben dem noch kleinen Fahrenbach bergan. Zunächst begleitet uns links noch eine Wiese, bald umschließt uns aber der lichte Wald vollkommen. Nach **3 km** queren wir den Fahrenbach und freuen uns über einen idyllischen Rastplatz (4), der Gelegenheit zur Pause im Grünen bietet.

Nun beginnt eine herrlich ruhige, aber nicht minder spannende Waldpassage. Abwechslungsreiche Flora und weitere Informationstafeln sorgen dafür, dass Langeweile keine Chance hat. Auf angenehm zu laufendem Waldweg gewinnen wir unmerklich weiter an Höhe. Nach **3.8 km** gabelt sich der Weg: Wir laufen zunächst rechts und stehen wenige Schritte später an Tafel Nummer 6.

Hier geht es aber nun doch auf den oberen Weg, der sich bald zum engen Waldpfad mausert. Der Hochwald wird durch ein dichtes Birkenwäldchen unterbrochen, durch das unser Pfad sich weiter bergan windet. Dann öffnet sich die Vegetation und entlässt uns auf eine herrliche Waldwiese.

Auf federndem Grund laufen wir durch dieses Paradies bergan und stoßen nach **4.5 km** bei einem Wegweiser und einer Bank auf einen breiten Forstweg, dem wir nach links folgen. Unsere Eifelspur bekommt hier Gesellschaft, denn auf dem breiten Wirtschaftsweg verläuft auch der Eifelsteig.

Von beiden Markierungen geleitet, wandern wir weiter bergan, passieren frische Rodungsflächen und gelangen nach Überschreiten einer Kuppe zur nächsten großen Kreuzung nebst bequemer Sinnesbank und Wegweiser.

Hier trennen wir uns vom Eifelsteig, der weiterhin als breiter Forstweg nach rechts abbiegt. Wir laufen stattdessen auf einem Waldweg geradeaus und verlieren dabei etwas an Höhe.

Von einem Querweg bei Tafel 9 lassen wir uns nicht beirren und wandern weiter durch den herrlichen und atemberaubend stillen Wald.

Nach **5.8 km** dürfen wir den scharfen Knick nach rechts nicht verpassen. Nun wandern wir auf bequemem Forstweg unter den Wipfeln von Kiefern und Eichen sanft bergan, mitten hinein in ein ausgedehntes Feld uralter Gruben.

Um dem Bergbau hautnah auf die Spur zu kommen, unternehmen wir nach **6.1 km** einen ersten Abstecher nach rechts und stehen kurz darauf neben Tafel 10 an einer noch heute

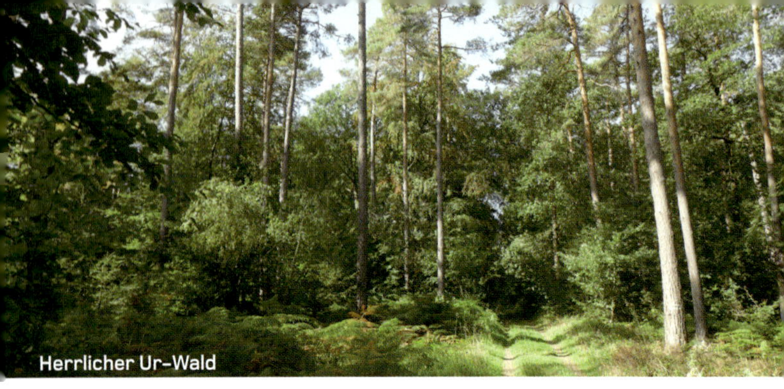
Herrlicher Ur-Wald

gut erkennbaren Doppelpinge (5). Zurück auf dem Hauptweg, laufen wir rechts weiter.

Wenig später verlassen wir den Waldweg erneut, diesmal zu einem etwas größeren Abstecher, der uns zu Tafel 11 und um einen, immer noch beeindruckenden, alten Tagebau (6) herumführt.

Nach der Schleife folgen wir dem Forstweg nach rechts und treffen wenig später an einer Kreuzung wieder auf den Eifelsteig. Gemeinsam mit dem Fernwanderweg wenden wir uns nach **6.8 km** nach links und verlieren auf befestigtem Forstweg an Höhe.

Wir bewegen uns durch attraktiven Mischwald und

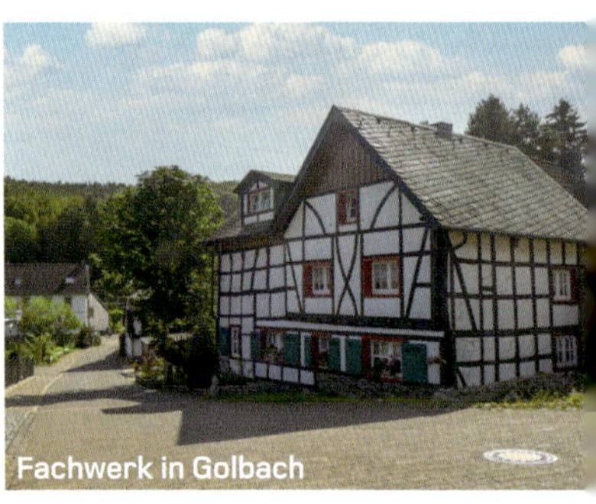
Fachwerk in Golbach

kommen auf dem Weg gut voran, wobei die Tafeln 12 und 13 weiteres Wissen rund um den Bergbau beisteuern. Bei Tafel 14 dürfen wir dann rechts den Abzweig auf einen Pfad nicht übersehen.

Wir queren einen kleinen Bach und bringen dank der Markierung einige Richtungswechsel gut hinter uns. Nach **7.4 km** befinden wir uns mitten im

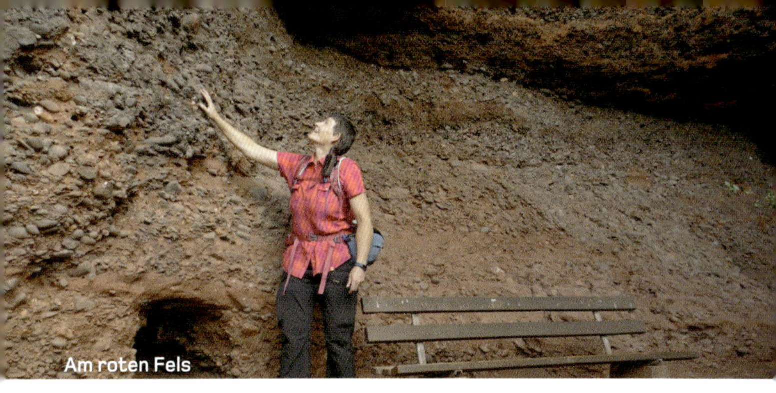
Am roten Fels

mit Pingen übersäten Grubenfeld Stahlberg, worüber uns weitere Tafeln aufklären. Im lichten Buchenhochwald setzen dunkelgrüne Ilexbüsche Kontrapunkte zum hellen Buchengrün und dem braunen Altlaub.

Wir überstehen weitere Richtungswechsel gut und treten nach **7.7 km** aus dem Wald auf freies Feld hinaus. Hier lohnt der kurze Abstecher nach rechts zu einer aussichtsreichen Sinnesbank (7). Gut erholt folgen wir der Eifelspur neben der Wiese abwärts zu einem Wirtschaftsweg, der uns rechts zum nahen Asphaltweg bringt.

Hier wenden wir uns nach links, dürfen aber schon 100 m später rechts auf einen Feldweg abbiegen. Weit können wir über die offenen Felder unseren Blick schweifen lassen, während wir uns Goldbach nähern.

Vorbei an ersten Häusern laufen wir im Bogen zur Aachener Straße und queren sie.Auf der anderen Seite wenden wir uns nach links und nutzen den Abzweig rechts auf die Kapellenstraße. Diese führt uns nach **8.2 km** an einem Café vorbei und weiter talwärts ins Zentrum des kleinen Ortes.

An der Bushaltestelle beim Parkplatz unterhalb der Kirche biegen wir links auf einen Fußweg, passieren einen Spielplatz und wandern geradeaus zum Ortsrand.

Nachdem wir den Kallbach gequert haben, kommen wir am Wohnmobilhafen Golbach vorbei. Hier trennt sich der Eifelsteig endgültig von uns und biegt rechts ab. Wir aber laufen noch einige Meter bergan, bevor wir scharf links in den Wald abbiegen.

Anfangs steigt der etwas steinige Waldweg moderat an. Wir befinden uns nun im ehemaligen Grubenfeld Concordia, wie uns Tafel 17 berichtet. Und tatsächlich sind neben dem Weg wieder zahlreiche Pingen sichtbar.

Bei einem großen Solitärbaum im Wald ignorieren wir einen Weg nach links. Nach **9.1 km** erreichen wir eine Weggabelung, an der wir rechts auf einen Pfad wechseln. Wir gewinnen weiter deutlich an Höhe und schwelgen beim Erklimmen des Loshardt in einer herrlichen Heidelandschaft.

Würziger Kieferndufte, sandiger Boden, Heidelbeeren und Erika prägen diese Passage, die wir auf tollem Pfad erleben dürfen. Bei Kilometer **9.5** lädt uns mitten in diesem Paradies eine Bank (8) zum Verweilen ein.

Wenig später haben wir die Höhe überschritten und folgen dem Pingenwanderweg mit einem Schwenk nach links abwärts Richtung Kall.

Auf schönem Naturpfad lassen wir bald das erste Haus rechts liegen. Nach weiterem Höhenverlust stoßen wir auf eine Treppe, die uns in gerader Linie hinunter in den Ort bringt. Dort laufen wir rechts, bis wir an der Berufsschule links abbiegen.

Hinter dem Schulparkplatz stoßen wir auf die Aachener Straße und folgen ihr rechts ins Ortszentrum. Wir behalten die Richtung bei, bis wir an der St. Nikolaus Kirche rechts auf einen Fußweg wechseln. Eine Treppe führt uns zum neuen Markt, wo wir, vorbei am Parkplatz, zur Brücke über die Urft laufen.

Wenige Meter später stehen wir wieder an der Portaltafel (2) in der Bahnhofstraße.

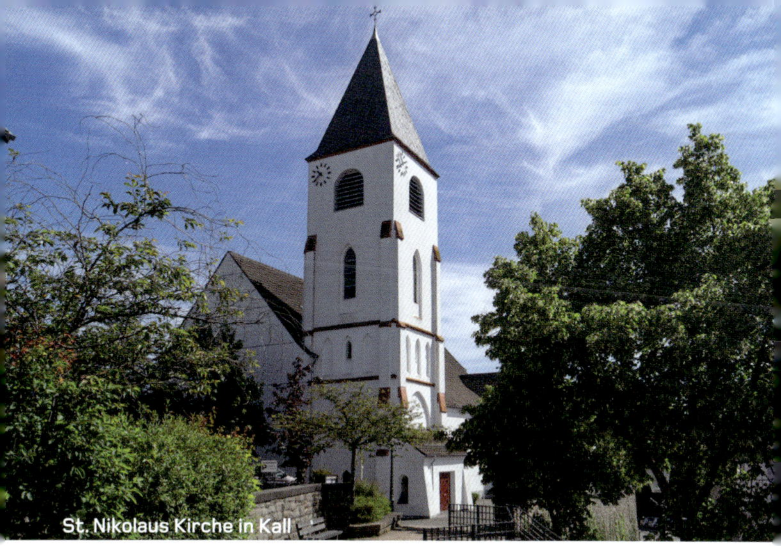

St. Nikolaus Kirche in Kall

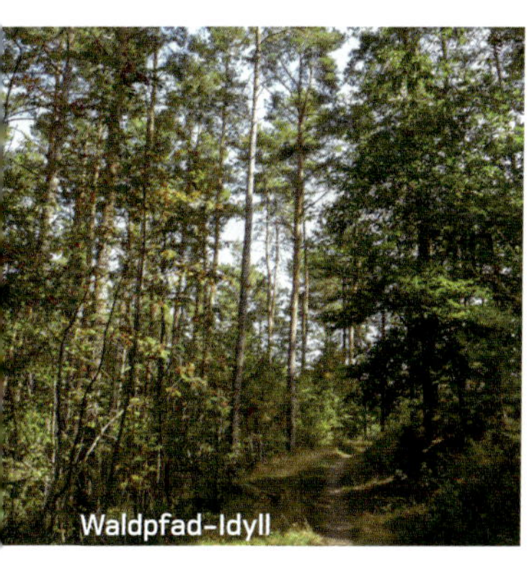

Waldpfad-Idyll

Um zurück zum Parkplatz zu gelangen, wenden wir uns nach rechts.

Bei Tafel 1 schwenken wir nach links zur Unterführung der Bahn und treffen nach insgesamt **11.4 km** wieder am P&R Parkplatz in der Trierer Straße (1) ein, wo diese herrliche und abwechslungsreiche Wanderung zu Ende geht.

FAZIT

Der Weg verlangt keine besondere Kondition, jedoch auf einigen der teils sehr schmalen und etwas ausgesetzten Pfadpassagen gute Trittsicherheit. Am schönsten erlebt man die Tour, wenn man gegen den Uhrzeigersinn wandert. Besonders anspruchsvolle Passagen gibt es nicht.

„Glück Auf" im tiefen Stollen

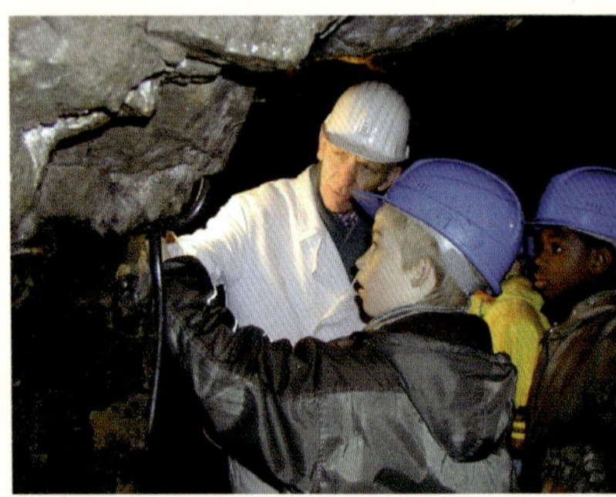

Einen sehr authentischen Einblick in die Welt der Bergmänner gewährt die Grube Wohlfahrt in Hellenthal-Rescheid bei einer Führung unter Tage. Vom Grubenhaus geht es, sicher ausgestattet, über eine Treppe tief in den Berg. Der „Tiefe Stollen" ist ein etwa 900 m langer, für Besucher erschlossener Seitenstollen des alten Bergwerks.

In der erstmals 1543 in Urkunden erwähnten Grube wurde bis 1941 Bleierz abgebaut. Nach der Stilllegung gab es ab Mitte der 1980er Jahre Bestrebungen, ein Besucherbergwerk zu eröffnen, was schließlich 1993 gelang. Seitdem sind im kleinen Museum im Grubenhaus diverse Exponate rund um den Bergbau ausgestellt und eine Besichtigung der Grube ist im Rahmen der regelmäßig stattfindenden Führungen möglich. ⓘ www.grubewohlfahrt.de

Nordeifel Tourismus GmbH, Bahnhofstraße 13, 53925 Kall, 02441/99457-0, www.nordeifel-tourismus.de
- *Tourist-Information und Nationalpark-Infopunkt Kall (Bahnhof), Bahnhofstraße 13, 53925 Kall, 02441/777-545, www.kall.de*

Restaurant Möbel Brucker Hüttenstraße 306, 53925 Kall, 024418840, www.moebel-brucker.de

Eifelpension Kall, Hüttenstraße 63a, 53925 Kall, 02441/771515, www.eifelpension-kall.de
- *Urfter Hof, Urfttalstr. 30 53925 Kall-Urft, 02441/7791206, www.urfterhofhotel.de*

Wohnmobilstellplatz Im Kallbachtal, Kapellenstr. 25, 53925 Kall-Golbach, 02441/6880
- *Wohnmobilpark Urft, Urfttalstr. 31-33, 53925 Kall-Urft, www.wohnmobilpark-urft.de 02441/6520,*

Am einfachsten reist man mit dem Zug zum Bahnhof Kall. Infos: www.rvk.de

Taxi Christa, Stürzerhof 14, 53925 Kall, 02441/6891
- *Taxi Goebel, Weißdornweg 6, 53925 Kall, 02441/4273*

Ein Relikt aus dem Kalten Krieg ist der Atombomben **Bunker** *von 1962 in der Nähe von Urft. Er sollte der Landesregierung NRW als Ausweichsitz im Ernstfall dienen. Umgeben von drei Meter dicken Stahlbetonmauern gab es alles, um bis zu 200 Personen das Überleben, unabhängig von der Außenwelt, zu sichern. Heute kann der Bunker im Rahmen spezieller Führungen besucht werden. www.ausweichsitz-nrw.de*

Hunde können den Weg problemlos absolvieren. Unterwegs gibt es nicht unbedingt Zugang zu Wasser. Daher sollte man ausreichend Wasser für den Vierbeiner dabei haben.

EIFELSCHLEIFEN

- *Kaller Sagen, ▸ 7.3 km*
- *Kuttenbachtal, ▸ 18.0 km*

09 Heideheimat

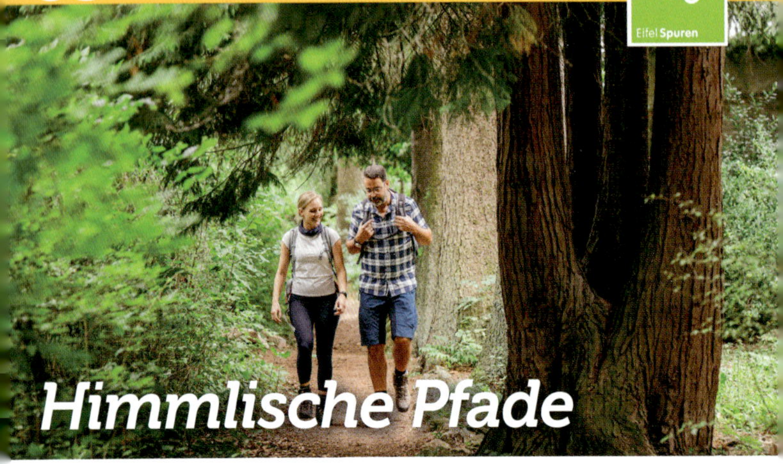

Eifel Spuren

Himmlische Pfade

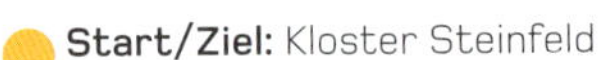

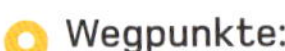

654 768

ESP1XX9

Start/Ziel: Kloster Steinfeld

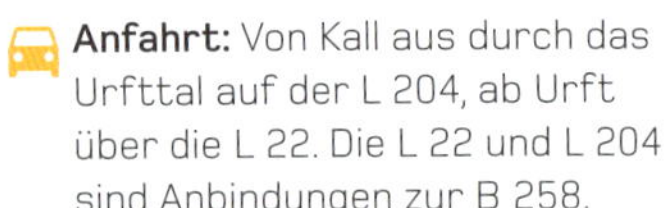

Anfahrt: Von Kall aus durch das Urfttal auf der L 204, ab Urft über die L 22. Die L 22 und L 204 sind Anbindungen zur B 258.

Parken: Kloster Steinfeld
N50° 30' 08.4'' • E6° 33' 51.8''
Parkplatz Krekeler Heide (B258)
N50° 28' 50.9'' • E6° 31' 17.5''

scan to go®

Wegpunkte:

P1 Kloster Steinfeld
32 U 327281 5597319

P2 Tripelpunkt
32 U 326336 5596764

P3 Panoramablick
32 U 324669 5595535

P4 Parkplatz Krekeler Heide
32 U 324164 5595027

P5 Heideblick
32 U 324359 5594823

P6 Sinnesbank im Wald
32 U 325017 5595362

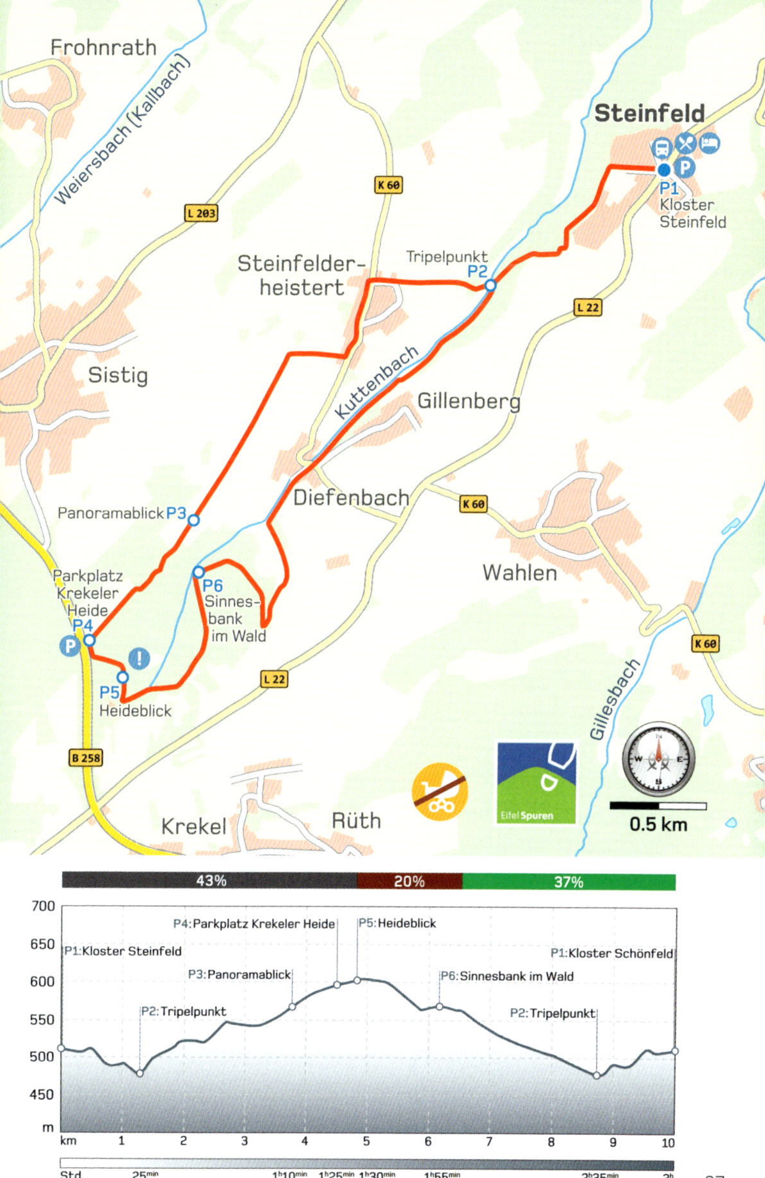
Frohnrath
Weiersbach (Kallbach)
Steinfeld
P1
Kloster
Steinfeld
K 60
L 203
Tripelpunkt
P2
Steinfelder-
heistert
L 22
Kuttenbach
Sistig
Gillenberg
Diefenbach
K 60
Panoramablick P3
Wahlen
Parkplatz
Krekeler
Heide
P4
P6
Sinnes-
bank
im Wald
K 60
P5
Heideblick
L 22
Gillesbach
B 258
Eifel Spuren
0.5 km
Krekel
Rüth
43%
20%
37%
700
650
600
550
500
450
m
P1: Kloster Steinfeld
P2: Tripelpunkt
P3: Panoramablick
P4: Parkplatz Krekeler Heide
P5: Heideblick
P6: Sinnesbank im Wald
P2: Tripelpunkt
P1: Kloster Schönfeld
km
1
2
3
4
5
6
7
8
9
10
Std.
25min
1h10min
1h25min
1h30min
1h55min
2h35min
3h

Rund ums Kloster Steinfeld entdecken wir heute vielfältige Landschaften. Neben lauschigem Wald und attraktiven Bachtälern sind es herrliche Fernsichten und die besondere Flora der Krekeler Heide, die für Begeisterung sorgen.

Direkt vor den Toren des Klosters Steinfeld begrüßt uns am Parkplatz die Portaltafel der Eifelspur Heideheimat (1). Den Besuch im Kloster und im Garten der Stille wollen wir uns für den Abschluss aufheben, und daher wenden wir uns neben dem Schwesternhaus nach rechts und laufen bald entlang der Klostermauer in Begleitung des Eifelsteigs zum nahen Wald.

Am Ende der Mauer biegen wir scharf links auf einen Pfad in den Wald ab. Herrliche Waldatmosphäre umfängt uns, und wir bewundern so manchen Baumveteranen. Schummriges Grün lässt uns entspannen, und weich federt der Waldboden unter den Sohlen.

Bald hilft uns ein kurzer Holzsteg über eine feuchte Stelle, dann steht wieder der artenreiche Hochwald im Mittelpunkt unserer Aufmerksamkeit. Sanft senkt sich unser Pfad ab, und wir durchschreiten eine kleine Senke, an der ein Weg von rechts einmündet. Wir bleiben unseren Logos treu und steigen kurz wieder einige Meter bergan, bevor sich der Abstieg ins Tal fortsetzt. Für einen Moment reißt links die Waldkulisse auf und gibt uns den Blick auf eine saftige Weide frei. Doch schon hüllt uns wieder der Wald ein, und nach **1.3 km** endet unser Pfad an einem breiten Forstweg im Tal des Kuttenbaches.

Wir befinden uns hier am Tripelpunkt (2) der Runde, die wir nun gegen den Uhrzeigersinn fortsetzen. Daher biegen wir am Wegweiser rechts ab, passieren eine Tafel des Milchweges und eine Bank und nehmen einen kurzen, aber strammen Aufstieg in Angriff. Schritt für Schritt gewinnen wir auf dem befestigten Weg wieder an Höhe. Doch schon

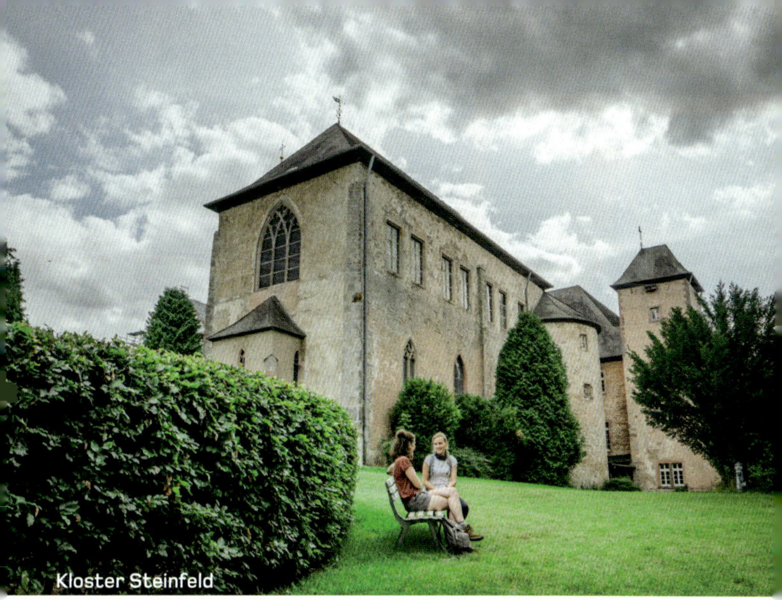

Kloster Steinfeld

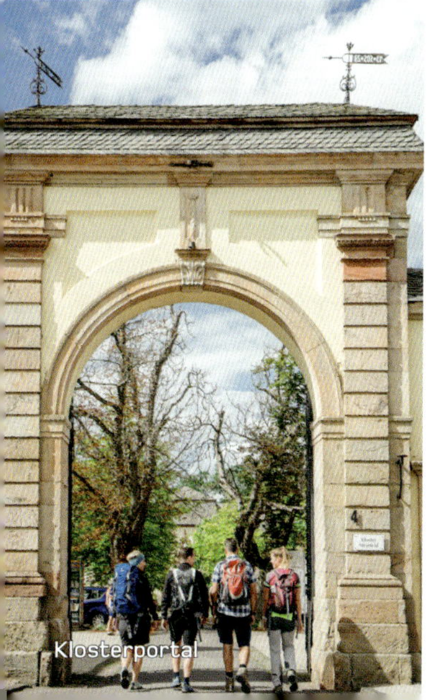

Klosterportal

bald dürfen wir aufatmen, denn als ein Weg von links einmündet, flacht der Wegverlauf deutlich ab. Der Wald weicht zurück, und begleitet von niedrigen Büschen und Bäumen am Wegesrand, steuern wir weiter auf das nächste Zwischenziel Steinfelderheistert zu.

An einem Spielplatz erreichen wir den Ort und stehen kurz darauf an der Florastraße. Hier wenden wir uns nach links und wandern zügig entlang der Straße südwärts. Vorbei

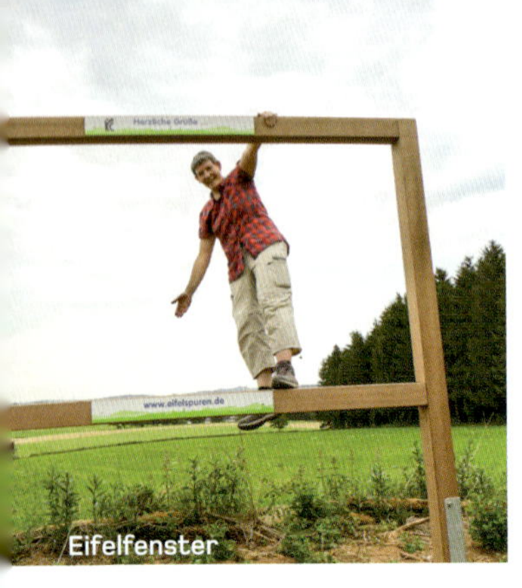

Eifelfenster

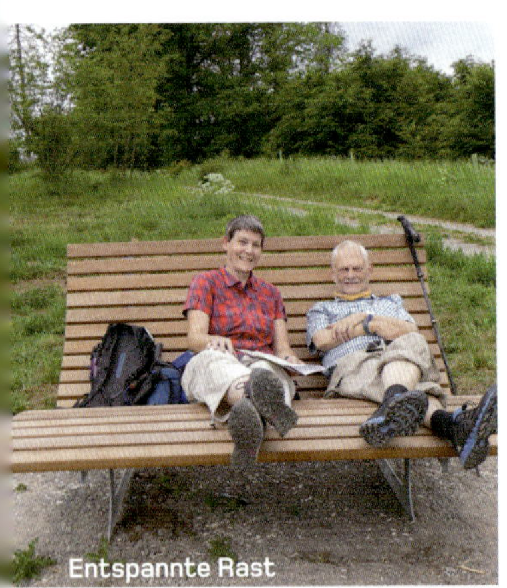
Entspannte Rast

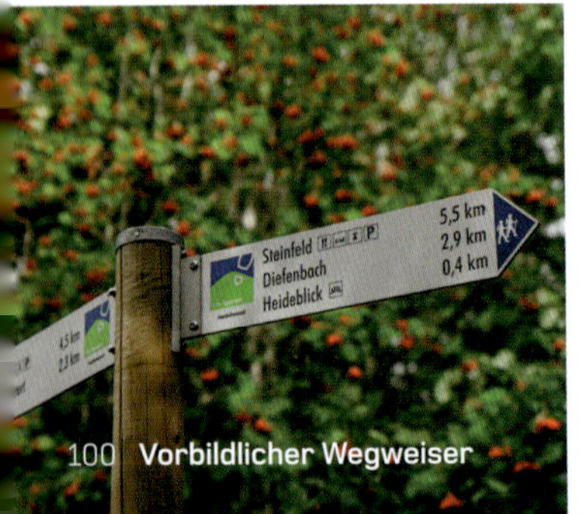

Vorbildlicher Wegweiser

an der Dorflinde gelangen wir an den südlichen Ortsrand, kehren nach **2.4 km** dem Verkehr den Rücken und biegen rechts bergan auf einen asphaltierten Wirtschaftsweg. Neugierig beäugt von weidenden Rindern, gewinnen wir stetig an Höhe und können bald den Blick wieder weit über Wiesen und Felder schweifen lassen.

An einer Tafel des Milchweges biegen wir scharf links ab und wandern nun aussichtsreich mitten durch die offene Landschaft. Bald endet auch der Asphalt, und der nur noch befestigte Weg führt uns zur Straße nach Sistig. Wir queren sie vorsichtig und wandern geradeaus sanft bergan. Mitten in offener Flur passieren wir ein mit Holzzaun gegen gefrässige Vierbeiner gesichertes Gärtchen.

Nun schwingt sich unser Weg spürbar bergan, doch die nächste Unterbrechung ragt bereits vor uns auf: Nach **3.8 km** erreichen wir nicht nur einen großen Holzrahmen, sondern auch eine urbequeme

Sinnesbank (3). Klar lassen wir uns diese Gelegenheit nicht entgehen und machen es uns auf der geschwungenen Liege bequem. Durch den Rahmen öffnet sich ein toller Fensterblick in die Eifellandschaft, den wir nun in aller Ruhe genießen.

Tief entspannt reißen wir uns schließlich los und setzen die Wanderung nur noch wenig ansteigend fort. Bald rücken mehr Bäume an den Wegesrand, und langsam treten wir wieder in den Wald ein. Doch auch hier sorgt die herrliche Natur für Abwechslung.

Nachdem wir eine von Schafen beweidete Wiese passiert haben, reißt der Wald wieder auf, und rechts begleitet uns eine große Wiese. Unser Wanderweg wandelt sich zum echten Grasweg, und bald führt er durch einen kleinen Heckenriegel.

Immer deutlicher dringen die Geräusche der nahen Bundesstraße an unsere Ohren, doch die kurzweilige Natur sorgt für ausreichend Abwechslung.

Nach **4.5 km** erreichen wir den kleinen Parkplatz Krekeler Heide (4) und biegen links ab. Wir befinden uns mittlerweile am Rand eines speziellen Naturprojektes, das sich dem Erhalt und Wiedererstarken des Borstgrasrasen widmet.

Neugierig geworden, laufen wir weiter, und als sich kurz darauf das Gehölz öffnet und den Blick auf eine offene Heidelandschaft freigibt, schlagen unsere Herzen schneller. Was für ein grandioses Naturerlebnis! Unser Weg führt uns nun durch eine einst für die Eifel sehr typische und weitverbreitete Landschaft, die aber aufgrund der um sich greifenden landwirtschaftlichen Nutzung selten geworden ist.

Wir halten Ausschau nach seltenen Pflanzen und genießen den weiten freien Blick. Unser Weg macht eine Rechtskurve und führt uns zu zwei einladenden Bänken, von denen wir den Heideblick (5) in Ruhe auskosten können. Wir setzen die Tour fort und gelangen an einen Querweg, dem wir nach

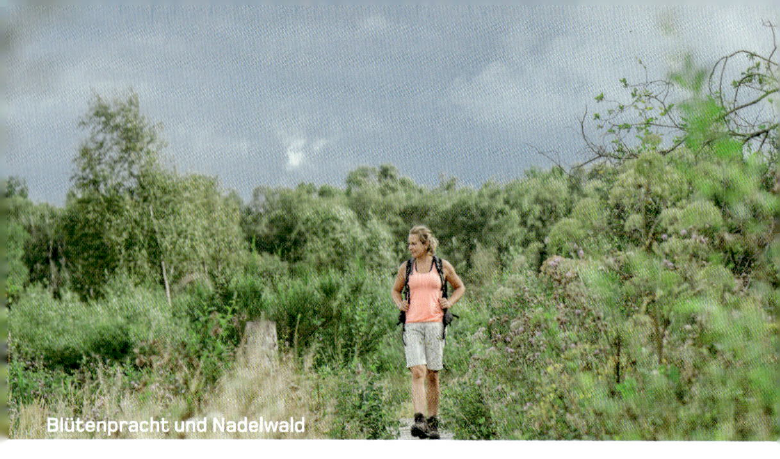
Blütenpracht und Nadelwald

links folgen. Bald wird das Wegumfeld wieder buschiger und geht schließlich in hohen Wald über. Wir gelangen zu einem Abzweig, an dem wir dem Wegweiser nach links folgen. Noch einmal öffnet sich der Wald, und eine herrliche Waldwiese erfreut uns im Sommer mit umfangreicher Blütenpracht. Beschwingt wandern wir weiter, und bald sorgt ein duftender Nadelwald für eine völlig neue Atmosphäre.

Unser Weg senkt sich ab, und nach **5.8 km** erreichen wir erneut das Kuttenbachtal. An einer Wegkreuzung biegen wir rechts ab, an der kurz darauf folgenden Weggabelung halten wir uns dann links. Jetzt ist es der Wald, der mit stetem Wechsel und wohltuender Ruhe für Wanderspaß sorgt. Als dann an einer Wegeinmündung auch noch eine Waldliege (6) zur geruhsamen Waldpause bereitsteht, ist unser Wanderglück nahezu perfekt.

Es fällt schwer, dieses Idyll zu verlassen, doch irgendwann zieht es uns weiter. Wir folgen unserem Waldweg vorbei an alten Baumveteranen um eine enge Linkskurve und streben langsam dem Waldrand zu. Schließlich entlässt uns der Wald in die wogenden Wiesen. An einer Wegkreuzung wechseln wir links auf einen Asphaltweg, der uns sanft hinab an den Kuttenbach bringt.

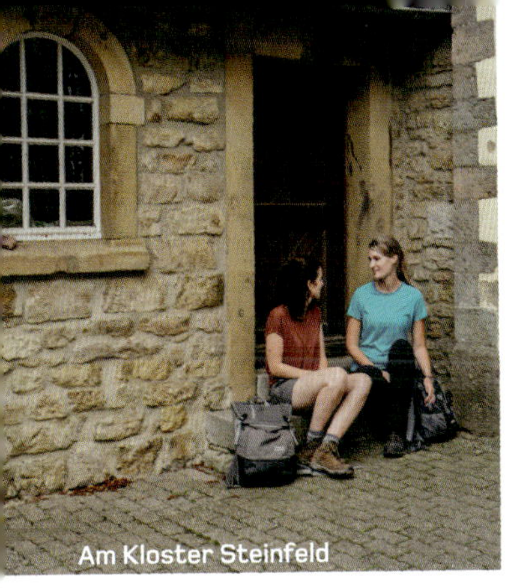
Am Kloster Steinfeld

Mit einem Schwenk nach rechts nähern wir uns Diefenbach, wo wir nach **7.4 km** die Straße queren und die Bushaltestelle passieren. Ein Talweg bringt uns zurück in die Natur, und erneut schwelgen wir im üppigen Grün rund um die Talaue. Leise rauscht der Wind in den Erlen, während unser Blick über die weiten Wiesen schweift.

An einem Querweg biegen wir rechts, nur wenige Schritte später dann links ab und bleiben so dem Tal treu. Allmählich rücken die Bäume enger an den Weg, bis wir wieder in lichtem Wald wandern.

Und dann ist es so weit: Nach **8.7 km** schließt sich am bereits bekannten Tripelpunkt (2) unsere Runde. Nun gilt es auf dem bereits bekannten Waldpfad wieder zum Kloster Steinfeld aufzusteigen. Dazu biegen wir am Wegweiser rechts auf den Pfad ab und erklimmen Schritt für Schritt den Wald.

Vorbei am Weidenblick gelangen wir wieder an die Senke und laufen kurz darauf wieder über die Holzstege. Und schon erkennen wir die Klostermauer vor uns und folgen ihr zurück zum Kloster Steinfeld (1), das nun nach **10 km** am Ende der Tour zu einer Einkehr für Körper und Geist lockt.

FAZIT

Der Weg verläuft immer wieder auf Naturwegen, daher sind feste Wanderschuhe sinnvoll. Man wandert länger durch die offene Flur, daher an Sonnen-, Regen-, bzw. Windschutz denken. Am schönsten erlebt man den Weg, wenn man ab dem Tripelpunkt gegen den Uhrzeigersinn läuft.

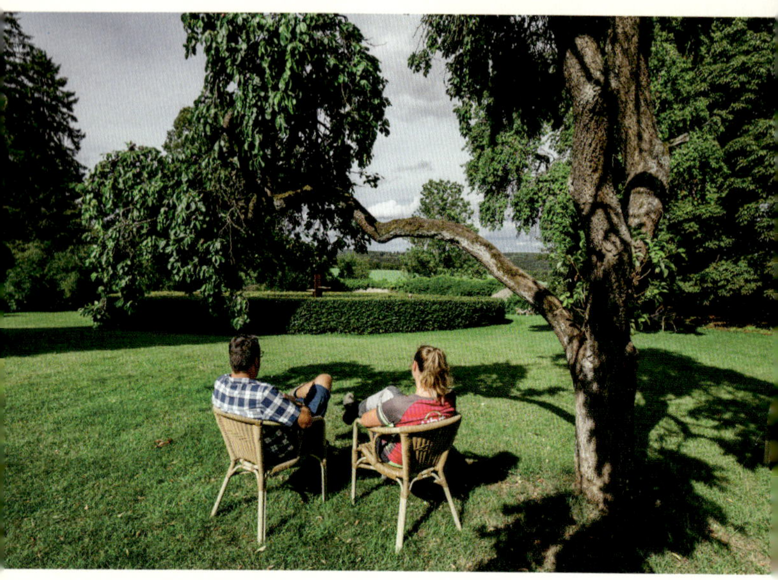

Sinnliche Auszeit

Kloster Steinfeld ist das wohl besterhaltene Klosterensemble des Rheinlandes. Die Wurzeln des Klosters liegen im frühen Mittelalter: Um 930 wurde hier erstmals eine Kirche geweiht. 1070 ist die erste Klosteransiedlung überliefert, ab 1130 wurde das Kloster nach den Regeln der Prämonstratenser geführt. Schon 1184 erhielt Kloster Steinfeld den Status einer Abtei, der erst 1802 während der Säkularisation aufgehoben wurde. Bis 1923 ging es danach abwärts, bis die Salvatorianer den Klosterkomplex übernahmen. Heute beherbergt Kloster Steinfeld ein Gymnasium mit Internat sowie ein Gästehaus für Besinnungstage. In der romanischen Basilika von 1142 sind Wandfresken aus dem 12.–15. Jahrhundert zu bewundern, und man kann bei einem Konzert der weithin berühmten Balthasar-König-Orgel aus dem Jahr 1727 lauschen. ⓘ *www.kloster-steinfeld.de*

Nordeifel Tourismus GmbH, Bahnhofstraße 13, 53925 Kall, ✆ 02441/99457-0, ⓘ www.nordeifel-tourismus.de
▪ *Tourist-Info und Nationalpark-Infopunkt Kall (Bahnhof), Bahnhofstraße 13, 53925 Kall, ✆ 02441/777-545, ⓘ www.kall.de*

Wirtshaus Zur Alten Abtei, Hermann-Josef-Str. 33, 53925 Kall-Steinfeld, ⓘ www.zuraltenabtei.de ✆ 02441/7790301,
▪ *Klostercafé, Hermann-Josef-Str. 4, 53925 Kall-Steinfeld, ✆ 02441/889141, ⓘ www.kloster-steinfeld.de*

Gästehaus Kloster Steinfeld, Hermann-Josef-Straße 4, 53925 Steinfeld, ✆ 02441/889131, ⓘ www.kloster-steinfeld.de
▪ *Hotel Urfterhof, Urfttalstraße 30, 53925 Kall-Urft, ✆ 02441/7791206, ⓘ www.urfterhofhotel.de*

Wohnmobilstellplatz Im Kallbachtal, Kapellenstr. 25, 53925 Kall-Golbach, ✆ 02441/6880
▪ *Wohnmobilpark Urft, Urfttalstr. 31-33, 53925 Kall-Urft, ✆ 02441/6520, ⓘ www.wohnmobilpark-urft.de*

Mit dem Zug zum Bf. Urft oder via Regionalverkehr zum Bf. Kall. Vom Busbahnhof (Trierer Straße) Bus 766 (Kall, Urft Bf) zum Kloster Steinfeld in Kall. ⓘ www.rvk.de

Taxi Blumenstock, Am Hallenbad 52, 53925 Kall, ✆ 02441/779123

Die Eifelspur führt mitten durch die Krekeler Heide, ein ökologisch wichtiges Refugium für zahlreiche Arten. 30 verschiedene Pflanzen wachsen hier pro Quadratmeter. In der Krekeler Heide *kann man neben Heidekraut mit etwas Glück auch seltene Arten wie Arnika oder Erdorchideen antreffen.*

Hunde können die Strecke ohne Schwierigkeiten laufen. Unterwegs gibt es keinen Zugang zu Wasser. Hunde in Naturschutzgebieten bitte anleinen.

EIFELSCHLEIFEN

- *Milchweg, ▸ 6.8 km*
- *Krekeler Höhe, ▸ 10.4 km*
- *Von Bären und Bärlauch, ▸ 16.0 km*
- *Kuttenbachtal, ▸ 18.0 km*

10 Silberschatz

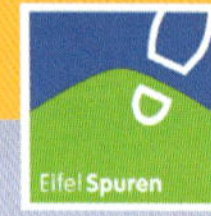

Heilige Wege

8.6	2h 30min	151	589	555 652	ESPX91X
km					

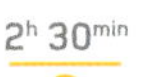
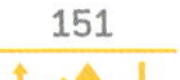

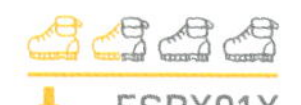

Start/Ziel: Eiffelplatz, Kölner Straße Marmagen

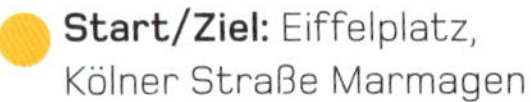

Anfahrt: A 1 bis Nettersheim, dann L 115 bis zum Kreisel. Weiter über die L 205 via Nettersheim bis Marmagen.

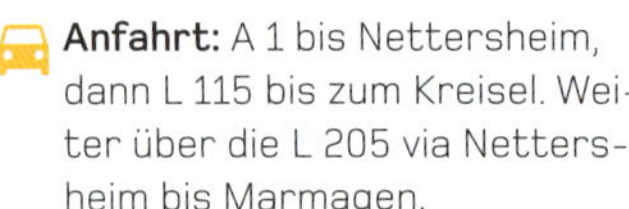

Parken: Parkplatz „Eiffelplatz" Kölner Straße, Marmagen
N50° 28' 37.3'' • E6° 34' 54.4''

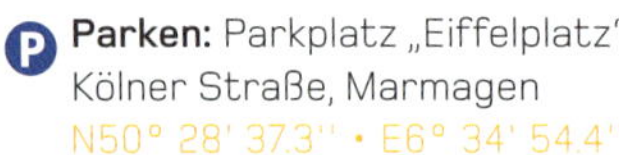

Wegpunkte:

- **P1** Eiffelplatz Marmagen 32 U 328424 5594465
- **P2** Rastplatz Schleiftal 32 U 330442 5595008
- **P3** Matronenheiligtum Görresburg 32 U 331045 5594973
- **P4** Sinnesbank & Ausblick 32 U 330795 5594814
- **P5** Schutzhütte Kücheler Heck 32 U 329193 5593128

scan to go®

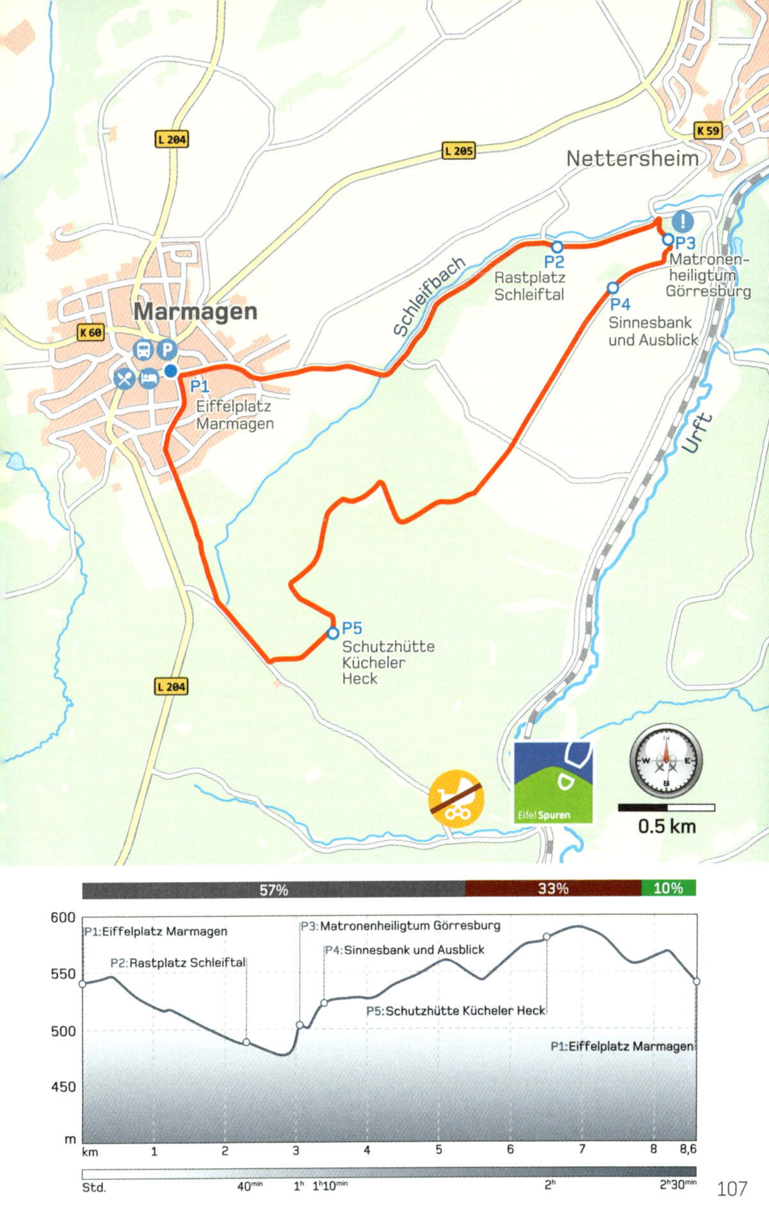
L 204
L 205
K 59
Nettersheim
Schleifbach
P2
Rastplatz
Schleiftal
P3
Matronen-
heiligtum
Görresburg
P4
Sinnesbank
und Ausblick
Marmagen
K 60
P1
Eiffelplatz
Marmagen
Urft
P5
Schutzhütte
Kücheler
Heck
L 204
Eifel Spuren
0.5 km
57%
33%
10%
600
550
500
450
m
P1: Eiffelplatz Marmagen
P2: Rastplatz Schleiftal
P3: Matronenheiligtum Görresburg
P4: Sinnesbank und Ausblick
P5: Schutzhütte Kücheler Heck
P1: Eiffelplatz Marmagen
km
1
2
3
4
5
6
7
8
8,6
Std.
40min
1h
1h10min
2h
2h30min

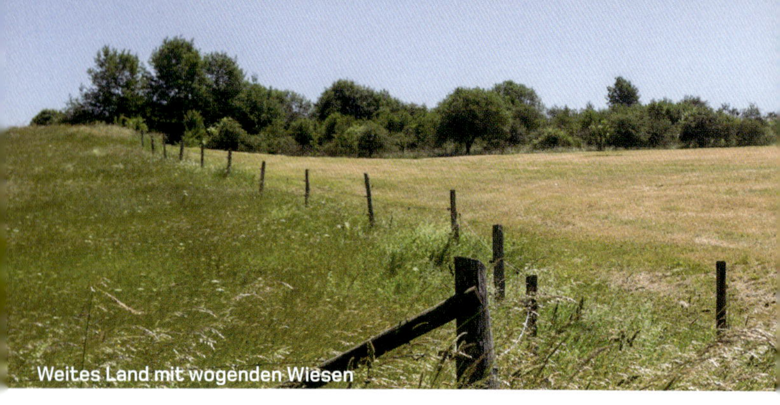
Weites Land mit wogenden Wiesen

Weite Wiesenpassagen, schöne Blicke ins Urfttal und natürlich der Besuch beim Matronenheiligtum: Das sind die Höhepunkte der Eifelspur Silberschatz. Entspannte Waldpassagen und eine einladende Schutzhütte runden die Tour um Marmagen ab.

Mitten in Marmagen beginnen wir am Eiffelplatz (1) die Wanderung auf der Eifelspur Silberschatz. Wir laufen im Uhrzeigersinn und wenden uns daher vom Parkplatz links dem Keltenring zu.

Der führt uns zügig durch das ruhige Wohngebiet und findet bald seine Fortsetzung im Heideweg. Auf Höhe des letzten Hauses biegen wir nach **0.4 km** links auf einen asphaltierten Wirtschaftsweg ab, der uns vollends aus dem Ort hinaus in die Natur führt.

Wiesen und als Pferdeweiden genutzte Flächen begleiten uns, während wir uns sanft abwärts laufend dem Schleiftal nähern. An einem umzäunten Stallareal gabelt sich der Weg: Wir halten uns rechts und folgen dem Asphaltweg weiter talwärts.

Einen wenig später nach links abzweigenden Weg ignorieren wir, queren den hier noch sehr unscheinbaren Schleifbach und wenden uns am Wegweiser am Waldrand nach links. Noch fühlen wir Asphalt unter

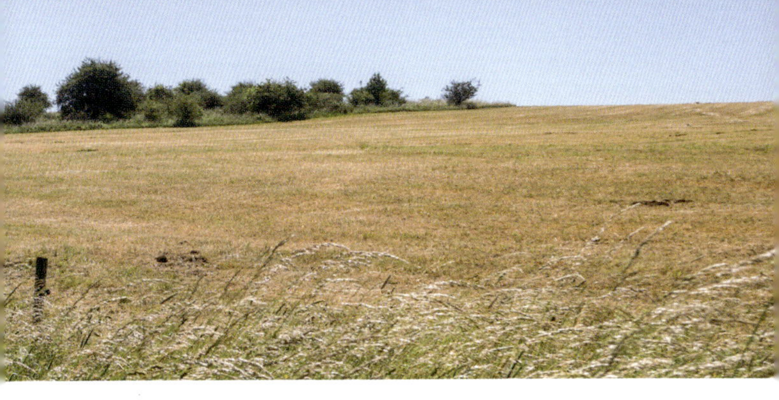

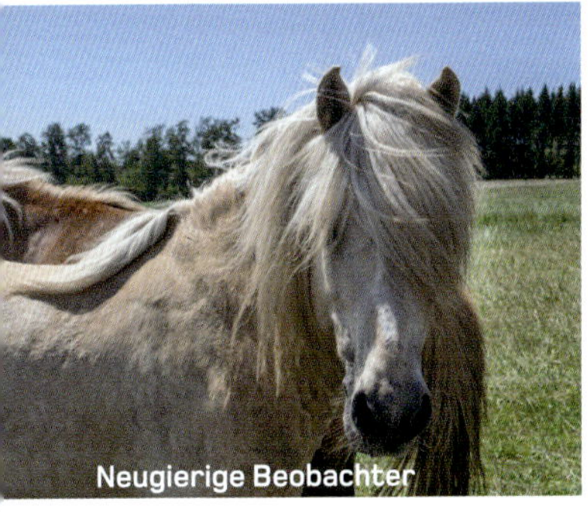

Neugierige Beobachter

den Sohlen, doch das ändert sich an der nächsten Weggabelung nach **1.1 km**: Hier dürfen wir geradeaus einem nur noch befestigten Weg weiter durch das reizvolle wie abwechslungsreiche Tal des Schleifbaches folgen.

Gerade säumen noch Gehölze den Wegrand, dann öffnet sich eine Feuchtwiese, bevor wir in schattigen Hochwald wechseln. Zudem laden immer wieder Bänke zum Pausieren ein. Auf dem bequemen Weg kommen wir gut voran und lassen abzweigende Wege unbeachtet.

Nach **2.3 km** trifft ein breiter Weg zu uns, und wir laufen um eine Kurve. Der Wald öffnet sich und entlässt uns in die Offenlandschaft aus Hecken und Wiesen. Mitten in diesem ruhigen Idyll steht am Wegesrand ein Rastplatz (2) zur gemütlichen Pause bereit.

Wir setzen die Tour fort und passieren einige Weiden, von denen aus uns zottelige Islandpferde aufmerksam beobachten. Wir erreichen schließlich eine Kreuzung, an der uns ein Wegweiser rechts über eine Treppe auf einen ansteigenden Pfad schickt.

Wir kehren dem Schleiftal den Rücken und wandern erstmals heute auf Naturgrund mitten durch dichte Hecken stramm bergan. Doch lange währt der Anstieg nicht, dann weichen die Hecken zurück, und wir stehen auf dem Bergrücken.

Vor uns sehen wir bereits die Mauern des Matronenheiligtums Görresburg (3). Tafeln informieren uns nach **3.1 km** über den historischen Hintergrund, bevor wir dem Heiligtum unsere Referenz erweisen und zugleich die herrliche Aussicht auf die Umgebung in vollen Zügen genießen. Die Schutzhütte lassen wir unbeachtet und streben nach der Götterhuldigung rechts zum nächsten Wegweiser. Dort treffen wir auf einen Asphaltweg, dem wir nach rechts bergan folgen.

Auf dem bequemen Weg kommen wir zügig voran und nutzen die Gelegenheit, den Blick umherschweifen zu lassen. Idyllisch liegt uns das Urfttal zu Füßen, und bald bekommen wir an einer Sinnesbank (4) die Möglichkeit, diese Aussicht auch im Sitzen zu genießen.

Wir setzen die Wanderung fort, lassen einige einmün-

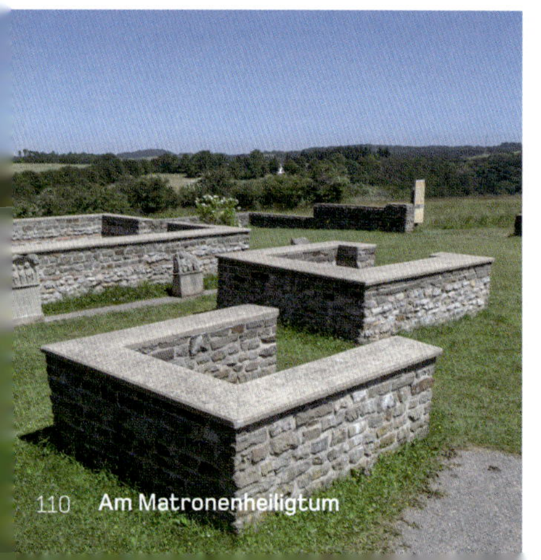

Am Matronenheiligtum

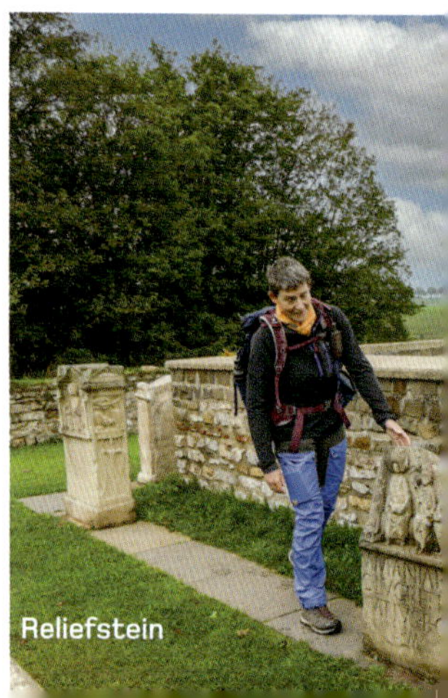

Reliefstein

dende Wege unbeachtet und gewinnen an Höhe. Nach **4.4 km** passieren wir, noch immer in offener Flur, an einer Kreuzung eine Bank und einen Wegweiser, behalten aber die Richtung bei.

Allerdings endet der Asphalt, und wir wandern nun auf recht holprigem, befestigten Schotter bergan Richtung Waldrand.

Dort sehen wir die Folgen des Klimawandels, als wir einige frisch gefällte Areale passieren. Doch schließlich dürfen wir tatsächlich in den Wald eintreten und merken bald: Wir haben vorerst den Anstieg gemeistert.

Ohne allzu große Höhendifferenz laufen wir durch mittlerweile intakten Wald und freuen uns an der Stille dieser Passage, die zur Entschleunigung beiträgt.

Dann öffnet sich links eine Waldwiese, und wir erreichen nach **5.4 km** bei einer Bank einen Querweg. Die Markierung schickt uns links auf einen Forstweg, der uns bald wieder durch dichten Wald zu einem Quellgebiet führt.

An einem im Wald verborgenen Teich treffen wir auf einen Querweg und biegen erneut links ab. Doch bevor wir den nun folgenden Anstieg zum Sittard in Angriff

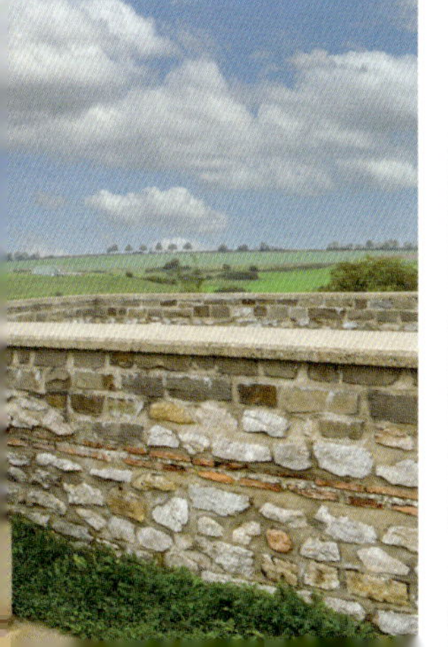

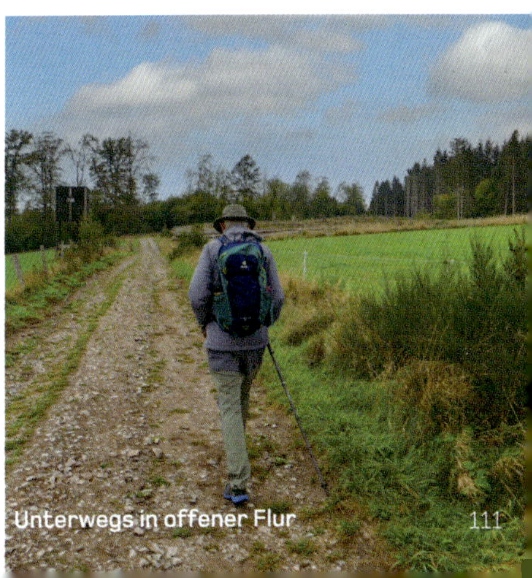

Unterwegs in offener Flur

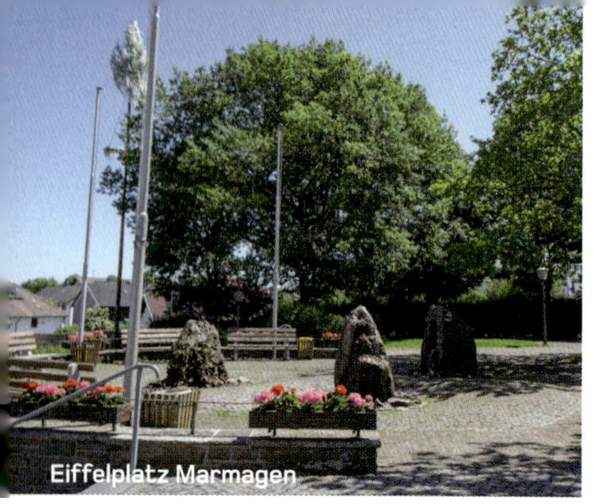

Eiffelplatz Marmagen

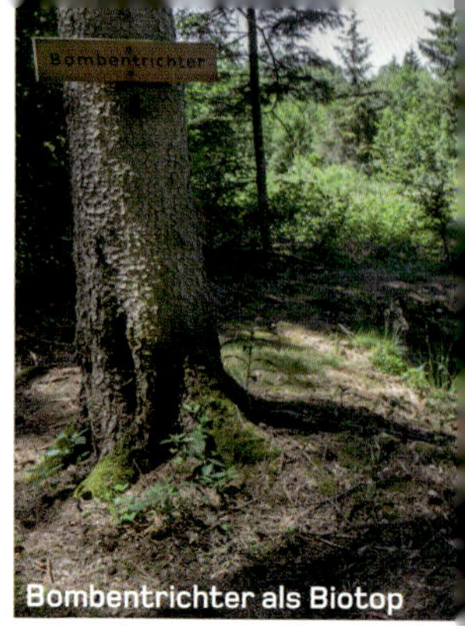

Bombentrichter als Biotop

nehmen, lädt uns mitten im Grün des Waldes eine Sinnesbank zum Verweilen am alten Löschteich ein.

Mit frischen Kräften meistern wir den sanften Anstieg und erreichen die nächste Kreuzung. Hier knickt die Eifelspur links ab und nutzt einen angenehmen Forstweg, um uns zur Schutzhütte Kücheler Heck zu geleiten.

Dort treffen wir nach **6.5 km** an einem Querweg mit Wegweiser ein. Bevor wir nach rechts weiterwandern, nutzen wir die Gelegenheit, an der sehr gepflegten Schutzhütte (5) mit Rastplätzen und Getränkestation ein wenig zu verweilen.

Danach führt uns der Forstweg fast eben durch den Hochwald. Am nächsten Querweg biegen wir rechts ab und erreichen nach **7.3 km** eine Waldwiese und eine große Kreuzung.

Die nahe L 204 ist nicht zu überhören, doch wir lassen uns die Wanderfreude nicht trüben, denn wir dürfen geradeaus auf federndem Naturpfad zum Waldrand laufen.

Wir tauchen unter den Blattbaldachin alter Bäume und folgen dem gewundenen Pfad durch den herrlichen Wald. Allerdings sind auch hier v.a. Richtung Straße die Folgen von Hitzestress und Borkenkäfer nicht zu übersehen ...

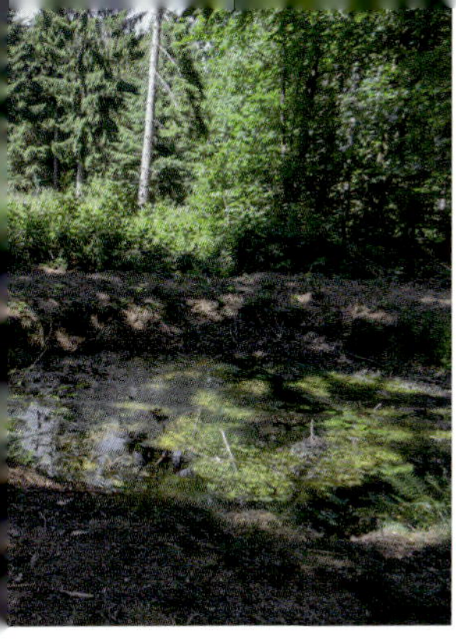

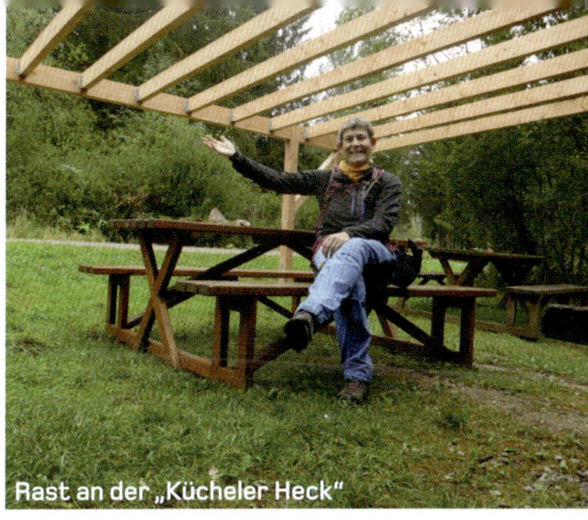

Rast an der „Kücheler Heck"

An einem Querweg machen wir einen Links-rechts-Versatz und verlassen wenig später den Hochwald.

Hecken und Büsche säumen den Weg, der sich nun sanft bergan schwingt. Voraus sehen wir bereits die ersten Häuser von Marmagen. Wir queren die Straße Sittard und laufen geradeaus noch auf befestigtem Grund weiter. Erst auf Höhe eines umzäunten Wasserwerks beginnt der Asphalt ,und wir betreten endgültig den Ort.

Der Finkenweg quert unsere Spur, während wir unbeirrt geradeaus auf dem Buschweg hinunter in die Ortsmitte wandern.

Nach **8.6 km** treffen wir wieder am Eiffelplatz (1) ein und beenden unsere abwechslungsreiche Wanderung auf der Eifelspur Silberschatz mitten im Ort.

FAZIT

Der Weg verlangt keine besonderen Fähigkeiten. Aufgrund des Wegformats und des oft exponierten Wegverlaufs sind festes Schuhwerk, Regen- bzw. Sonnenschutz und ausreichend Getränke sinnvoll. Am schönsten erlebt man die Tour, wenn man im Uhrzeigersinn wandert.

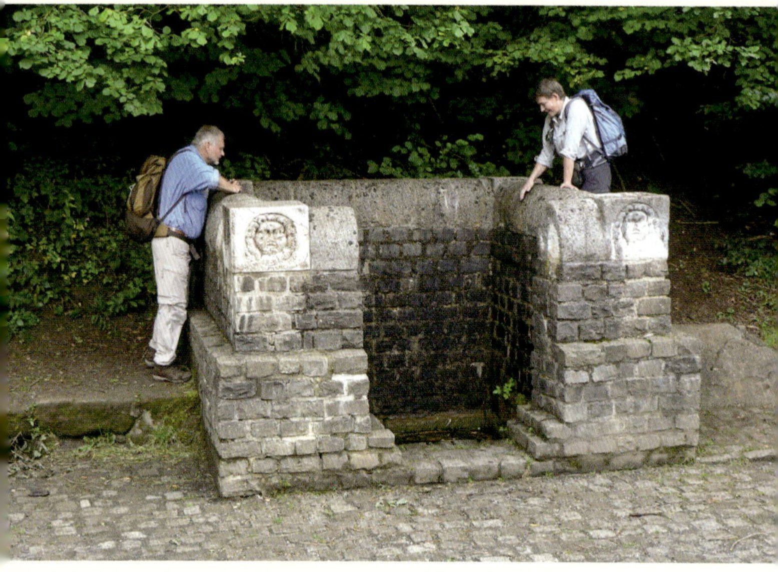

Spuren der Römer

Auf dem 4.5 km langen Rundweg durch den frei zugänglichen Landschaftspark bei Nettersheim wandert man auf den Spuren der Römer. Denn hier verlief nicht nur eine der wichtigsten Römerstraßen, die Agrippastraße von Trier nach Köln, sondern hier befand sich auch die römische Siedlung Marcomagus. Deren Reste wurden freigelegt und können nun entdeckt werden. An mehreren Stationen erfährt man viele Details aus der Zeit der Römer: Wie wurden beispielsweise die Straßen gebaut, wie sah ein Kleinkastell aus und wie huldigte man den Schutzgöttern? Zu diesen und weiteren Fragen gibt es an authentischen Standorten fundiert aufbereitete Informationen, sodass die Tour zu einer erlebnisreichen Zeitreise wird. Immer wieder werden auch Veranstaltungen angeboten, die die Römerzeit aufleben lassen und die Gelegenheit geben, von römischer Kulinarik bis zur Handwerkskunst alles hautnah zu erleben.
ⓘ www.archaeologischer-landschaftspark.de

Nordeifel Tourismus GmbH, Bahnhofstraße 13, 53925 Kall, 02441/99457-0, www.nordeifel-tourismus.de
- Tourist-Information Nettersheim (Naturzentrum Eifel), Urftstraße 2-4, 53947 Nettersheim, 02486/1246, www.naturzentrum-eifel.de

Bäckerei Hees, Rosenthalstrasse 1, 53947 Nettersheim, 02486/1394 www.cafe-zur-römerquelle.de
- Café Ähre, Burgstr. 2, 53947 Marmagen, 02486/1437 www.baeckerei-heinen.de/cafe-die-aehre
- Bäckerei Café Sieps-Stöffje, Kölner Str. 37, 53947 Nettersheim, 02486/1484, www.cafe-milz.de
- Freistaat Eifel, Steinfelder Str. 9, 53947 Nettersheim, 02486/8027563, www.freistaat-eifel.de

Gästehaus Haus am Hahnenberg, Peter-Milz-Sraße 1, 53947 Nettersheim-Marmagen, 02486/8009863, www.haus-am-hahnenberg.de

Wohnmobilhafen Nettersheim, Urftstraße, 53947 Nettersheim, 02486/1246, www.wohnmobilstellplatz.de

Regionalverkehr zum Bf. Nettersheim. Dann Bus 820 (Eifelhöhenklinik Abzw.) bis Nettersheim Eiffelplatz in Marmagen. Infos: www.rvk.de

Taxi Milz, Sittard 52, 53947 Nettersheim-Marmagen, 02486/7566

Der **Löwenzahn-Erlebnispfad** ist besonders für Kinder attraktiv. Auf 20 Stationen taucht man ein in die Geheimnisse der Natur und des Waldes. Ob auf eigene Faust oder mit einer Gruppe, Spannung ist auf dem knapp 6 km Rundweg garantiert. www.naturzentrum-eifel.de

Hunde können den Weg problemlos absolvieren. Unterwegs gibt es keinen Zugang zu Wasser.

EIFELSCHLEIFEN

- Jägerpfad, 5.0 km
- Küchenschellen, 6.8 km
- Ahekapelle, 9.0 km
- Frühstücksbuche, 13.4 km
- Fuchshöhle, 13.8 km

11a Kräuterpfad – Teil 1

Nettersheim bis Bad Münstereifel

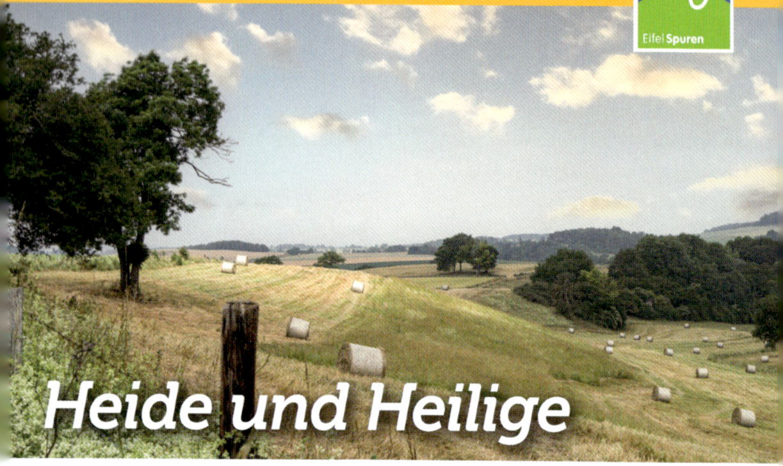

Eifel Spuren

Heide und Heilige

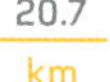

20.7 km

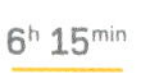

6h 15min

317 ↑ ↓ 477

522

1323 1552

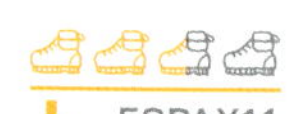

ESPAX11

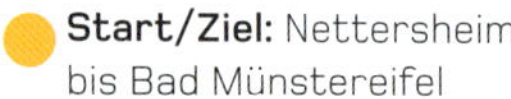

Start/Ziel: Nettersheim bis Bad Münstereifel

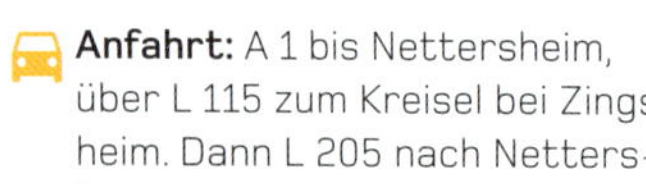

Anfahrt: A 1 bis Nettersheim, über L 115 zum Kreisel bei Zingsheim. Dann L 205 nach Nettersheim.

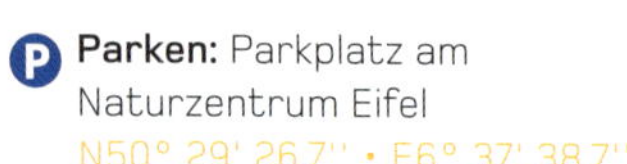

Parken: Parkplatz am Naturzentrum Eifel
N50° 29' 26.7'' • E6° 37' 38.7''

scan to go®

Wegpunkte:

P1 Naturzentrum Eifel
32 U 331725 5595787

P2 Tripelpunkt
32 U 332077 5596107

P3 Willenberg: Aussicht & Bank
32 U 332614 5598409

P4 Abzweig Pesch
32 U 335798 5600541

P5 Gilsdorf
32 U 337994 5602176

P6 Parkplatz Ginsterweg
32 U 340785 5603784

P7 Bad Münstereifel Bahnhof
32 U 341688 5603058

P8 Bad Münstereifel Tourist-Info
32 U 341622 5602709

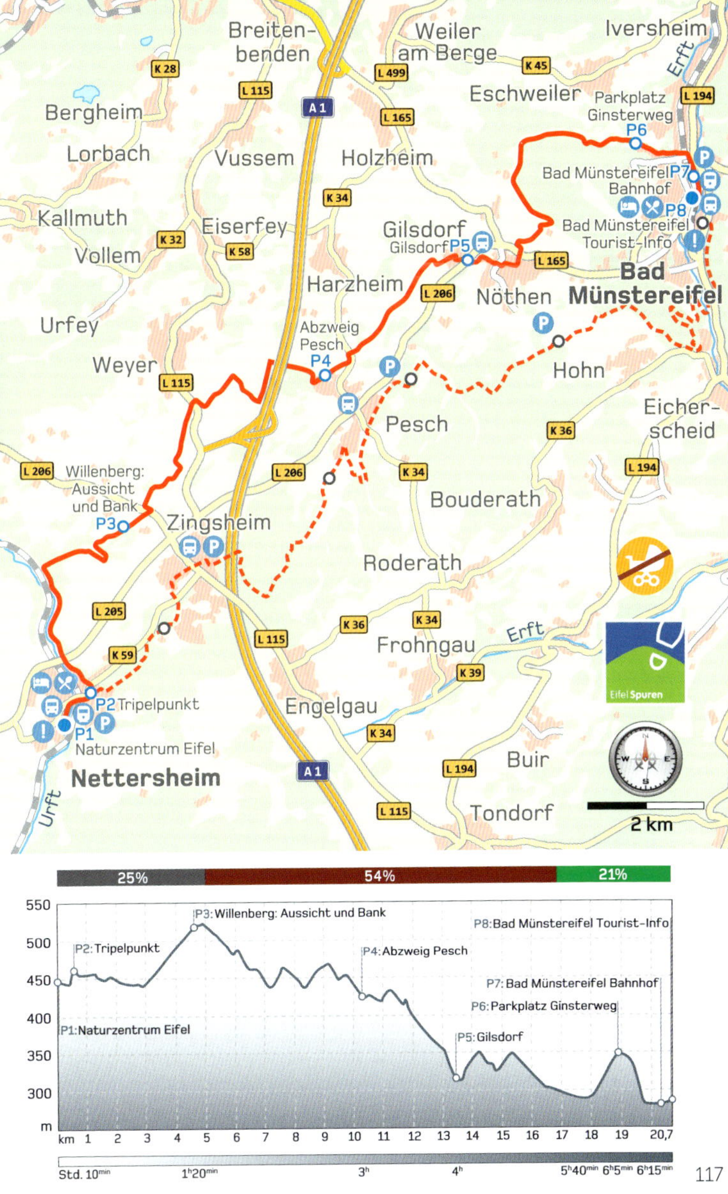

Breiten-
benden
Weiler
am Berge
Iversheim
Erft
Bergheim
Lorbach
Vussem
Holzheim
Eschweiler
Parkplatz
Ginsterweg
P6
Bad Münstereifel P7
Bahnhof
P8
Bad Münstereifel
Tourist-Info
Kallmuth
Eiserfey
Gilsdorf
Gilsdorf P5
Vollem
Harzheim
Nöthen
Bad
Münstereifel
Urfey
Abzweig
Pesch
P4
Hohn
Weyer
Pesch
Eicher-
scheid
Willenberg:
Aussicht
und Bank
P3
Zingsheim
Bouderath
Roderath
Frohngau
Erft
P2 Tripelpunkt
P1
Naturzentrum Eifel
Nettersheim
Engelgau
Buir
Tondorf
Urft
Eifel Spuren
2 km
25%
54%
21%
P3: Willenberg: Aussicht und Bank
P2: Tripelpunkt
P4: Abzweig Pesch
P8: Bad Münstereifel Tourist-Info
P7: Bad Münstereifel Bahnhof
P6: Parkplatz Ginsterweg
P5: Gilsdorf
P1: Naturzentrum Eifel
550
500
450
400
350
300
m
km 1 2 3 4 5 6 7 8 9 10 11 12 13 14 15 16 17 18 19 20,7
Std. 10min 1h20min 3h 4h 5h40min 6h5min 6h15min

Teil 1 | Nettersheim bis Bad Münstereifel

Vom beschaulichen Nettersheim folgen wir dem Kräuterpfad am ersten Tag durch herrliche Täler zu tollen Aussichten und mitten durch eine Heide. Am Ende lockt das pittoreske Bad Münstereifel zum Einkehren und Bummeln.

Direkt vor dem Naturzentrum Eifel (1) beginnen wir im Schatten der mächtigen Mammutbäume unsere **2-Tagestour** auf der Eifelspur Kräuterpfad. Heute wollen wir die erste Hälfte bis Bad Münstereifel zurücklegen.

Wir vertrauen uns dem Eifelspur-Logo an und laufen im Bogen um den Park des Erlebniszentrums. An der Portaltafel biegen wir links ab und laufen neben der Urft zur nahen Bahnhofstraße. Hier wenden wir uns nach rechts, queren erst die Urft und dann die Bahngleise und laufen leicht bergan zum Tripelpunkt der Tour (2).

An dieser Stelle biegen wir nach **0.6 km** links in die Klosterstraße ab. Nach Querung des Genfbaches biegen wir am Café Römerquelle links ab. Wir laufen direkt zwischen Wald und Haus und gelangen so auf einen idyllischen Pfad im Wald. Lange währt diese erste Stippvisite in der Natur nicht, dann endet unser Pfad an einem Asphaltweg, dem wir links hinab zur Straße im Tal folgen.

Nun wandern wir rechts gemächlich auf festem Grund durch das Tal der Urft. Wir unterqueren die L 205 und passieren wenig später den Jugendzeltplatz.

Nach **1.8 km** biegt der bisher begleitende Eifelsteig links zur Urftbrücke ab, während wir weiter dem asphaltierten Weg treu bleiben und auf diesem zügig vorankommen.

Wir erfreuen uns dabei an einer abwechslungsreichen Natur, denn immer wieder unterbrechen Wiesen die Waldpassagen. Nach **2.8 km** treffen wir am Abzweig ins Rötziger Tal ein. Wir wenden uns nach rechts und beginnen auf befestigtem Weg den ersten langen Anstieg. Doch die reizvolle Natur des von waldgesäumten Wiesen dominierten Tals lenkt uns von der Anstrengung ab. Kurz werden wir zudem von zotteligen Highland Rindern neugierig beobachtet, dann liegt das Weideareal hinter uns.

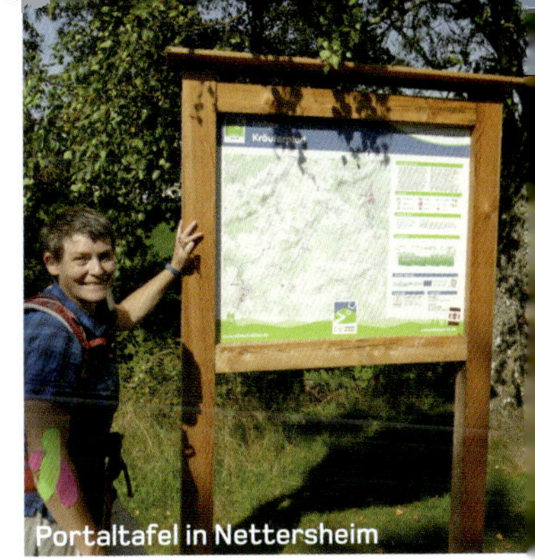
Portaltafel in Nettersheim

Bald schicken uns die Logos links über den Talgrund an den gegenüberliegenden Waldrand. Nun zieht die Steigung spürbar an, und Schritt für Schritt erobern wir die Flanke des Willenberges. Als die Gehölze links zurückweichen, ein Weg zu uns stößt und wir einen weiten Ausblick auf das Umland genießen können, sind wir fast oben auf dem Willenberg und können zudem an einer Bank verschnaufen (3).

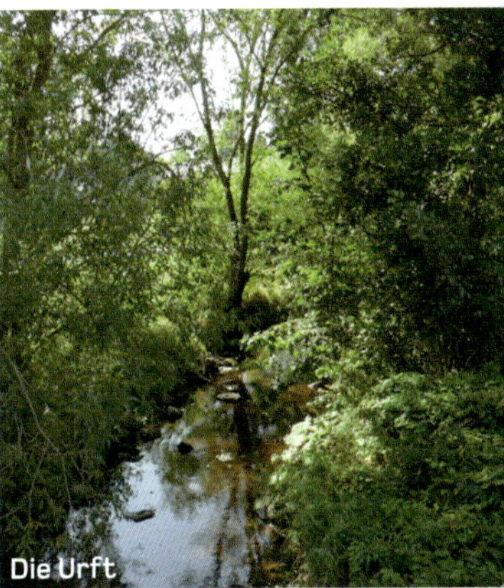
Die Urft

Danach fällt uns das Weiterwandern leicht, zumal wir kurz darauf vom Asphaltweg links auf einen Feldweg wechseln dürfen. Nach **5.3 km** queren wir mit leichtem Links-Versatz die L 206 und setzen die Tour dann rechts auf einem

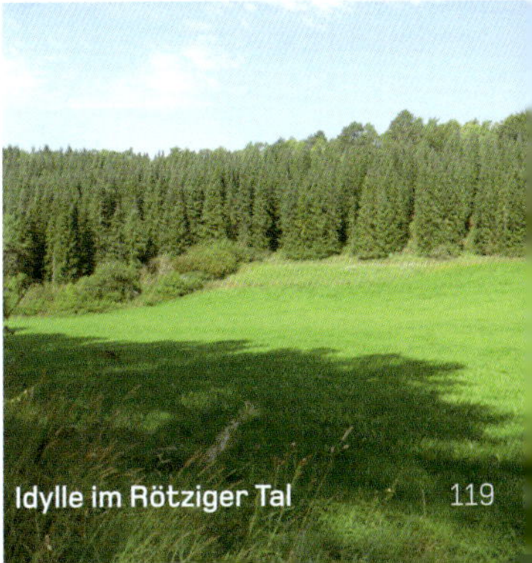
Idylle im Rötziger Tal

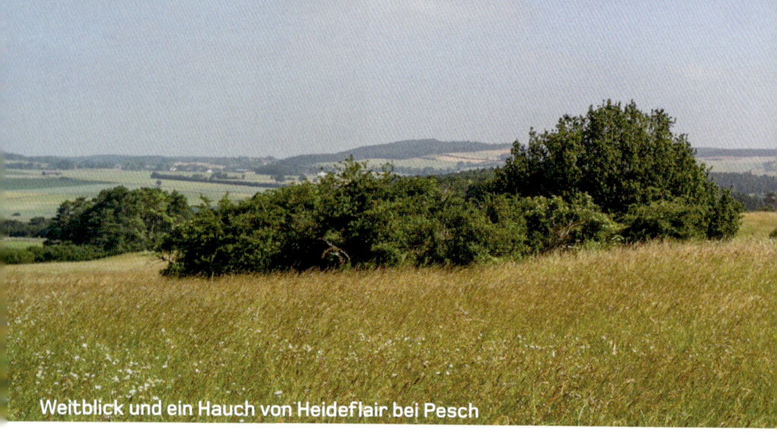
Weitblick und ein Hauch von Heideflair bei Pesch

befestigten Feldweg fort. Attraktive Gehölze rahmen den Weg anfangs ein, bevor sich die Landschaft vollends öffnet und wir durch Wiesen und Felder wandern dürfen.

Weit können wir den Blick umherschweifen lassen, und als wir dann noch an einer Bank und einem Wegweiser links auf einen Grasweg abbiegen dürfen, ist unser Wanderglück perfekt. Mit einigen Schlenkern wandern wir mitten durch saftige Wiesen und sehen am Horizont ab und an sogar schon die Schüssel des Radioteleskops bei Bad Münstereifel am Horizont auftauchen. Doch noch ist unser Tagesziel weit entfernt ...

Vorbei an der fast heideartigen Flanke des Sandberges verlieren wir etwas an Höhe und treffen nach **7.3 km** an der nächsten Straße ein.

Nach deren Querung folgen wir dem Kräuterpfad zunächst rechts auf befestigtem Weg bergan. Bald schwenkt die Route nach links und führt uns über die Kuppe des Wurmberges, von dem wir wieder weit Ausschau halten können.

Abzweigende Wege werden von uns weiter ignoriert, bis wir mitten in offener Flur von einem Markierungspfosten nach rechts geschickt werden. Wir durchschreiten

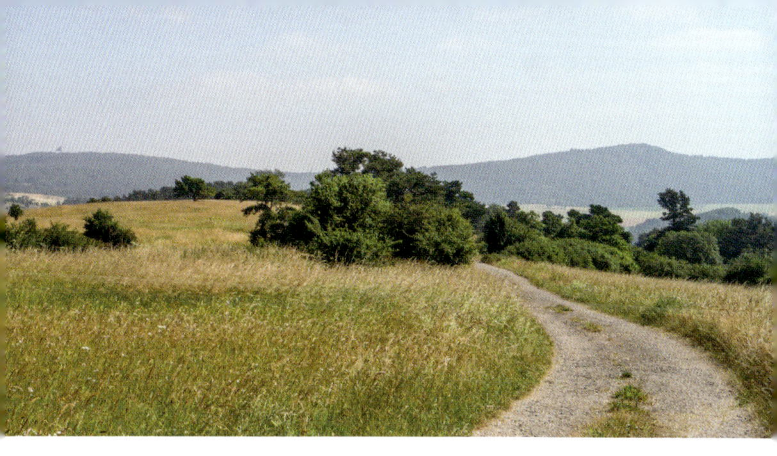

eine Senke und nähern uns durch Gehölz und bald entlang von Feldern der unüberhörbaren A 1.

Dort angelangt, biegen wir links auf den parallelen Wirtschaftsweg ab, der noch einmal sanft ansteigt. Nach Durchqueren eines kleinen Gehölzes laufen wir hinunter zu einem Wegweiser, der uns rechts zur nahen Unterführung der A 1 schickt.

Auf der anderen Seite folgen wir dem asphaltierten Weg erneut durch ein Wäldchen. Hier beeindruckt uns eine uralte, mehrstämmige Eiche, die zu Recht als Naturdenkmal gekennzeichnet ist. Dann weichen die Bäume zurück und wir genießen vom Waldrand aus den weiten Blick über die Eifellandschaft.

Dabei senkt sich unser Weg ab, und wenig später erreichen wir die ersten Häuser von Pesch. Wir folgen der Straße „Auf der Jücht" um eine enge Linskurve und stehen nach **10.3 km** neben einer Bank an einem Wegweiser (4). Wer in den Ort will, biegt hier rechts ab, der Kräuterpfad führt aber geradeaus weiter zurück in die Natur.

Auf ebenem, einseitig von Schatten spendenden Bäumen flankiertem Weg kommen wir gut voran und genießen den Ausblick über das Wespelbachtal. Unmittelbar bevor wir die K 34 erreichen, schickt uns ein Markierungspfosten links durchs Gehölz auf einen straßenparallelen Weg. So gelangen wir zu einem Solitärbaum, an dem ein Wegkreuz und eine Bank auf uns warten.

Nun queren wir auch die Straße und wandern auf befestigtem Weg die letzten Meter zum Gipfel des Jakob-Kneip-Berges. Dort beginnt eine großartige Wegpassage. Wir laufen bei freier Rundumsicht auf befestigtem Weg mitten durch ein herrliches Naturschutzgebiet.

Die offene Weite und die kargen Heidewiesen mit vereinzelten, knorrigen, vom Wind gekrümmten Kiefern lässt unsere Herzen höherschlagen und begeistert uns bei jedem Schritt. Mit etwas Auf und Ab durchwandern wir dieses Idyll und schwelgen in der großartigen Panoramasicht. Voraus erkennen wir über den Wipfeln des Waldes auch die markante Schüssel des Radioteleskops auf dem Effelsberg.

Nach **12.5 km** endet das Naturschutzgebiet, und auch die Landschaft verändert sich. Statt Heidewiesen grenzen nun Felder an den Weg, der

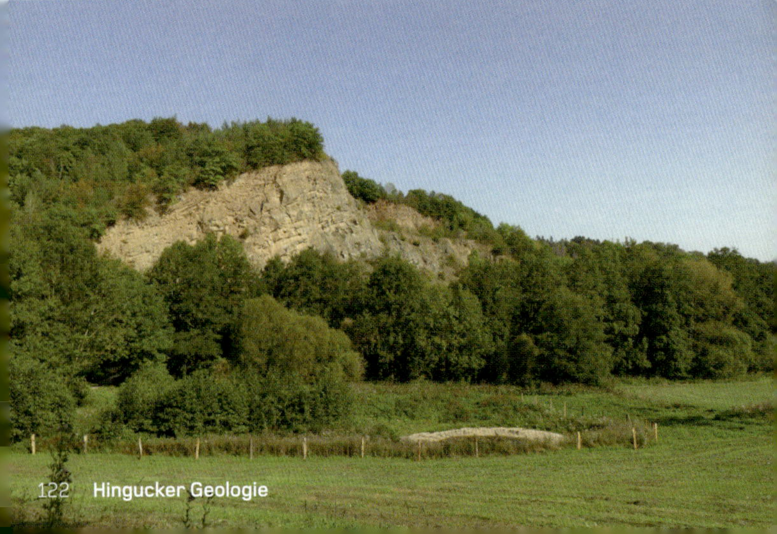

uns sanft talwärts führt. Mit einem Schlenker nach rechts und kurz darauf einem nach links erreichen wir den Ortsrand von Gilsdorf. Wir folgen der kaum befahrenen Straße in die Ortsmitte, wo uns ein Wegweiser nach links schickt (5).

So treffen wir an der L 206 ein und queren sie aufmerksam. Wir wenden uns nach rechts und wandern entlang des Gilsdorfer Weges bergan nach Nöthen. Als wir im Zentrum der kleinen Siedlung eintreffen, steigen wir an der Kirche einige Stufen zum Vorplatz empor, bevor wir links über den Platz laufen und danach rechts mit einer Straße hinunter zur Rönnstraße gelangen.

Hier biegen wir rechts ab und kommen zügig zum Ortsrand, wo wir links auf einen Wirtschaftsweg abbiegen. Der führt uns unter einer Straße hindurch und bringt uns mit einer Rechtskurve rasch wieder in landwirtschaftlich genutztes Gebiet.

An einem Querweg, mitten in den Feldern, laufen wir rechts weiter und passieren nach kurzem Anstieg einen Reiterhof. Noch immer auf Verbund-

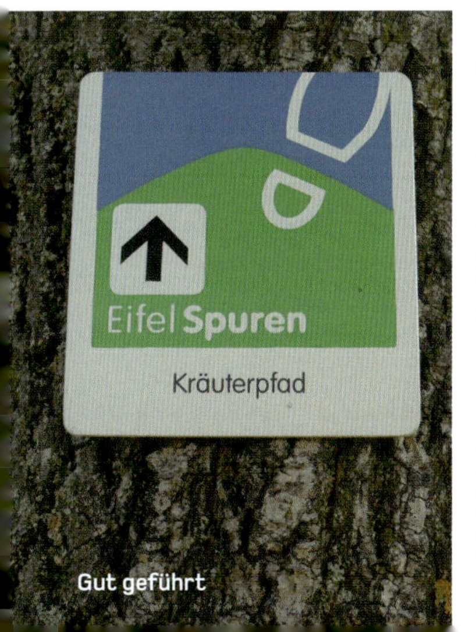

Gut geführt

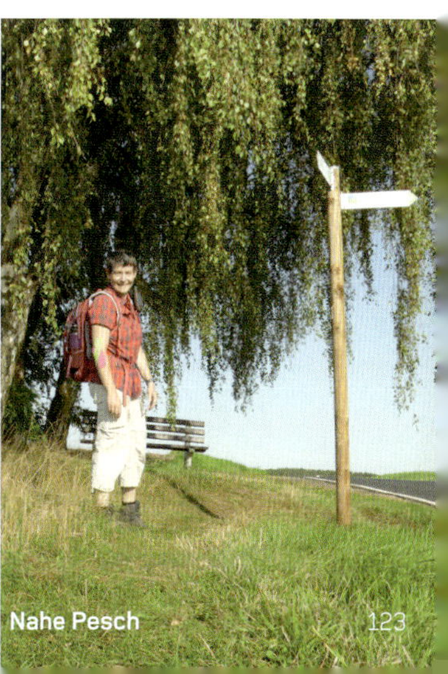
Nahe Pesch

ecke unterwegs, wenden wir uns auf der Kuppe nach den Pferdeweiden nach links und folgen den Logos mit sanftem Gefälle ins nächste Bachtal.

Dort angelangt, dürfen wir links auf einen nur noch befestigten Waldrandweg wechseln. Als sich der Weg gabelt, bleiben wir am Waldrand und genießen im Folgenden die herrliche Ruhe zwischen Wald und Wiesental. Langsam umrunden wir den Fuß des Hirnberges und freuen uns, als nach **16.6 km** der bisher begleitende Radweg links über den Bach auf die andere Talseite geführt wird, während wir einfach geradeaus auf nun naturbelassenem Weg wandern dürfen.

Herrlich breitet sich neben uns eine Waldwiese aus, und idyllisch windet sich der Eschbach durch das stille Tal. Abwechslung wird auf diesem Wegabschnitt großgeschrieben, denn mal wandern wir am Wiesenrand, dann wieder durch einen Waldriegel, mal mit Distanz und mal ganz nah am gluckernden Wasser.

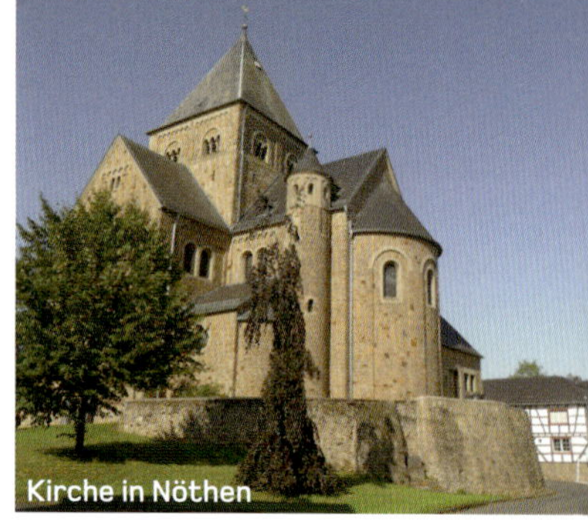
Kirche in Nöthen

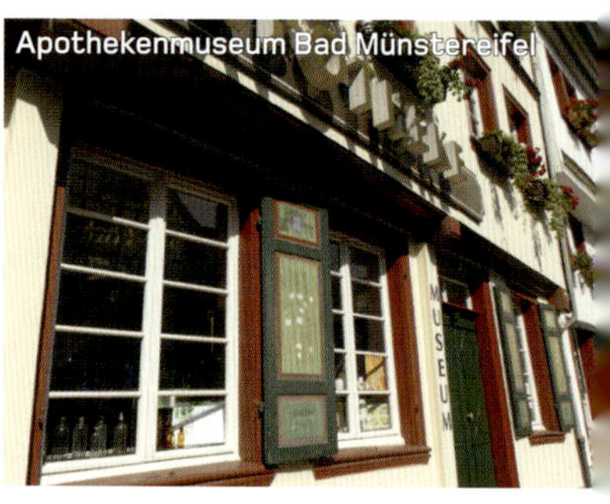

Apothekenmuseum Bad Münstereifel

Mal pfadig, mal auf normalem Waldweg kommen wir ohne große Höhendifferenz gut voran. Viel zu schnell liegt dieses Wanderparadies hinter uns, und an einem Asphaltweg schickt uns der Wegweiser rechts bergan.

Zunächst moderat, aber kontinuierlich erobern wir den Berg und kommen dabei in den Genuss einer tollen Aussicht auf einen gegenüberliegenden

Aufschluss: Eindrucksvoll tritt dort die Geologie zu Tage und begeistert auch den Laien. Schön, dass ab und an Bänke zum Verweilen und Ausschauhalten bereitstehen.

Durch Wiesen erreichen wir nach **18.9 km** den kleinen Parkplatz am Ginsterweg (6). Noch ist von Bebauung nichts auszumachen, doch das ändert sich, als wir entlang des Waldrandes weiterlaufen. Bald passieren wir die ersten Häuser von Bad Münstereifel und behalten beim Abzweig der Linnerijstraße die Richtung bei.

Noch einmal führt uns der Ginsterweg zurück in die Natur. Vorbei an urigen Eichen und dichten Gehölzen wandern wir stramm abwärts und stoßen schließlich am Stadtrand auf den Uhlenbergweg. Wir schwenken nach rechts, queren die Straße Otterbach und finden uns auf einem Fußweg wieder, der direkt neben den Bahngleisen verläuft.

Nach **20.3 km** passieren wir den Bahnhof von Bad Münstereifel (7) und stoßen auf die Kölner Straße. Wir wenden uns nach rechts und laufen entlang der Straße bis zum Werther Tor, durch das wir die Altstadt betreten.

Der Kräuterpfad führt nun stets geradeaus neben der im Graben verlaufenden Erft ins quirlige Zentrum. Hier beenden wir an der im Apothekenmuseum untergebrachten Tourist-Information (8) nach **20.7 km** die erste Tagesetappe auf dem Kräuterpfad und beziehen Quartier.

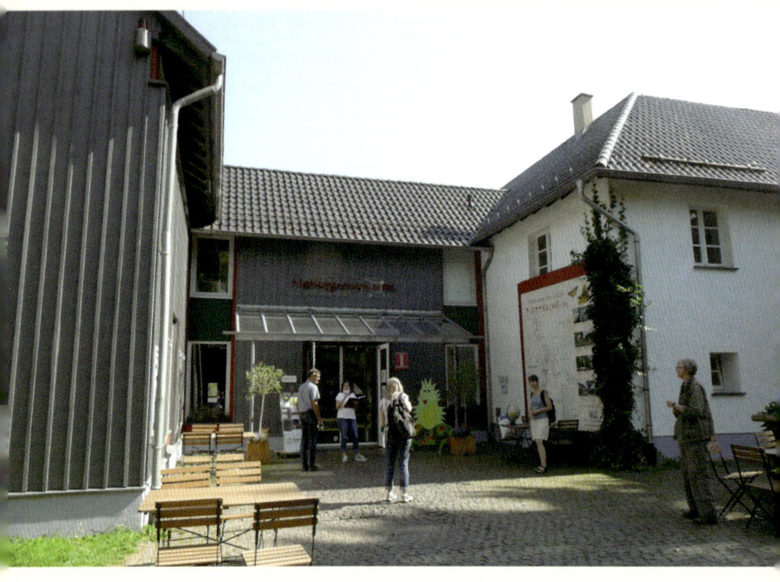

Erlebnisse zum Anfassen

Informationen rund um die Natur und zur Geschichte der Region bekommt man im Naturzentrum Eifel in Nettersheim. Im Hauptgebäude finden sich diverse Ausstellungen zur Archäologie und Naturkunde. Es werden auch Naturlebensräume vorgestellt: Neben dem Wald bekommt man Einblicke in das Leben im Wasser. Absoluter Höhepunkt dabei ist das Korallenriffaquarium.

Neben dem Haupthaus gibt es im Historischen Bauernhaus Einblicke in die Lebensumstände der Landbevölkerung, während sich im Haus der Fossilien alles um versteinerte Urwesen und Pflanzen v.a. des Devons dreht. Schließlich locken auch noch die Werkhäuser der alten Kalkbrennerei zu einem Besuch. In den Werkhäusern ist heute eine historische, wasserbetriebene Getreidemühle untergebracht, die ab und an sogar in Betrieb ist. ⓘ www.naturzentrum-eifel.de

Nordeifel Tourismus GmbH, Bahnhofstraße 13, 53925 Kall, 02441/99457-0, www.nordeifel-tourismus.de
- *Tourist-Information Nettersheim (Naturzentrum Eifel), Urftstraße 2-4, 53947 Nettersheim, 02486/1246, www.naturzentrum-eifel.de*
- *Tourist-Information Bad Münstereifel (Bahnhof), Kölner Straße 13, 53902 Bad Münstereifel, 02253/542244, www.bad-muenstereifel.de*
- *Tourist-Information im Apotheken-Museum (in der Altstadt), Werther Straße 13, 53902 Bad Münstereifel*

Bäckerei Café Die Ähre, Bahnhofstr. 29, 53497 Nettersheim, 02486/203384, www.baeckerei-heinen.de
- *Bitburger Bierhaus, Werther Straße 12, 53902 Bad Münstereifel 2253/5448748, www.bitburger-bierhaus-bitburg.de*
- *Restaurant Em Höttchen, Wertherstr. 21, 53902 Bad Münstereifel, 02253/5449400, www.em-hoettchen.de*

Pension Sonnenschein, Bahnhofstr. 60, 53947 Nettersheim, www.pension-sonnenschein-nettersheim.de
- *Jugendgästehaus Nettersheim, Schulstraße 22, 53947 Nettersheim, 02486/1246*
- *Boutique Hotel Marielle, Unnaustr. 8-10, 53902 Bad Münstereifel, 02253/9269858, www.hotel-marielle.de*

Wohnmobilhafen Nettersheim, Urftstraße, 53947 Nettersheim, 02486/1246, www.wohnmobilstellplatz.de
- *Wohnmobilpark Bad Münstereifel (am Eifelbad), Dr.-Greve-Str. 16, 53902 Bad Münstereifel, 02253/542450, www.wohnmobilpark-eifel.de*

Anreise entweder mit dem Zug zum Bhf. Nettersheim oder zum Bhf. Bad Münstereifel. Infos: www.rvk.de

Taxi Müllenborn, Nordstraße 50, 53947 Nettersheim, 02486/1219
- *Taxi Sandra, Karpfenstraße 44, 53902 Bad Münstereifel-Hohn, 02253/2979646*

Hunde mit guter Ausdauer können den Weg absolvieren. Unterwegs gibt es nicht unbedingt Zugang zu Wasser.

11b Kräuterpfad – Teil 2

Bad Münstereifel bis Nettersheim

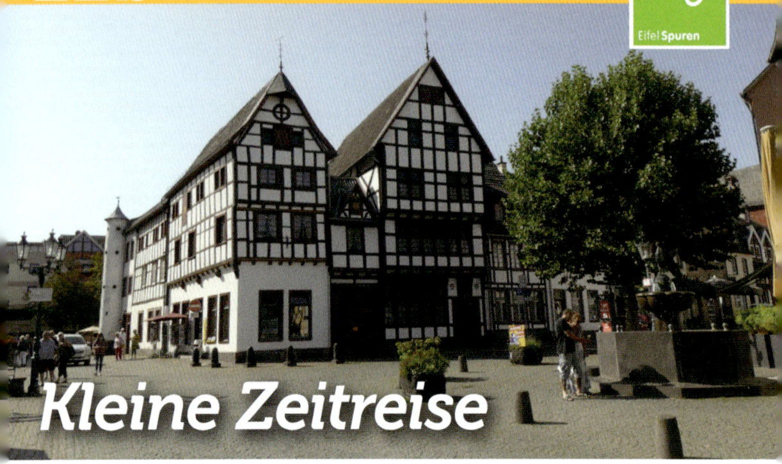

Eifel Spuren

Kleine Zeitreise

20.5	6h 15min	568	408	548	1460	1714	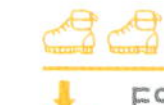 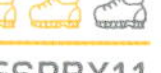
km		↑	↓				ESPBX11

Start/Ziel: Bad Münstereifel bis Nettersheim

Anfahrt: A 1 bis zur Ausfahrt Mechernich, dann L 165 ostwärts bis Bad Münstereifel.

Parken: P&R Bf Bad Münstereifel N50° 33' 31.7'' · E6° 45' 53.3''

scan to go®

Wegpunkte:

P1 Bad Münstereifel Tourist-Info 32 U 341622 5602709

P2 Johannistor 32 U 341729 5602648

P3 Parkplatz Steinbüchel 32 U 339460 5600976

P4 Heidentempel 32 U 337219 5600504

P5 Sinnesbank am Waldrand 32 U 335840 5598787

P6 Römertempel Hirschberg 32 U 333477 5597142

P7 Tripelpunkt 32 U 332077 5596107

P8 Naturzentrum Eifel 32 U 331725 5595787

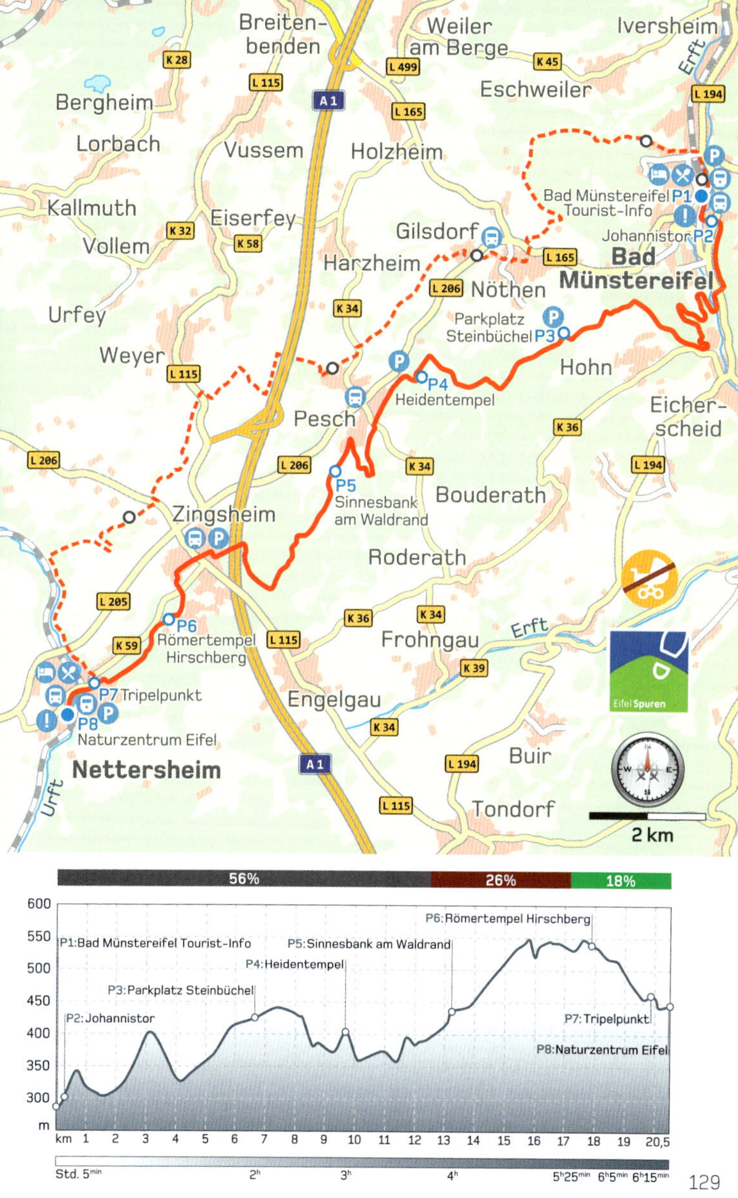
Breitenbenden
Weiler am Berge
Iversheim
Erft
Bergheim
Lorbach
Vussem
Holzheim
Eschweiler
Kallmuth
Vollem
Eiserfey
Gilsdorf
Urfey
Weyer
Harzheim
Nöthen
Bad Münstereifel Tourist-Info P1
Johannistor P2
Bad Münstereifel
Parkplatz Steinbüchel P3
Hohn
P4 Heidentempel
Pesch
Eicherscheid
P5 Sinnesbank am Waldrand
Bouderath
Zingsheim
Roderath
P6 Römertempel Hirschberg
Frohngau
P7 Tripelpunkt
P8 Naturzentrum Eifel
Engelgau
Nettersheim
Urft
Buir
Tondorf
Eifel Spuren
2 km
56%
26%
18%
P1: Bad Münstereifel Tourist-Info
P2: Johannistor
P3: Parkplatz Steinbüchel
P4: Heidentempel
P5: Sinnesbank am Waldrand
P6: Römertempel Hirschberg
P7: Tripelpunkt
P8: Naturzentrum Eifel
Std. 5min
2h
3h
4h
5h25min 6h5min 6h15min

Im quirligen Bad Münstereifel starten wir zur zweiten Etappe auf dem Kräuterpfad. Heute erobern wir in lauschigen Wäldern einige Anhöhen, machen gleich zwei römischen Heiligtümern unsere Aufwartung, bevor wir wieder das Urfttal erreichen und sich der Kreis der Wanderung in Nettersheim schließt.

Mitten im pittoresken Altstadtidyll von Bad Münstereifel beginnen wir an der Tourist-Info im Apothekenmuseum (1) die zweite Tagesetappe auf dem Kräuterpfad. Wir wandern entlang der Erft zum Entenmarkt und weiter zur Heinz-Küpper-Brücke.

Hier biegen wir nach links und lassen das quirlige Treiben der Altstadt hinter uns. Vorbei an der St. Donatuskirche wandern wir bergan und verlassen durch das Johannistor (2) die Altstadt. Wir unterqueren die L 194 und wenden uns gleich danach nach rechts.

Kurz darauf endet der Asphalt. und wir tauchen heute erstmals in den Wald ein. Das Kreuzgäßchen führt stramm bergan, und nach **0.7 km** biegt mit scharfem Linksknick die bisher begleitende Eifelspur Kneippwanderweg ab. Wir haben den ersten Anstieg des Tages gemeistert und dürfen nun wieder talwärts laufen. Rasch verlieren wir im schattigen Wald an Höhe, und immer deutlicher dringen die Geräusche der Straße im Tal an unsere Ohren. Nach **1.4 km** ist es dann auch so weit, und wir müssen uns einer gefährlichen Herausforderung stellen: Der ungesicherten Querung der hier sehr breiten B 51.

Sicher auf der anderen Seite angelangt, wenden wir uns am nächsten Wegweiser nach links und nähern uns der Erft. Per Steg queren wir kurz darauf das muntere Flüsschen und biegen gleich danach rechts auf einen Waldweg ab. Der führt uns mit sanftem Anstieg erst durch artenreichen Wald, dann neben Wiesen entlang zu einem Radweg.

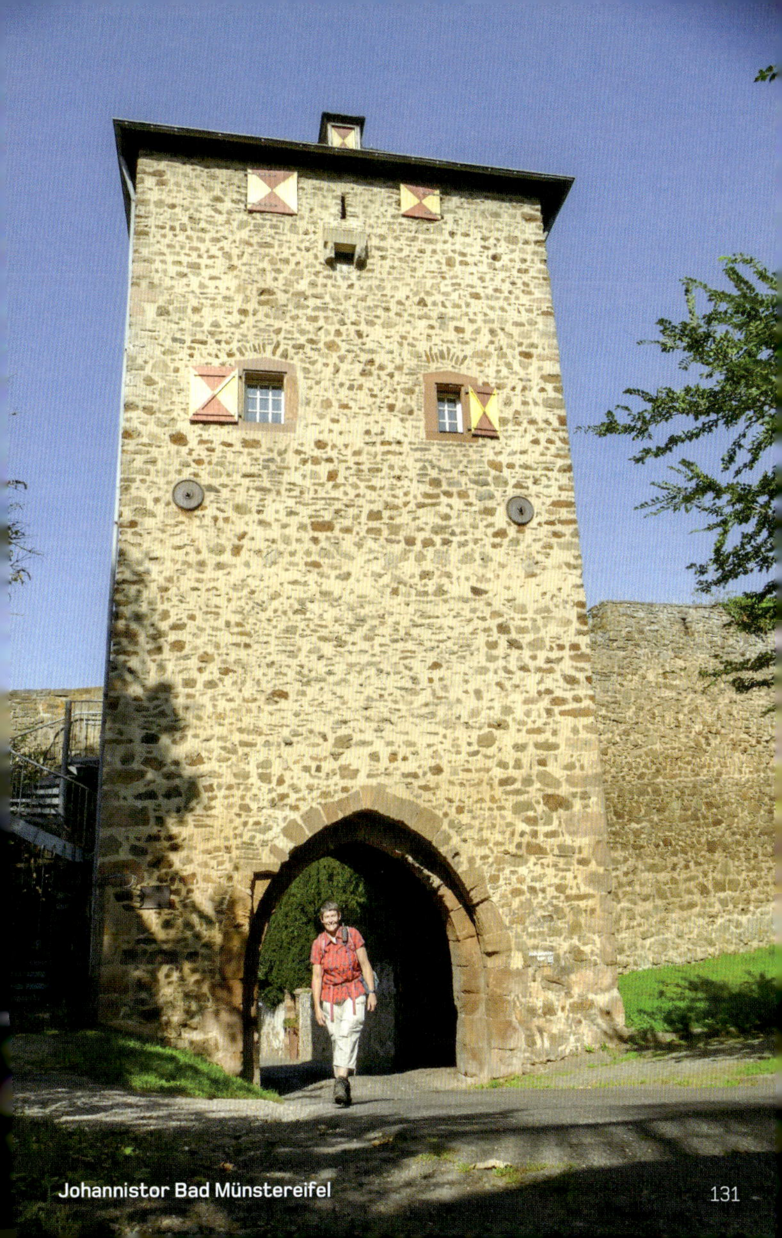

Johannistor Bad Münstereifel

Wir biegen links auf den asphaltierten Radweg ab und gewinnen weiter an Höhe. Gleich nach einer Bank schicken uns die Logos aber rechts auf einen anfangs holprigen Weg. Erst als wir am Waldrand halb rechts auf einen Pfad wechseln, spüren wir den federnden Naturgrund unter den Sohlen.

Dafür wird es nun anstrengend, denn stramm gewinnen wir im Wald an Höhe. Erst nach **3.1 km** atmen wir erleichtert durch, als wir mit einer Linkskehre auf einen fast ebenen Waldweg abbiegen dürfen. Wir passieren einige Rodungsareale, bevor der Weg spürbar talwärts führt. Besonders nach einer Linkskurve wird das Gefälle recht steil und endet erst, als wir wieder auf den Radweg stoßen und rechts weiterwandern.

Lange bleiben wir nicht auf dem Radweg, denn kurz vor Erreichen der K 36 biegen wir mit dem Kräuterpfad rechts in das Rolesbachtal ab. Auf bequem zu laufendem, befestigten Waldweg dringen wir immer tiefer in das stille Seitental ein und freuen uns an der abwechslungsreichen Vegetation.

Als sich links Weiden erstrecken, kommt ein Weg dazu, wir aber behalten die Richtung weiter bei und biegen erst nach **5.3 km** links ab. Noch führt der Waldweg weiter bergan, passiert dabei gerodete Waldabschnitte und entlässt uns schließlich an einem Asphaltweg in die offene Flur.

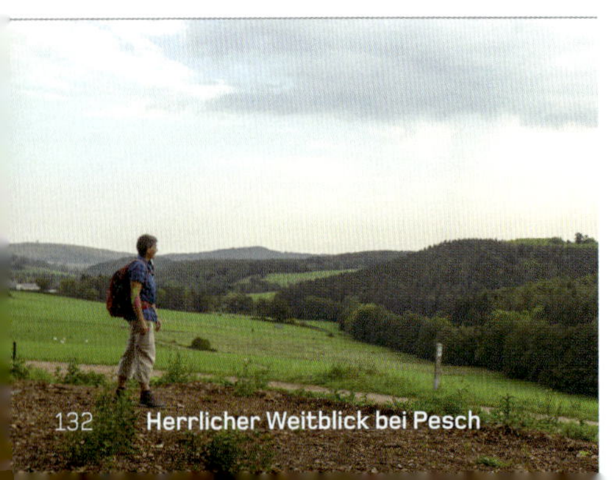

Herrlicher Weitblick bei Pesch

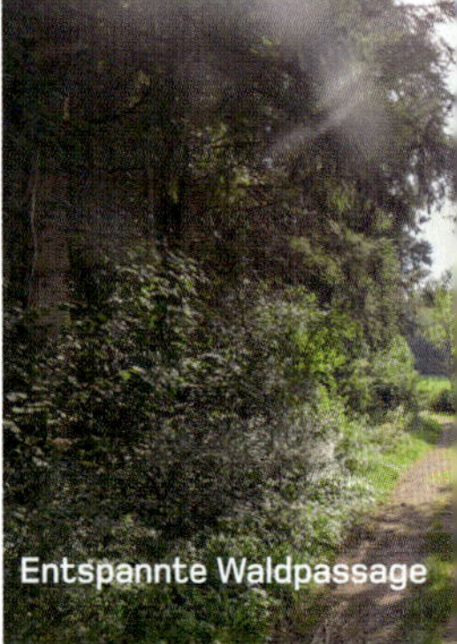

Entspannte Waldpassage

Wir biegen rechts ab, wechseln aber schon 100 m später links auf einen federnden Grasweg. Der verläuft mitten durch die schier endlosen Wiesen der Bergkuppe, und so kommen wir einmal mehr in den Genuss einer großartigen Panoramasicht!

Die herrliche Wiesenpassage endet an der Karpfenstraße. Zunächst folgen wir der Straße auf dem Randstreifen und queren sie erst nach **6.7 km** am Parkplatz Steinbüchel (3). Hier kann man nicht nur parken, sondern findet auch einen Rastplatz und eine Bank zur verdienten Pause.

Als wir die Tour fortsetzen, folgen wir dem breiten Forstweg fast eben durch den Wald. An der bald erreichten Kreuzung Steinbüchel behalten wir die Richtung bei und tauchen noch tiefer in die Waldkulisse ein. Unmerklich senkt sich der Weg ab und fast unbemerkt queren wir den meist trockenen Üselbach.

Nach **8.2 km** stehen wir mal wieder an einer markanten Waldkreuzung: Hier laufen wir noch geradeaus. Erst 100 m später biegen wir an einer Bank und einem Wegweiser links ab. Nun folgt ein sehr steiler Abstieg auf grob befestigtem Weg. Erst als wir den Talgrund erreichen und der Wald zurückweicht, wird das Wegformat wieder besser. Wir folgen nun dem Waldrand und können den Blick über den Talgrund des Hornbaches schweifen lassen.

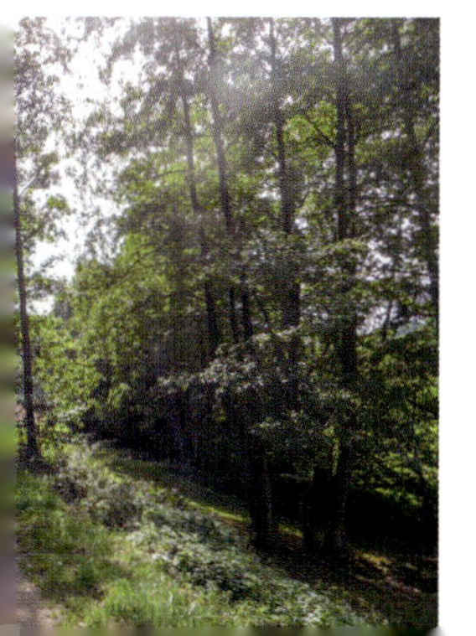

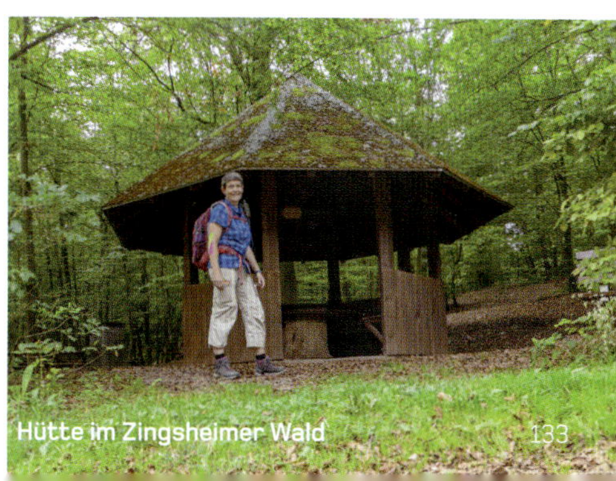

Hütte im Zingsheimer Wald

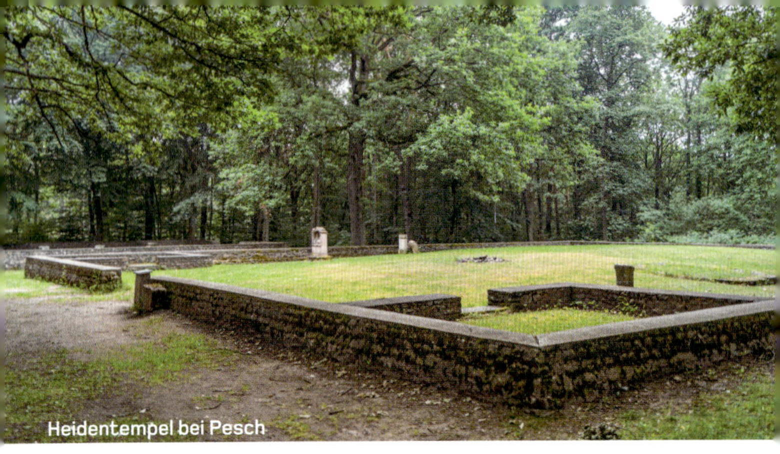
Heidentempel bei Pesch

Mit etwas Auf und Ab laufen wir entlang des Waldrandes und passieren dabei auch einige Weidewiesen.

Nach **9.7 km** steht der nächste scharfe Knick nach links an. Mit sanftem Höhengewinn kehren wir in den Hochwald zurück und treffen mitten im Grünen auf die Relikte des „Heidentempels", eines römischen Tempelareals (4). Nach dem Rundgang und der damit einhergehenden Zeitreise biegen wir neben der Schutzhütte auf einen idyllischen Pfad ab und beginnen den Abstieg ins Wespelbachtal.

Nach strammem Höhenverlust treffen wir am Wanderparkplatz im Tal auf einen Asphaltweg, der uns links ins nahe Pesch und weiter zur K 34 führt. Diese queren wir mit leichtem Links-Versatz und folgen dann einem Feldweg durch die Wiesen zum nahen Waldrand.

Als wir dort eintreffen, spüren wir erneut einen leichten Anstieg. Wir passieren eine Bank und eine Quelle und wechseln kurz darauf rechts mit einem Feldweg auf die andere Talseite.

Dort laufen wir nach rechts und bekommen in einer Linkskurve an einer aussichtsreichen Bank wieder eine willkommene Rastgelegenheit.

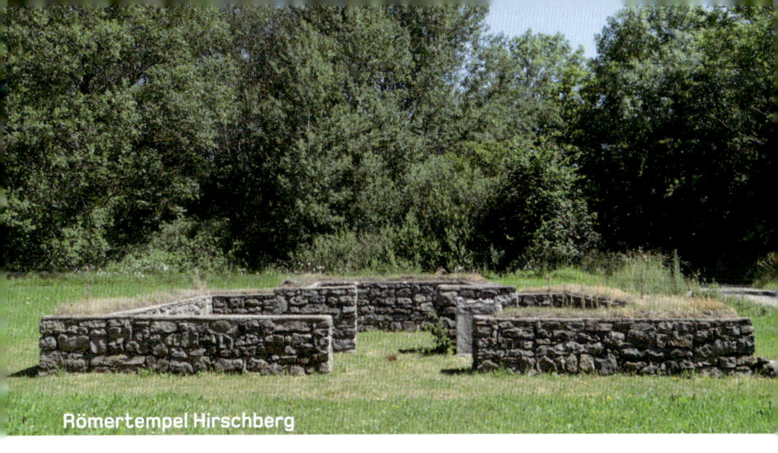
Römertempel Hirschberg

Alternativ stehen aber auch wenig später an einer Kreuzung im Talgrund weitere Bänke bereit.

Wir biegen nun rechts ab und wandern noch einmal nach Pesch, das wir an der Kreuzung „Auf dem Stucks/ Kutschweg" erreichen. Ein Wegweiser schickt uns an dieser Stelle scharf nach links, und wir lassen den Ort nach **12.4 km** endgültig hinter uns.

Auf dem befestigten Weg kommen wir gut voran und gewinnen kontinuierlich an Höhe. An einer Gabelung halten wir uns links und freuen uns, als am Waldrand eine einladende und aussichtsreiche Sinnesbank (5) zur Rast bereitsteht.

Im weiteren Verlauf unserer Wanderung folgen wir dem weiter ansteigenden Weg am Waldrand entlang. Als die uns links begleitende Wiese endet, treten wir vollends in den Wald ein und erreichen nach **13.2 km** die Schutzhütte im Zingsheimer Wald.

Wir laufen geradeaus weiter und vernehmen allmählich die Geräusche der nahen A 1. An einer großen Kreuzung biegen wir rechts ab und folgen dem Forstweg bis zu einer Bank, neben der uns ein Markierungspfosten überraschend rechts auf einen Pfad schickt.

Es folgt eine herrliche Passage auf federndem Waldpfad, der sich über eine Lichtung und dann durch duftenden Nadelwald windet.

Lediglich die A 1 schmälert den Wandergenuss auf dieser Passage. Wir verlieren an Höhe und queren ein Bächlein per Steg, bevor der Pfad uns zu einem Asphaltweg führt. Den nutzen wir, um links per Brücke über die Autobahn zu wandern. Auf der anderen Seite erwartet uns bereits der Sportplatz von Zingsheim, und wenig später passieren wir auch schon die ersten Häuser.

Mit einem Rechtsknick erreichen wir den Parkplatz „Am Alten Amt" und laufen links in die Petrusstraße. Nach Querung der Nürburgstraße behalten wir die Richtung bei und wandern durch die Krausstraße zum Ortsrand. Kurz davor dürfen wir den Abzweig nach links nicht übersehen, der uns vorbei an den letzten Häusern in die Felder führt. Vor dem ersten Feld knickt der Weg nach links bergan, und ein Asphaltweg führt uns entlang einer Hecke zur K 59, die wir vorsichtig queren. Auf der anderen Seite helfen uns einige Stufen hinauf zur Straße Auf der Heide.

Wir folgen der Straße nach rechts und freuen uns, als wir nach **17.7 km** rechts auf einen Wirtschaftsweg Richtung Römertempel abbiegen dürfen. Begleitet von den Geräuschen aus dem benachbarten Industriegebiet, erreichen wir rasch die Tempelanlage auf dem Hirschberg (6) und unternehmen in Gedanken eine Zeitreise zu den Römern.

Bei der Infotafel zum Heiligtum biegen wir auf einen idyllischen Pfad, der sich durch den gedrungenen Wald windet. Einmal queren wir den Forstweg, dürfen aber auf der anderen Seite die Pfadwanderung fortsetzen.

Nach einer Schneise nähern wir uns langsam der K 59. Als wir dort ankommen, dürfen wir aber sofort wieder links auf einen Forstweg wechseln. Nun beginnt der Endspurt nach Nettersheim! Unbeirrt folgen wir dem breiten Weg, ignorieren dabei querende und abzweigende Wege und verlieren deutlich an Höhe. Schließlich tauchen vor uns die ersten Häuser auf. Kurz bleiben wir noch am Waldrand, dann biegen wir links in die Kleingasse ab.

Diese bringt uns nach **19.9 km** zum Tripelpunkt (7) unserer Wanderung. Auf bereits bekannter Trasse laufen wir zum nahen Bahnübergang und biegen direkt nach Querung der Urft links auf den Fußweg zum Naturzentrum ab.

An der Portaltafel wenden wir uns nach rechts, und wenig später schließt sich nach **20.5** Tageskilometern der Kreis unserer 2-Tagestour auf dem Kräuterpfad vor dem Naturzentrum in Nettersheim (8).

11 a | b TIPP

Im **Apothekenmuseum**, *wird man ins 19. Jahrhundert versetzt. Die Apotheke war von 1806 bis 1994 in Betrieb. Nach dem Umzug blieb das historische Gebäude als Museum erhalten. Man kann die Einrichtung von 1806 und das Labor bewundern oder in der „Riechstraße" an diversen Heilkräutern schnuppern. Berühmt ist der heute noch erhältliche Magenbitter des Apothekers Stephinsky.*
www.bad-muenstereifel.de

EIFELSCHLEIFEN

- *Pfaffenbusch & Gotteswald, ▸ 8.3 km*
- *Tönnesbusch, ▸ 9.4 km*
- *Ab in den Wald, ▸ 8.8 km*
- *Wespelquelle und Heidentempel, ▸ 13.2 km*
- *Kakushöhle und Karststeinhöhe, ▸ 13.7 km*
- *Ahekapelle, ▸ 9.0 km*
- *Frühstücksbuche, ▸ 13.4 km*

FAZIT

Aufgrund seiner Länge verlangt der Weg gute Kondition und sollte in 2 oder 3 Etappen absolviert werden. Festes Schuhwerk, Regen- bzw. Sonnenschutz und ausreichend Rucksackverpflegung und Getränke sind wichtig. Am schönsten erlebt man die Tour, wenn man im Uhrzeigersinn wandert.

12 Toskana der Eifel

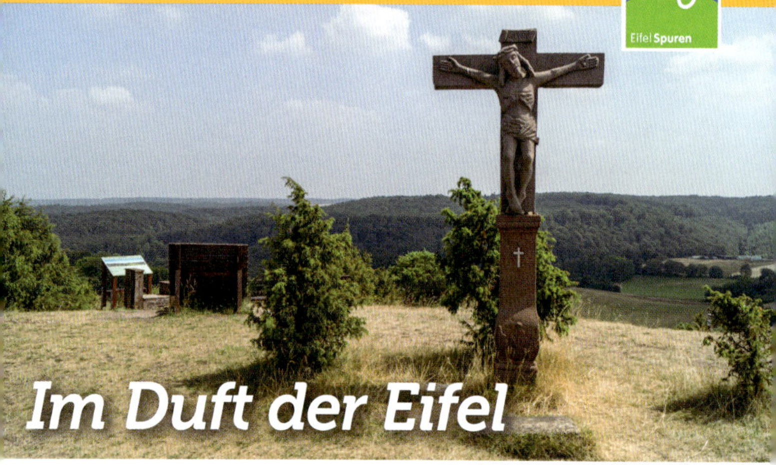

Eifel Spuren

Im Duft der Eifel

15.7	4h 45min	474	543	1131 1328	ESPX712
km					

Start/Ziel: Parkplatz Tränkgasse, Ripsdorf

Anfahrt: A 1 bis Blankenheim, B 51 und B 258 nach Blankenheim. Weiter bis zum Abzweig K 43 bei Oberahreck, K 43 bis Ripsdorf.

Parken: Tränkgasse, Ripsdorf
N50° 23' 12.1'' E6° 39' 15.7''
Parkplatz Alendorf Kirche
N50° 22' 15.0''
E6° 38' 27.3''

scan to go®

Wegpunkte:

P1 Parkplatz Ripsdorf
32 U 333255 5584258

P2 Tripelpunkt
32 U 333449 5583718

P3 Verbindungsweg West
32 U 333165 5582115

P4 Kalvarienberg
32 U 332256 5582123

P5 Parkplatz Alendorf Kirche
32 U 332245 5582524

P6 Aussicht Eierberg
32 U 331651 5582323

P7 Rastplatz Schmetterlinge
32 U 332243 5580742

P8 Verbindungsweg Ost
32 U 333239 5582167

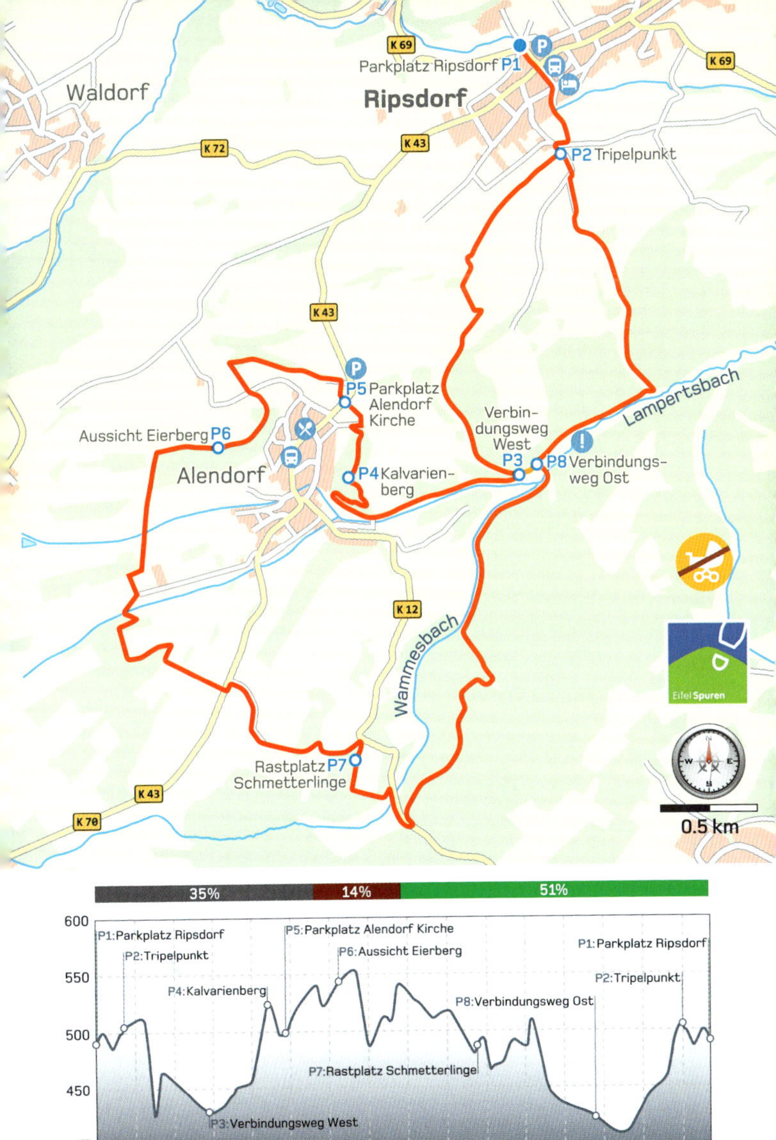

Std. 15min 55min 1h25min 1h35min 2h 3h 3h55min 4h30min 4h45min

Duftende Wacholderheiden verströmen mediterranes Flair, im Lampertstal verschwindet wundersam ein Bach und traumhafte Aussichten locken zu einem Picknick: In der Toskana der Eifel lernen wir neue Facetten des Rheinischen Schiefergebirges kennen. Wer die Tour besonders entspannt angehen möchte, kann diese in zwei Runden aufteilen.

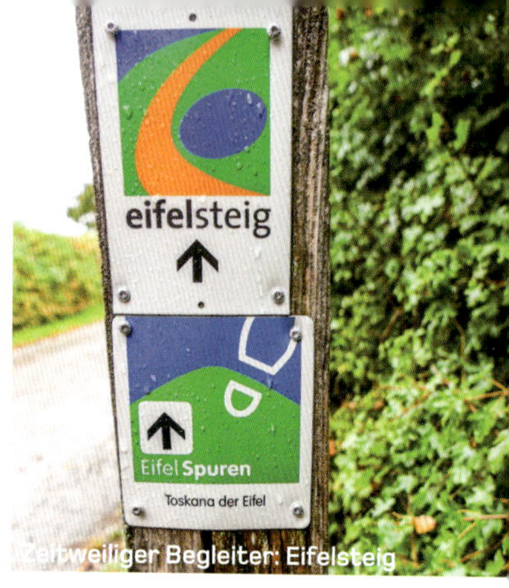

Zeitweiliger Begleiter: Eifelsteig

Wir beginnen die Runde am Wanderparkplatz in Ripsdorf (1). Vorbei an der Portaltafel laufen wir mit der Tränkegasse zur Hauptstraße hinauf, queren sie und folgen der Kirchstraße abwärts bis zur Schulstraße.

Diese führt uns halb rechts zum Ortsrand und in die ersten Wiesen. Von der Talsenke wandern wir auf einem Feldweg bergan, bis wir auf einen Asphaltweg stoßen. Hier wenden wir uns nach rechts, passieren einen Rastplatz im Schatten eines Baumes und stehen nach **0.7 km** am Wegweiser beim Tripelpunkt (2) der Rundtour.

Da wir gegen den Uhrzeigersinn laufen, biegen wir rechts auf einen nur anfangs befestigten Feldweg ab, der uns sehr aussichtsreich und nur noch wenig ansteigend durch die offene Flur führt.

Links begleitet uns kurz ein frisch angelegter Streuobstgarten, dann überschreiten wir die Kuppe und genießen den ersten herrlichen Rundumblick über die gewellte Eifellandschaft.

An einer Weggabelung halten wir uns nach **1.2 km** links und verlieren nun deutlich an Höhe, während uns weidende Pferde aufmerksam beobach-

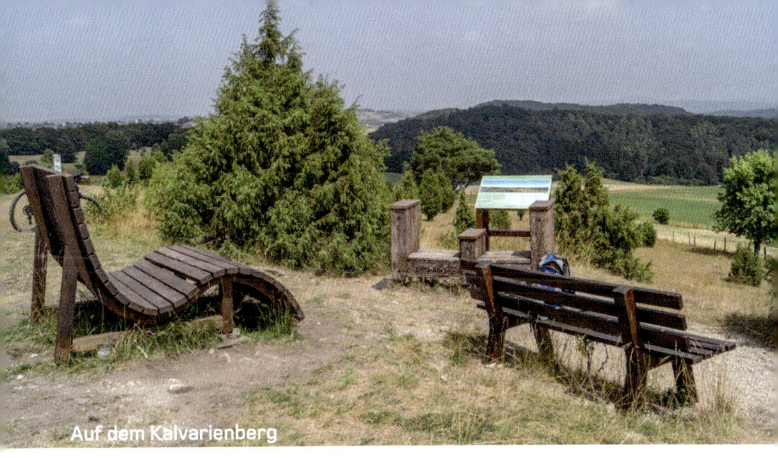
Auf dem Kalvarienberg

ten. An einem Querweg laufen wir nach links, passieren einen Heuschober und lassen uns von den Logos kurz durch ein erstes Wäldchen führen.

Kaum liegt dieses hinter uns, dürfen wir es nicht verpassen, scharf links auf einen Grasweg mitten in die offene Wiesen abzubiegen. Weitere Markierungspfosten weisen uns den Weg, und so folgen wir unserer Eifelspur bald mit scharfem Rechtsknick Richtung Waldrand.

Dort plätschert leise ein schmaler Bachlauf neben unserem Weg, der sich stetig, aber gemächlich absenkt. Zwischen Wald und Tal entspannen wir mit jedem Schritt und kommen ins Waldträumen. Wir sind überrascht, als sich plötzlich vor uns ein weites Tal öffnet und wir nach **2.9 km** an einem Wegweiser eintreffen. Wir sind im Lampertstal (3) angekommen.

! Im Lampertstal (P3) besteht die Möglichkeit, über einen nur 150 m langen Verbindungsweg nach links zum nächsten Wegweiser bei P8 zu laufen und so den Weg in zwei Runden aufzuteilen: die Ripsdorfer Runde mit etwa 6 km Länge und die Alendorfer Runde mit etwa 10 km Länge.

Wir wollen die gesamte Tour laufen und biegen daher rechts ab. In Begleitung des Eifelsteigs wandern wir auf bequemem und befestigtem Weg talaufwärts. Hecken begleiten uns, ab und an erhaschen wir Blicke ins Tal und auch erste Wacholderbüsche zeigen sich am Wegesrand.

Doch richtig spannend wird es erst, als wir nach **4 km** an einem Wegweiser und zwei Rastplätzen rechts auf einen Pfad abbiegen. Nun ist Kondition gefragt, um den strammen Anstieg auf den Kalvarienberg zu meistern.

Doch die herrliche Natur entschädigt uns für die Mühen. Je höher wir kommen, desto weiter können wir den Blick umherschweifen lassen, und an warmen Sommertagen verströmen die Wacholderbüsche zudem auch noch einen faszinierenden, mediterranen Duft.

Und dann ist es so weit: Wir stehen neben dem Steinkreuz auf dem Gipfel des Kalvarienbergs (4) und können von den

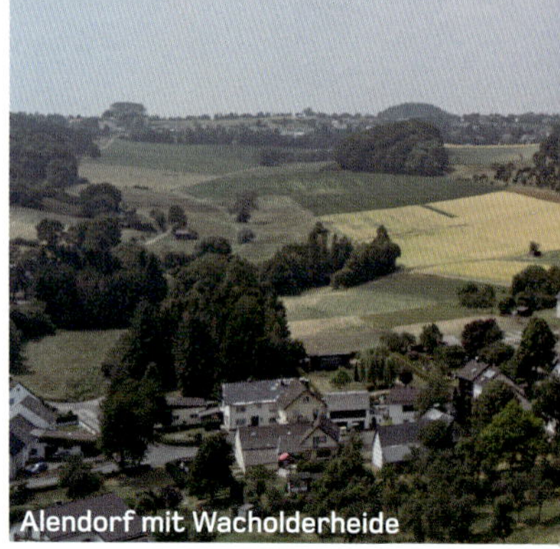
Alendorf mit Wacholderheide

Sinnesbänken am Eifelblick die Aussicht in Ruhe genießen. So fühlt sich Toskanaurlaub mitten in der Eifel an.

Auch wenn es schwerfällt, ein solches Idyll zu verlassen, sind wir doch viel zu neugierig auf den Rest des Weges, um auf dem Berg zu bleiben. So folgen wir unserer Eifelspur über die Hangflanke bergab und erreichen mit einigen Schlenkern die Straße am Wanderparkplatz (5).

! Hier kann man nach 4.9 km ebenfalls in die Tour einsteigen, was besonders für die Wanderer wichtig ist, die den Weg in zwei Runden absolvieren wollen.

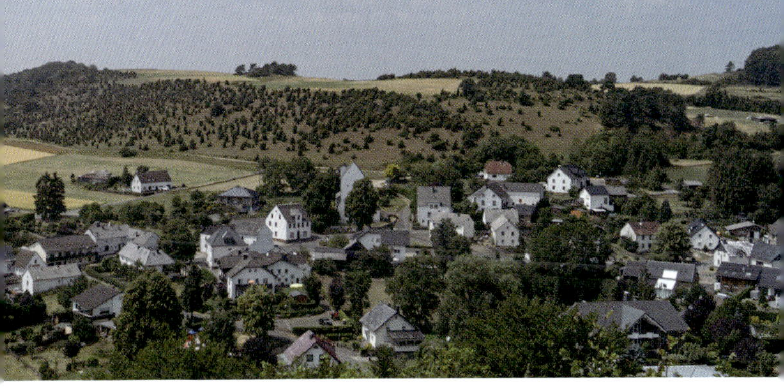

Kurz laufen wir auf einem Fußweg neben der Straße, dann kehren wir ihr den Rücken und laufen zum nahen Friedhof. Den lassen wir links liegen, und schon umfängt uns wieder die herrliche Eifelnatur. Links öffnen sich schöne Blicke auf Alendorf, während wir entlang des Waldrandes an Höhe gewinnen.

Wir erreichen einen Wegweiser, an dem wir links bergab laufen. Auf federndem Grasweg gelangen wir rasch ins Tal, queren einen Asphaltweg und schwingen uns mit kleinem Rechts-links-Versatz sogleich wieder bergan. Nun gilt es den Eierberg zu erobern. Bald weichen die begleitenden Gehölze zurück, und wir dürfen wieder mitten durch ein Wacholderparadies wandern. Uns schlägt das Herz höher, als wir voraus nach **6.3 km** auch noch eine Sinnesbank und ein Eifelblickfenster (6) erkennen. Mehr brauchen wir nicht zum perfekten Wanderglück!

Die Aussicht begeistert uns, und erneut haben wir mediterrane Urlaubsgefühle. Den mehr als mannshohen Wacholdern kommen wir jetzt ganz nah und atmen den intensiven Duft tief ein.

Unvermittelt treffen wir an einem Wegweiser ein, der uns nun scharf links talwärts schickt. Der folgende, recht stramme Abstieg verlangt bei Nässe gute Trittsicherheit, denn dann ist der Naturpfad oft rutschig. Wir gelangen sicher ins Tal, queren einen Feldweg und laufen geradeaus durch die Felder.

Nachdem wir einen unscheinbaren Bach überwunden haben, steigt die Route wieder sanft an und führt uns am Waldrand entlang. Bald biegen wir links in die Wiesen ab, bevor wir mit einem Schlenker den nächsten Waldrand erreichen und dort links bergan laufen. Rasch folgt der nächste Wechsel, und wir durchqueren ein kleines, recht dunkles Fichtenareal.

Doch schon geht es wieder links bergan und raus an den Waldrand. Weit können wir nun den Blick Richtung Alendorf und zum Eierberg schweifen lassen. Schön, dass nach **8.2 km**, bevor wir rechts in den Wald abbiegen, noch eine aussichtsreiche Bank für uns bereitsteht.

Doch auch diesmal streifen wir nur kurz den Wald, denn bei erster Gelegenheit biegen wir links ab und laufen durch offene Flur zur nahen Straße. Dort biegen wir links ab, folgen der Straße 30 m, bevor wir sie queren und einem Asphaltweg bergan zum nächsten Wacholdergebiet folgen.

Ein Wegweiser schickt uns nach rechts. Im Bogen laufen wir um den kleinen Wacholderberg herum, und bald spüren wir auch wieder Gras unter den Sohlen. Es geht erneut talwärts, und nach der offenen Passage folgt das nächste Waldstück.

Doch auch dieses ist schnell durchwandert, und wir folgen dem Naturweg nun bis kurz vor die nächste Straße. Dort dürfen wir scharf rechts bergan abbiegen und treffen nach **9.8 km** an dem von Wacholdern umgebenen Schmetterlings-Rastplatz (7) ein.

Nach kurzer Pause laufen wir zum nahen Wegweiser und halb rechts in den Wald. Bald dürfen wir am Rand eines Kiefernhains talwärts laufen und stoßen auf einen Forstweg. Der führt uns links zur nahen Straße. Hier wenden wir uns nach rechts und laufen neben der Straße bis zum nächsten Wegweiser.

Dort biegen wir mit einem ansteigenden Forstweg links in den hohen Laubmischwald ab. An einer unscheinbaren Weggabelung bleiben wir dem befestigten Weg treu, durchlaufen eine Senke und schwingen uns dann deutlich bergan.

Alte Buchen stehen Spalier und spenden mit ausladenden Kronen Schatten. Doch auch lichte, gerodete Areale säumen den Weg: Hier haben Hitzestress und Borkenkäfer Spuren hinterlassen. Wir überschreiten eine Kuppe, und schon senkt sich der Weg deutlich ab. An einer Waldwiese biegen wir nach **11.4 km** links ab und erreichen kurz darauf mit einem Rechtschwenk den Waldrand.

Von der gegenüberliegenden Talseite grüßen bereits wieder Wacholder, während wir dem bequemen Weg am Waldrand entlang folgen. Herrlich spannen die Bäume einen grü-

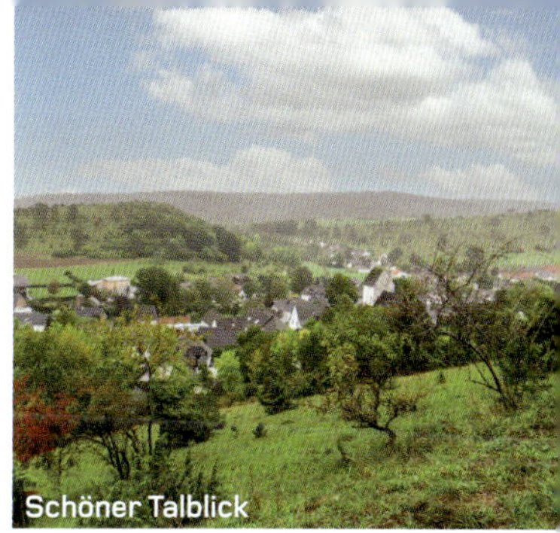
Schöner Talblick

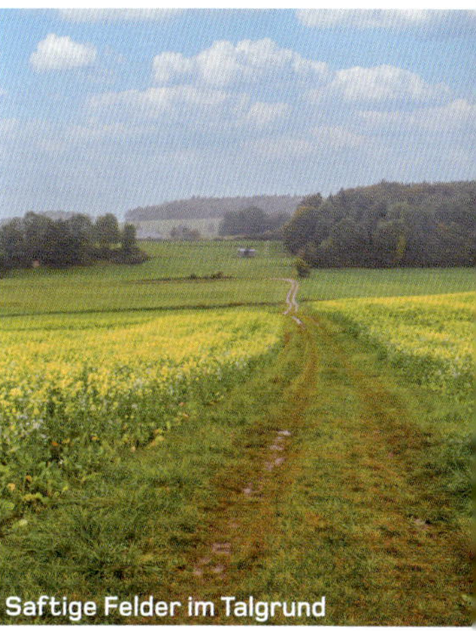
Saftige Felder im Talgrund

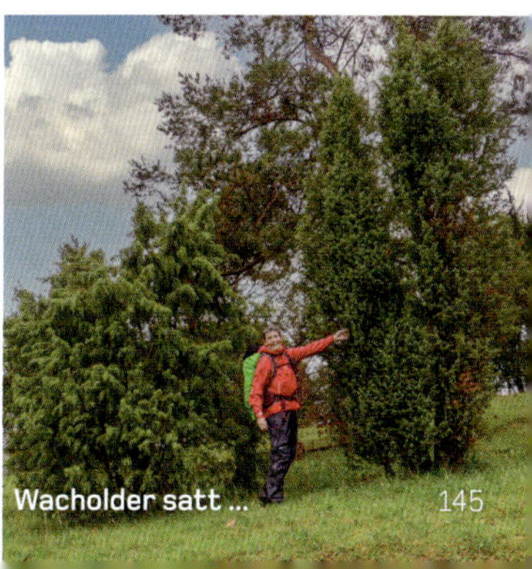
Wacholder satt ...

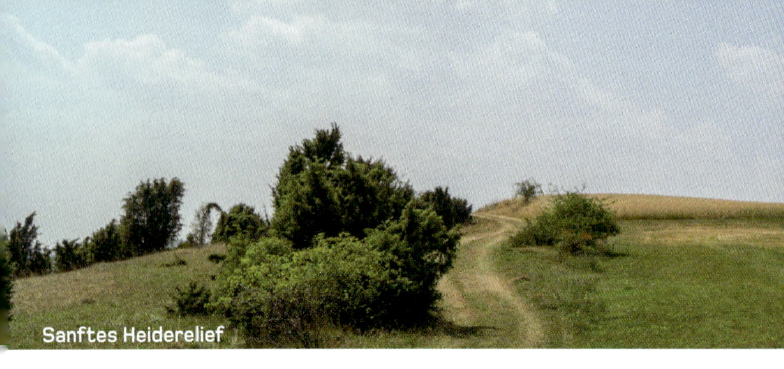
Sanftes Heiderelief

nen Baldachin von Ästen und Blättern über uns und sorgen für eine traumhafte Passage. Viel zu schnell endet dieser grandiose Abschnitt, und wir biegen links ab und gelangen per Steg über den Lampertsbach und in das weite Lampertstal. Wir queren das Tal und treffen nach **12.8 km** an einem Wegweiser auf den Eifelsteig (8).

Wer den Weg in zwei Runden teilen will, kann hier links den Verbindungsweg zu Punkt 3 nutzen (oder kommt von dort).

Wir sind im zentralen Lampertstal angelangt, und eine Tafel erläutert das Phänomen der Bachschwinde. Denn der Karst sorgt hier dafür, dass der Lampertsbach unerwartet im Untergrund verschwindet. Wir wenden uns nach rechts und folgen dem leicht befestigten Weg am Waldrand. Bei bestem Blick auf den Talgrund inspirieren uns aber auch die alten Buchen am linken Wegesrand zum Träumen in dem herrlich stillen Tal.

Doch rasch endet unsere Passage am Lampertsbach, denn an einem Wegweiser werden wir links bergan Richtung Ripsdorf geschickt. So kehren wir dem Tal den Rücken und wandern nun stetig ansteigend am Waldrand entlang. Kurz bevor ein Weg von rechts zu uns stößt, passieren wir zwei Bänke. Nun lassen wir den Wald endgültig hinter uns und gelangen in die

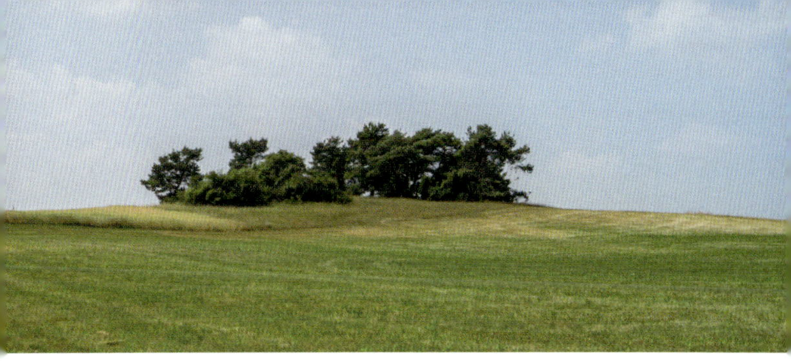

offene Flur aus Wiesen und Weiden. Nachdem unser Weg eine Rechtskurve gemacht hat, treffen wir an einer Weggabelung ein und laufen halb links weiter. Die Steigung wird deutlicher, und rasch erobern wir den Kamm, wo wir auf einen Asphaltweg stoßen. Er führt uns nach **14.9 km** wieder zum Tripelpunkt (2) der Tour.

Den Rest der Strecke kennen wir bereits vom Auftakt: Wir verlassen nun den Rundweg und laufen rechts zum nahen Rastplatz unter dem Baum. Dort biegen wir rechts ab, um den ersten nach links führenden Feldweg zu nutzen und ins Tal abzusteigen. Nun laufen wir in den Ort und gelangen über die Schulstraße zur Kirchstraße.

Diese führt uns hinauf zur querenden Hauptstraße. Wir wandern geradeaus und folgen der Tränkegasse hinunter zum Wanderparkplatz (1) am Ortsrand, wo diese herrliche Rundwanderung nach **15.7 km** zu Ende geht.

FAZIT

Aufgrund der Länge sind gute Kondition, festes Schuhwerk, Regen- oder Sonnenschutz und Verpflegung wichtig. Bei Nässe besteht auf einigen steilen Naturwegen Rutschgefahr, daher sind Stöcke sinnvoll. Am schönsten ist die Tour, wenn man ab dem Tripelpunkt gegen den Uhrzeigersinn wandert.

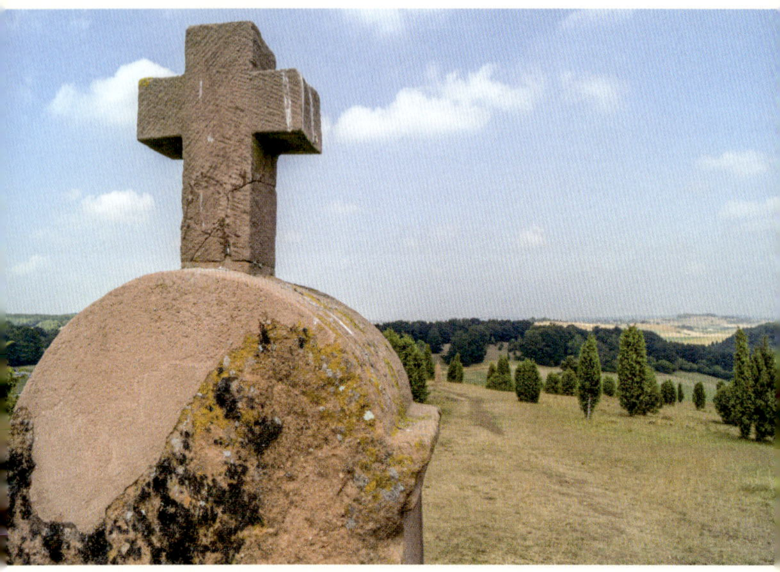

Wunder der Natur

Wir erleben gleich zwei Naturhöhepunkte: die Wacholderheide am Kalvarienberg von Alendorf und der geheimnisvolle Bach im Lampertstal. Wacholderheiden sind in der Eifel heutzutage rar. Hauptproblem ist die Verbuschung der im Idealfall nur von Wacholdern besiedelten kargen Böden durch Ginster oder Birken. Teils werden Schafe eingesetzt, mancherorts muss durch sogenanntes „Placken" der unerwünschte Überwuchs von Zeit zu Zeit entfernt werden.

Im idyllischen Lampertstal kann man ein seltenes geologisches Phänomen, die „Bachschwinde" hautnah erleben. Es geht um den Karst, der dafür verantwortlich ist, dass ein Gewässer komplett verschwindet, unterirdisch weiterfließt, um an anderer Stelle wieder an die Oberfläche zu gelangen. Das Lampertstal ist mit 650 Hektar eines der größten Naturschutzgebiete Nordrhein-Westfalens.

Nordeifel Tourismus GmbH, Bahnhofstraße 13, 53925 Kall, 02441/99457-0, www.nordeifel-tourismus.de
- Tourist-Info Blankenheim (Eifelmuseum), Ahrstraße 55-57, 53945 Blankenheim, 02449/87-222, www.blankenheim.de

Café & Bistro Landlust, Klosterstr. 3, 53945 Blankenheim, 02449/9179190, www.landlust-blankenheim.de

Hotel Restaurant Breuer, Hauptsr. 74, 53945 Blankenheim-Ripsdorf, 02449/1009, www.breuer-ripsdorf.de

Wohnmobilstellplatz Blankenheim, Parkplatz an der Weiherhalle, 53945 Blankenheim, 02449/87309, www.blankenheim.de
- Eifel Camp Freilinger See, Am Freilinger See 1, 53945 Blankenheim-Freilingen, 02697/282, www.eifel-camp.de

Mit dem Zug zum Bf. Blankenheim-Wald, Buslinie 832 weiter zum Busbahnhof Blankenheim, dann Linie 833 nach Ripsdorf. www.rvk.de

Taxi Hoffmann, Alendorfstraße 21, 53945 Blankenheim-Alendorf, 02449/7484
- Taxi Lippertz, Auf dem Beuel 3, 53945 Blankenheim-Hüngersdorf, 02449/1225

Mitte des 15. Jahrhunderts wollte Graf Dietrich III. die Wasserversorgung seiner Burg von Zisternen unabhängig machen. Das Wasser wurde aus einer etwa 1 km entfernten Quelle per Tunnel und Leitung in die Burg geführt. Die Ingenieure erbrachten mit dem „**Tiergartentunnel**" eine wahre Meisterleistung. Die Reste der Leitung können an verschiedenen Stellen entlang des 19 km langen „Tiergartentunnel Wanderweg" erkundet werden. www.tiergartentunnel.de

Ausdauernde Hunde können den Weg gut absolvieren. Unterwegs gibt es keinen zuverlässigen Zugang zu Wasser.

EIFELSCHLEIFEN

- Wo Wälder rauschen, ▸ 6.6 km
- Wacholderheide, ▸ 10.3 km
- Wo Bäche schwinden, ▸ 10.8 km
- Brotpfad, ▸ 12.1 km

13 Wo die Ahr entspringt

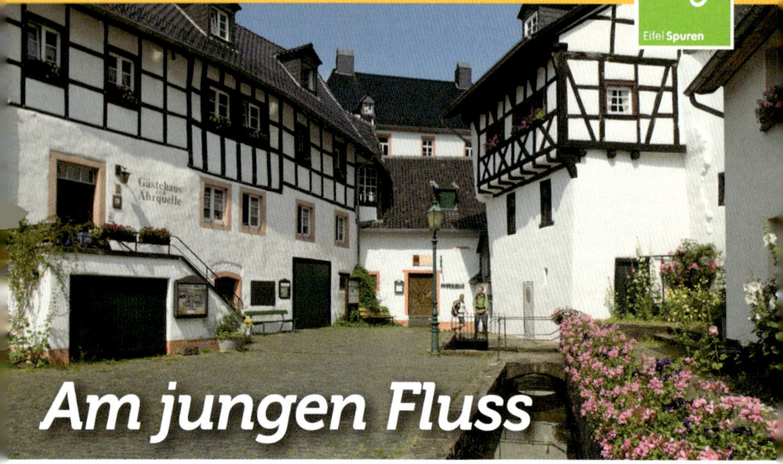

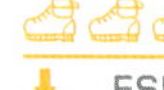

Am jungen Fluss

15.7	4h 45min	444	522	1122 1316	ESPX613
km					

Start/Ziel: Parkplatz Schwanenweiher, Blankenheim

Anfahrt: A 1 bis Blankenheim, dann B 51 und B 258 nach Blankenheim.

Parken: Parkplatz Schwanenweiher (Kölner Str.)
N50° 26' 11.6'' • E6° 39' 08.2''
Parkplatz Oberahreck
N50° 24' 20.9''
E6° 41' 14.5''

scan to go®

Wegpunkte:
- **P1** Parkplatz Schwanenweiher 32 U 333252 5589809
- **P2** Rastplatz Mülheimer Bachtal 32 U 334518 5589439
- **P3** Abzweig Ahrsteig 32 U 336285 5586595
- **P4** Parkplatz Oberahreck 32 U 335668 5586307
- **P5** Eifelfenster & Rastplatz 32 U 334854 5587051
- **P6** Brotpfadhütte 32 U 333724 5587525
- **P7** Burgblick 32 U 333141 5589684
- **P8** Altstadt Blankenheim 32 U 333126 5589911

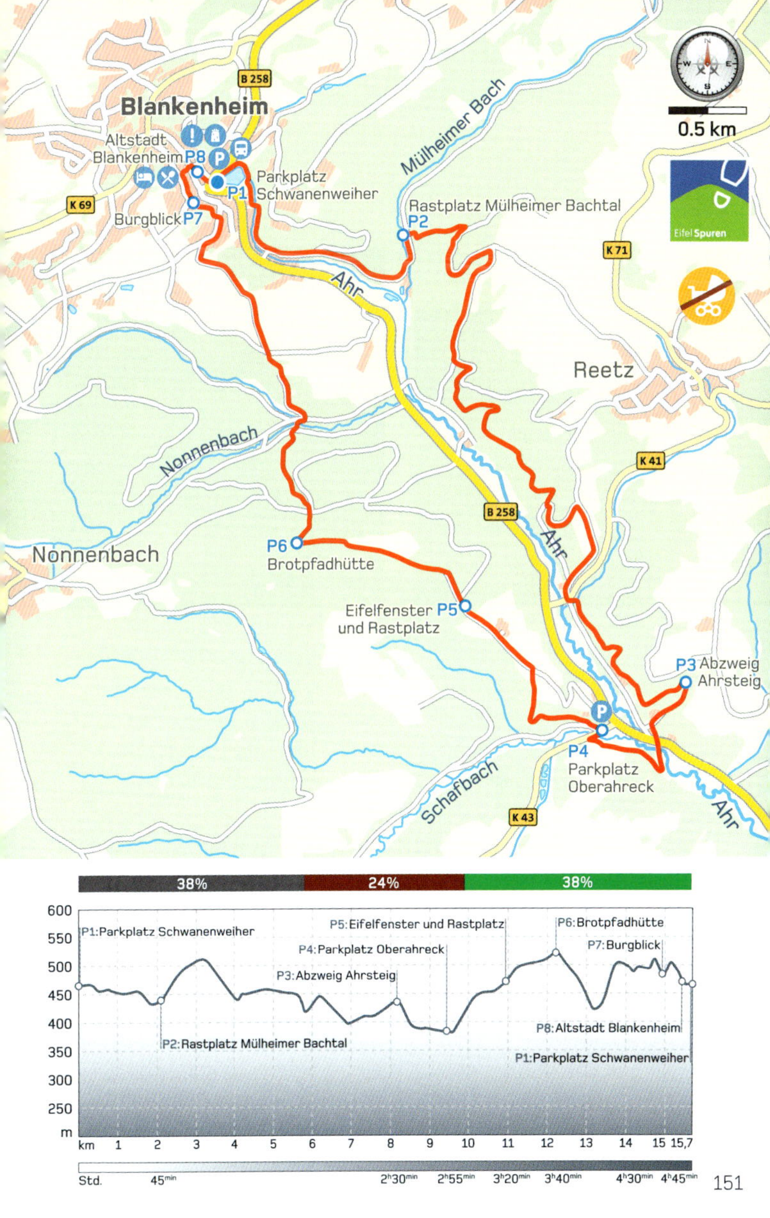

Blankenheim
B 258
Altstadt Blankenheim
P8
P1
Parkplatz Schwanenweiher
K 69
Burgblick P7
Mülheimer Bach
Rastplatz Mülheimer Bachtal
P2
0.5 km
Eifel Spuren
K 71
Ahr
Reetz
Nonnenbach
K 41
B 258
Ahr
P6
Brotpfadhütte
Eifelfenster und Rastplatz P5
P3 Abzweig Ahrsteig
P4
Parkplatz Oberahreck
Schafbach
K 43
Ahr
38%
24%
38%
P1: Parkplatz Schwanenweiher
P2: Rastplatz Mülheimer Bachtal
P3: Abzweig Ahrsteig
P4: Parkplatz Oberahreck
P5: Eifelfenster und Rastplatz
P6: Brotpfadhütte
P7: Burgblick
P8: Altstadt Blankenheim
P1: Parkplatz Schwanenweiher
600
550
500
450
400
350
300
250
m
km 1 2 3 4 5 6 7 8 9 10 11 12 13 14 15 15,7
Std. 45min 2h30min 2h55min 3h20min 3h40min 4h30min 4h45min

Unsere heutige Eifelspur nimmt ihren Namen am Anfang wörtlich: Wir folgen der jungen Ahr von der Quelle im romantischen Blankenheim an. Darüber hinaus beschert diese Tour herrliche Waldpassagen und weite Ausblicke, zahlreiche einladende Bänke und Rastplätze. Am Ende lockt das malerische Zentrum zur verdienten Einkehr.

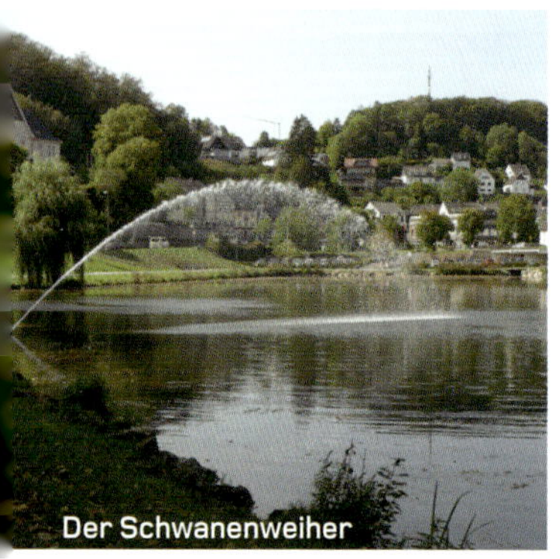
Der Schwanenweiher

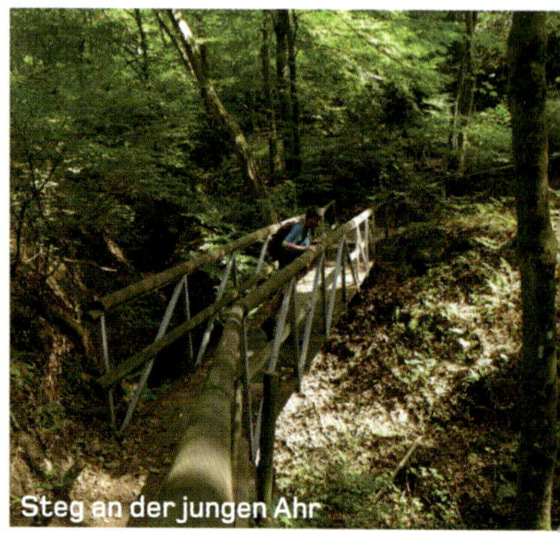
Steg an der jungen Ahr

Am großen (gebührenpflichtigen) Parkplatz am Schwanenweiher (1) in Blankenheim beginnen wir die Wanderung auf der Eifelspur „Wo die Ahr entspringt".

Streng genommen startet die Tour inmitten der pittoresken Fachwerkhäuser von Blankenheim im Zentrum am Curtius Schulten Platz, wo auch die Portaltafel steht. Da wir aber im Uhrzeigersinn laufen wollen, werden wir dort erst ganz am Ende vorbeikommen.

Gemeinsam mit dem AhrSteig, der uns eine Weile begleitet, wenden wir uns vom Parkplatz nach links und folgen dem ansprechend gestalteten Uferweg. Zahlreiche Bänke säumen den Weg, und auf dem spiegelnden Wasser lassen sich Vögel treiben.

Am Ostufer des Sees folgen wir den Logos mit einem scharfen Knick nach links auf einen abschüssigen Pfad hinab zum Wohnmobilstellplatz Blankenheim. Wir werden von der sehr jungen Ahr begleitet, die eher an einen kleinen Bach erinnert. Am Ende des Parkplatzes queren wir über einen Steg die Ahr und tauchen in den Wald ein. Pfadig folgen wir dem munter plätschernden Wasser und genießen diese ersten Schritte im Grünen.

Viel zu schnell taucht voraus ein Haus auf, bei dem es sich um das Wasserwerk Blankenheims handelt. Nach **0.8 km** endet unser Pfad, und wir wenden uns nun dem asphaltierten Radweg im Tal zu.

An einer Weggabelung folgen wir weiter dem rechts verlaufenden Radweg, eine Tafel erklärt uns Wichtiges zum Thema Wassergüte. Auch an der nächsten Weggabelung bleiben wir auf dem rechten Weg und lassen die bereitstehende Bank links liegen.

Auf Höhe des Forellenhofs biegt die Eifelspur links in das Tal des Mülheimer Baches, und an einer Bank stößt von links die zugehörige Eifelschleife zu uns. Gemeinsam wandern wir am Haus vorbei und queren per Brücke den Mülheimer Bach. Bald umringt uns üppiges Grün, Erlen spenden Schatten, während Pestwurzblätter im Tal um das Licht konkurrieren.

Nach **2.1 km** nutzen wir an einem Rastplatz (2) neben einem Wegweiser die Gelegenheit zu einer kurzen Pause, bevor wir rechts abbiegen und durch einen kurzen Tunnel laufen. Mit einer Rechtskurve schwingt sich der Weg bergan, doch dann ist es endlich so weit: Wir dürfen links auf einen Waldweg abbiegen und Asphalt sowie Radweg hinter uns lassen.

Schritt für Schritt wandern wir durch artenreichen Wald auf befestigtem Weg bergan und treffen an einer Bank auf einen Querweg. Wir wenden uns nach rechts und laufen nun nur noch sanft ansteigend weiter. Wir genießen die Ruhe des Waldes, der sich recht abwechslungsreich zeigt. Bald erreichen wir den Waldrand, wo wir an der nächsten Bank rechts auf einen befestigten Feldweg wechseln.

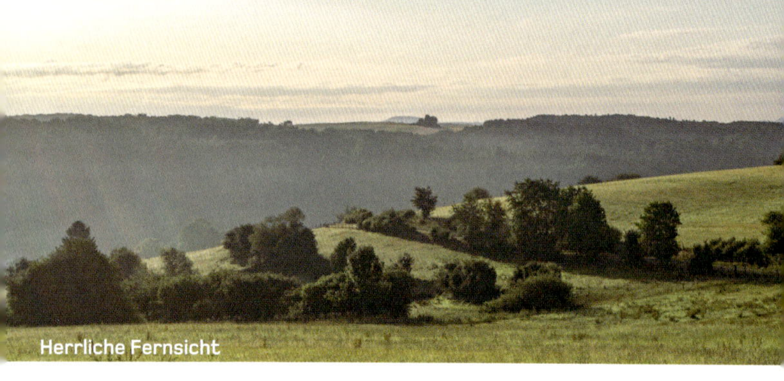
Herrliche Fernsicht

Weit können wir den Blick über die links angrenzenden Wiesen schweifen lassen, doch dann rückt der Wald wieder dichter an den Weg und hüllt ihn schließlich wieder komplett ein.

Als von links ein Wirtschaftsweg einmündet, verändert sich das Wegformat: Nun laufen wir auf einer Verbunddecke mit groben Steinen talwärts. Ein tief eingeschnittener Graben mit kleinem Bach begleitet uns und sorgt selbst an heißen Tagen für wohltuende Kühle.

Nach **4 km** haben wir deutlich an Höhe verloren und stehen neben einer Bank vor einem Wegweiser. Der schickt uns links auf einen sanft ansteigenden Forstweg. Wir umrunden einen Taleinschnitt und freuen uns sehr, als wir rechts auf einen Pfad abbiegen dürfen.

Der führt uns nun höhenparallel durch die Hangflanke, und so können wir den herrlichen Laubmischwald auf federndem Pfad erkunden. Der Wald präsentiert sich ungemein artenreich: Eben noch im erhabenen Buchenhallenwald unterwegs, schmiegen sich bald die Wedel von Nadelbäumen eng an den Pfad.

Dann öffnet sich wieder ein lichter Mischwald und gibt Moos und Gras eine Chance, für attraktives Grün auf dem Waldboden zu sorgen. Wieder führt unser Pfad weiter in den

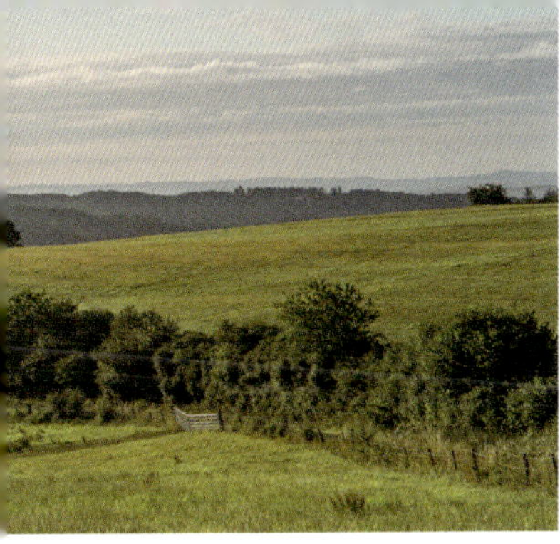

Wald und umrundet ein tief eingeschnittenes Seitental.

Nach **4.8 km** dürfen wir den dafür verantwortlichen, meist kaum sichtbaren Bach per Steg queren, bevor sich der Pfad wieder dem schmalen und viel befahrenen Ahrtal annähert. Der attraktive Wald lenkt von den Geräuschen der Straße ab.

Nach einem ersten deutlichen Abstieg helfen uns einige Stufen zu einem Waldweg, dem wir nach rechts folgen. Bald stoßen wir auf einen befestigten Forstweg und wenden uns nach links.

Wir laufen in weitem Rechtsbogen sanft aufwärts und sind überrascht, als sich vor uns nach **6.1 km** unvermittelt eine weite Wiese öffnet. Wir laufen am Rand entlang bis zu einem Wegweiser, wo wir rechts abbiegen und nun mitten durch die offene Weite geführt werden.

Langsam tauchen wir wieder in den Wald ein und meistern den Abstieg ins Tal problemlos. Kurz bevor wir unten ankommen, gesellt sich von rechts ein Radweg zu uns. Nach **6.9 km** ist es dann so weit: Wir stehen an der K 41 und queren sie am Wegweiser Reetzer Mühle.

Wir dürfen geradeaus gleich wieder in den Wald eintauchen, während Autos und Radler auf eigenen Trassen rechts von uns bleiben. Urige Buchen und Eichen säumen unseren Weg, der sanft ansteigt.

Dann reißt die Baumkulisse kurz auf, Felsen treten zu Tage, und rechts erhaschen wir erste Talblicke. Kurz darauf steht an der Hangkante eine Bank mit Aussicht zur Pause bereit, bevor der Weg

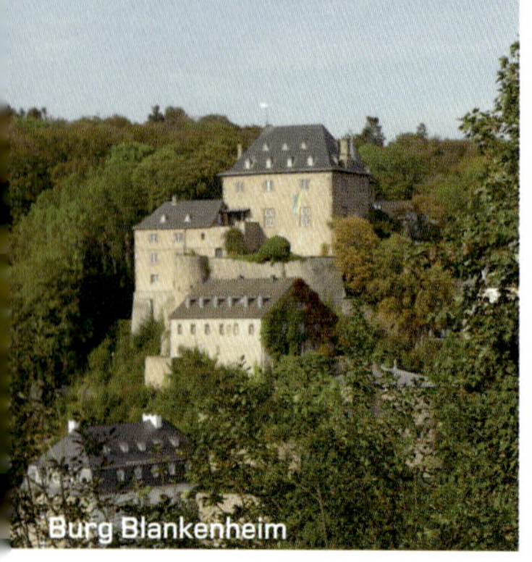

Burg Blankenheim

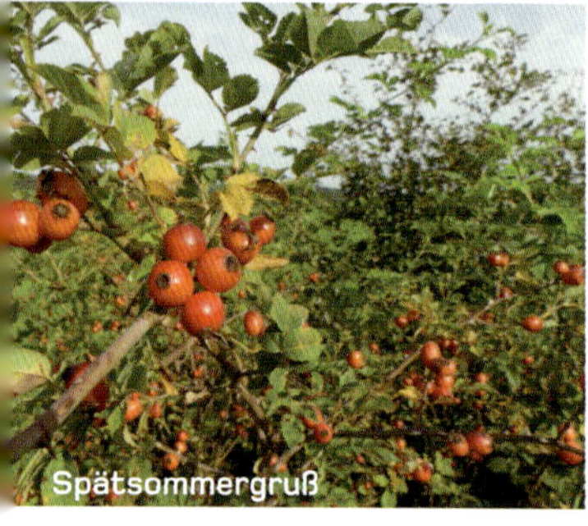

Spätsommergruß

nach links biegt und wieder im dichten Wald verläuft.

Vorbei an lichtem Nadelwald wandern wir gemütlich bergab, bis wir an einer Bank auf den nächsten Wegweiser stoßen: Nach **8.2 km** verabschiedet sich an dieser Stelle der AhrSteig (3) und biegt links bergan, während wir rechts einem bequemen Forstweg talwärts folgen dürfen.

Abzweigende Wege ignorieren wir, bis wir das erste Haus passiert haben und wieder Asphalt unter den Sohlen spüren. Dann knickt unsere Eifelspur scharf links auf den kombinierten Fuß- und Radweg ab. Rasch kommen wir voran und sind begeistert, als wir in luftiger Höhe per Brücke die B 258 sicher überqueren. Kurz darauf laden zahlreiche Bänke und auch Rastplätze neben dem Ahrradweg zum Verweilen ein.

Doch uns zieht es weiter und weg vom Radweg: Gleich nach dem Rastplatz dürfen wir rechts auf einen Forstweg abbiegen, der uns mit erneutem Rechtsknick wieder entlang des Ahrtals führt. Lange dauert es nicht, dann laufen wir am Rand wogender Wiesen entlang und erreichen die K 43.

Wir queren die Straße, wenden uns nach rechts und queren den Schafbach. Danach geht es nach **9.5 km** per Stichpfad links hinab zum Parkplatz Oberahreck (4), der auch als Einstiegspunkt in die

Tour genutzt werden kann. Wir verlassen den Parkplatz und halten uns an einer Weggabelung rechts. Nun geht es auf zunächst holprigem, bald aber bequemem Waldweg mal wieder bergan.

Zügig gewinnen wir Höhe und freuen uns an Gräsern und Wildblumen am Wegesrand. Dann öffnet sich rechts der Wald, und wir können den Blick weit schweifen lassen.

Als wir wenig später an einem Asphaltweg eintreffen, genießen wir einen tollen Panoramablick weit über das Ahrtal hinweg, bevor wir links weiterwandern. Neugierig beäugt uns das Weidevieh, während wir den Metternicher Hof passieren.

Hier endet der Asphalt, und auf befestigtem Grund streben wir dem nächsten Waldrand zu. Dort hält der Weg wieder eine tolle Überraschung für uns parat: Am Wegesrand erwartet uns ein Rastplatz samt Eifelblickfenster (5). Natürlich lassen wir uns diese aussichtsreiche Rast – und ein Erinnerungsfoto – nach **10.9 km** nicht entgehen ...

Mit frischen Kräften setzen wir die Wanderung fort und halten uns an der Gabelung nach dem Rastplatz rechts. Einmündende Wege ignorieren wir, während wir meist leicht bergan durch niedrigen Wald wandern. Bald wandelt sich der Weguntergrund zu weichem Naturboden, und auf der rechten Wegseite sorgt eine Wiese für besondere Abwechslung.

Noch einmal genießen wir den weiten Blick, bevor wir mit kleinem Schlenker nach **11.9 km** wieder in den Wald wechseln. Moosbewachsene Baumveteranen und aufstrebende Jungbäume säumen den Pfad, der sich nur unmerklich ansteigend durch den Wald windet.

Dann öffnet sich vor uns eine große Waldkreuzung mit Rastplatz und Schutzhütte: Wir haben nach **12.2 km** die Hütte am Brotpfad (6) und den Eifelsteig erreicht. Der

Fernwanderweg wird uns den Rest der Strecke bis Blankenheim begleiten. Wir biegen rechts ab und wandern nun stetig abwärts zu einer großen Schneise und Kreuzung.

Zunächst behalten wir die Richtung bei, queren die Schneise, biegen dann aber links auf einen Pfad ab. Er führt uns stetig talwärts und gibt dabei ab und an Blicke auf die umgebenden Waldhänge frei. Das Gefälle wird immer strammer, und schließlich queren wir einen Forstweg und steigen vollends zum Nonnenbach ab, den wir per Steg überwinden.

Auf der anderen Seite treffen wir auf einen breiten Forstweg und wenden uns nach rechts. Am nächsten Wegweiser, neben einem Rastplatz, schicken uns die Logos links bergan. Zunächst gestaltet sich der Anstieg moderat, doch als wir links auf einen Pfad abbiegen, wird es noch einmal richtig anstrengend.

Steil schwingt sich die Eifelspur bergan und unsere

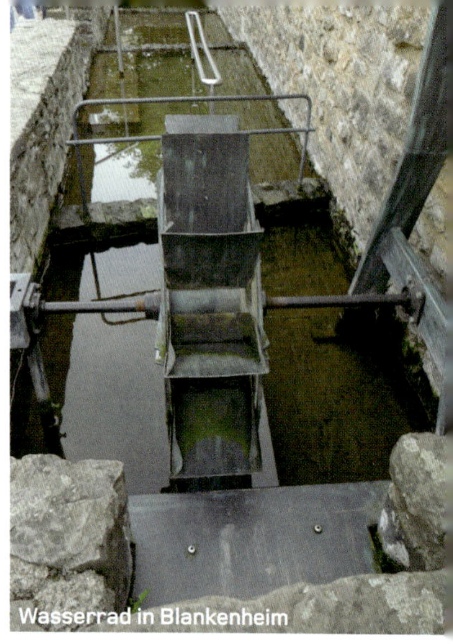
Wasserrad in Blankenheim

Kondition wird herausgefordert. Erleichtert schnaufen wir durch, als der Wald uns auf offene Wiesen entlässt und wir nach **13.8 km** bei einem Wegweiser und einer hochwillkommenen Bank die Kuppe des Schillertsberges überschreiten.

Wir genießen die Aussicht und laufen ohne großen Höhenunterschied geradeaus auf bequemem Weg weiter. Bald lädt die nächste Bank erneut zum Ausblick ein, doch uns zieht es nach Blankenheim. Mit etwas Auf und Ab wandern wir zwischen Wiesen und Wald entlang und treffen nach einem kurzen Anstieg am Nonnenbacher Weg auf die ersten Häuser. Wir wenden uns nach rechts und laufen entlang der Straße talwärts.

Nach Haus Nummer 16 dürfen wir den scharfen Knick nach links nicht verpassen: Ein Treppenpfad führt uns noch einmal in den Wald. Dort erhaschen wir durch die Bäume einen ersten phänomenalen Blick auf die Burg, wenig später können wir nach **15.1 km** von einer Bank (7) diese Aussicht noch einmal in Ruhe auf uns wirken lassen.

Wir passieren die ersten Häuser und wenden uns rechts der Lühbergstraße zu. Rasch verlieren wir Höhe, besonders nachdem wir rechts auf eine Treppenstiege abgebogen sind. Diese bringt uns zügig in den Ort, wo wir an der Ahrstraße rechts abbiegen. Doch schon bei erster Gelegenheit queren wir die Straße und wenden uns links der Johannesstraße zu. Sie führt uns mitten ins Zentrum von Blankenheim und zum Abzweig der etwas versteckt liegenden Ahrquelle.

Nachdem wir die Ahr besucht haben, laufen wir rechts zum Curtius Schulten Platz (8), wo uns die Portaltafel unseres Weges grüßt.

Vorbei an zahlreichen Einkehrmöglichkeiten schlendern wir zur Kölner Straße, queren sie am Zebrastreifen und stehen nach **15.7 km** und einer enorm abwechslungsreichen Tour wieder am Ausgangspunkt, dem Parkplatz am Schwanenweiher (1).

FAZIT

Aufgrund seiner Länge verlangt der Weg gute Kondition. Festes Schuhwerk, Regen- bzw. Sonnenschutz und ausreichend Rucksackverpflegung sowie Getränke sind wichtig. Am schönsten erlebt man die Tour, wenn man im Uhrzeigersinn wandert.

Eifel im Schnelldurchgang

Im Zentrum von Blankenheim lädt das Eifelmuseum zur Entdeckungstour ein. Untergebracht in zwei Fachwerkhäusern, widmet sich das Museum den zahlreichen Facetten der Region Eifel: Geologie, Flora und Fauna, aber auch Kulturhistorisches von der frühesten Siedlungsgeschichte bis hin zu Römern und Franken – die ganze wechselvolle Geschichte der Eifel ist hier sorgfältig dokumentiert und aufbereitet. Besonderes Augenmerk wird auf die Lebens- und Arbeitsbedingungen der Bauern um 1900 gelegt. Diese Abteilung des Museums wird durch die im Gildehaus untergebrachte Ausstellung zum Handwerk ergänzt.

@ www.blankenheim.de/de/freizeit/kultur/museen

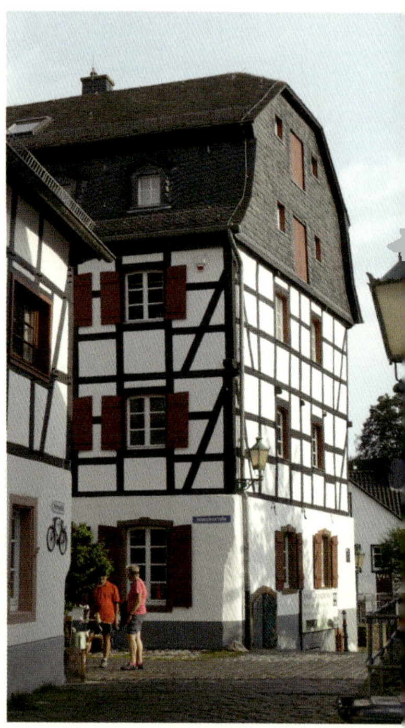

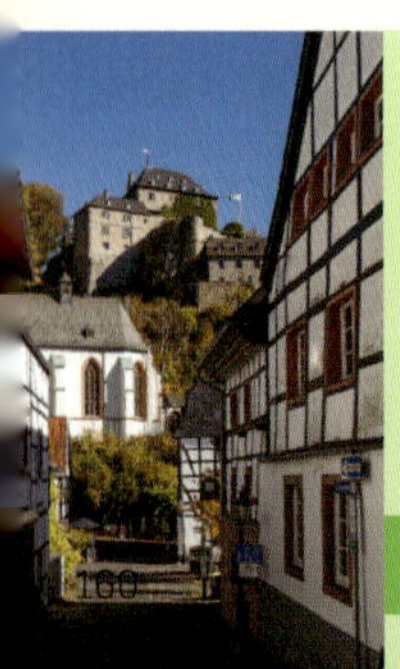

Nordeifel Tourismus GmbH, Bahnhofstraße 13, 53925 Kall, 02441/99457-0, www.nordeifel-tourismus.de Tourist-Information Blankenheim (Eifelmuseum), Ahrstraße 55-57, 53945 Blankenheim, 02449/87-222, www.blankenheim.de

Laguna Pizzeria & Café, Rathausplatz 2, 53945 Blankenheim, 02449917477
- Café & Bistro Landlust, Klosterstr. 3, 53945 Blankenheim, 02449/9179190, www.landlust-blankenheim.de
- Brasserie an der Ahr, Ahrstr. 34, 53945 Blankenheim, 02449/218444, www.brasserie-an-der-ahr.de

Hotel Schlossblick, Nonnenbacher Weg 4-6, 53945 Blankenheim, 02449/95500, www.hotel-schlossblick.de
- Jugendherberge Blankenheim, Burg 1, 53945 Blankenheim, 02449/95090, www.burg-blankenheim.jugendherberge.de
- Hotel Finkenberg, Giesental 2, 53945 Blankenheim, 02449/1073, www.hotel-finkenberg.de
- Hotel Kölner Hof, Ahrstr. 22, 53945 Blankenheim, 02449/91960, www.hotel-koelner-hof.de

Eifel Camp Freilinger See, Am Freilinger See 1, 53945 Blankenheim-Freilingen, 02697/282, www.eifel-camp.de
- Wohnmobilstellplatz Blankenheim, Parkplatz an der Weiherhalle, 53945 Blankenheim, 02449/87309, www.blankenheim.de

Mit der Bahn zum Bf. Blankenheimer Wald. Dann Buslinie 832 zum Busbahnhof Blankenheim. Infos: www.rvk.de

Taxi Dieter, Ahrstraße 40, 53945 Blankenheim, 02449/917228
- Taxi Lippertz, Auf dem Beuel 3, 53945 Blankenheim-Hüngersdorf, 02449/1225

Hunde mit guter Ausdauer können den Weg problemlos absolvieren. Unterwegs gibt es nicht unbedingt Zugang zu Wasser.

EIFELSCHLEIFEN

- Mülheimer Naturbachtal, ▸ 6.7 km
- Ursprünge Blankenheims, ▸ 7.5 km
- Freilinger See, ▸ 9.8 km
- Auf den Spuren der Römer, ▸ 12.7 km

14 Westwall

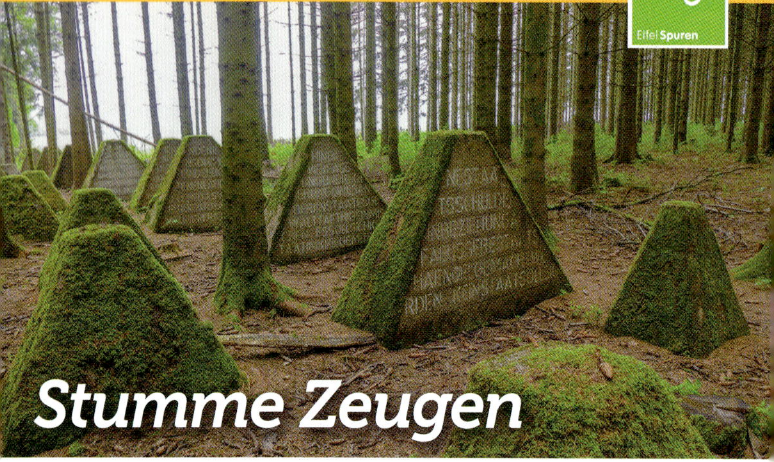

Eifel Spuren

Stumme Zeugen

13.1 km	3h 45min	218 ↑↓	633	836	981	ESPX514

Start/Ziel: Parkplatz Hollerather Knie, Hellenthal-Hollerath

Anfahrt: A 1 bis Blankenheim, B 51 Richtung Blankenheim und über die B 258 nach Schleiden. Dann B 265 nach Hellenthal und weiter bis Hollerath.

Parken: Hollerather Knie
N50° 27' 14.4'' • E6° 22' 41.3''
Parkplatz Hohes Kreuz
N50° 27' 19.9''
E6° 23' 23.9''

scan to go®

Wegpunkte:

P1 Parkplatz Hollerather Knie
32 U 313887 5592396
P2 Westwall Höckerlinie
32 U 313432 5592717
P3 Abzweig Narzissenwiesen
32 U 313065 5593167
P4 Parkplatz Hohes Kreuz
32 U 314733 5592536
P5 Bunkerreste
32 U 314829 5592809
P6 Hollerath Kirche
32 U 315878 5592550
P7 Aussicht & Abzweig Hohes Kreuz
32 U 314759 5592287

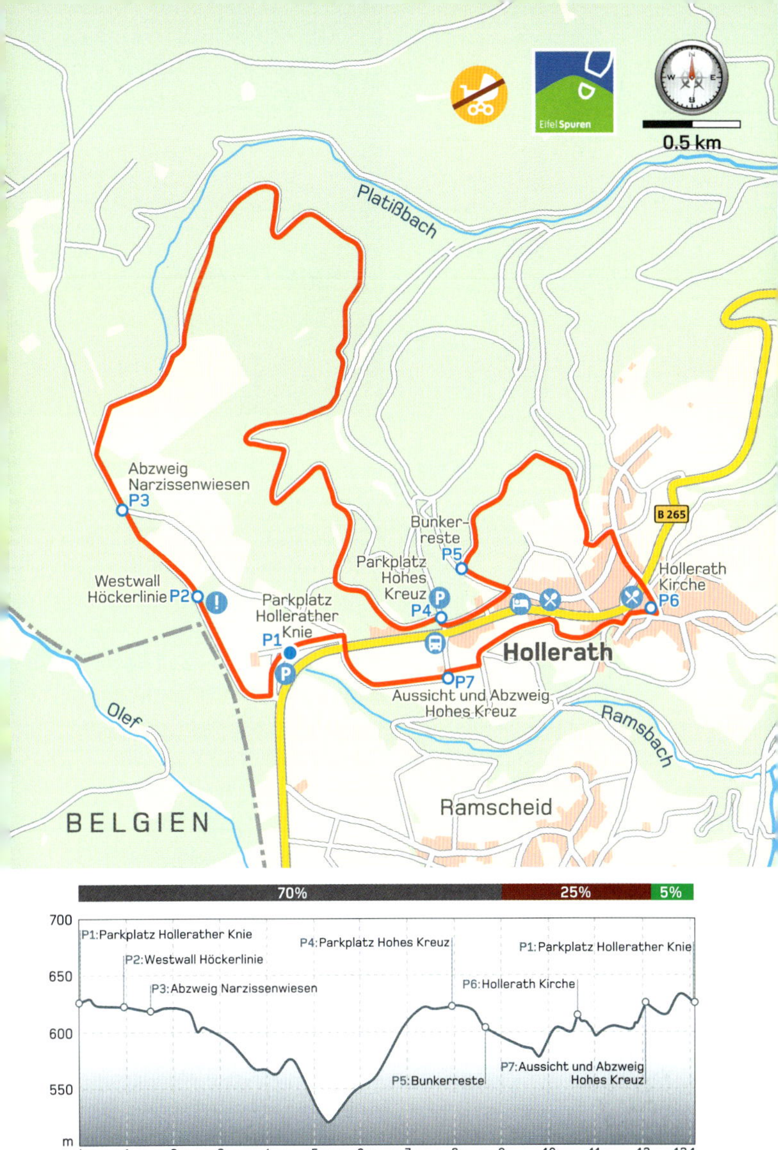

Eifel Spuren
0.5 km
Platißbach
Abzweig Narzissenwiesen
P3
Westwall Höckerlinie P2
Parkplatz Hollerather Knie
P1
Bunker-reste
P5
Parkplatz Hohes Kreuz
P4
Hollerath Kirche
P6
B 265
Hollerath
P7
Aussicht und Abzweig Hohes Kreuz
Ramsbach
Olef
Ramscheid
BELGIEN
70%
25%
5%
700
650
600
550
m
P1: Parkplatz Hollerather Knie
P2: Westwall Höckerlinie
P3: Abzweig Narzissenwiesen
P4: Parkplatz Hohes Kreuz
P5: Bunkerreste
P6: Hollerath Kirche
P7: Aussicht und Abzweig Hohes Kreuz
P1: Parkplatz Hollerather Knie
km 1 2 3 4 5 6 7 8 9 10 11 12 13,1
Std. 20min 30min 2h25min 2h35min 3h 3h25min 3h45min

Lauschiger Wald, stille Täler, beeindruckende Aussichten – und eine Geschichtsstunde im Grünen, die nachdenklich macht: Die Eifelspur führt uns gleich zu Beginn an den Relikten des Westwalls entlang. Eine Tour auf den Spuren grausamer Vergangenheit, zu friedlichen Narzissenwiesen und unter hohen Baumwipfeln.

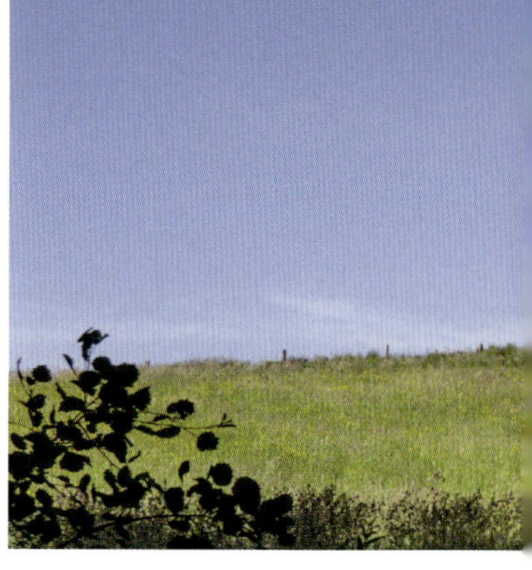

Am Parkplatz Hollerather Knie (1) beginnen wir die Rundwanderung auf der Eifelspur Westwall.

Neben der Portaltafel gibt es auch eine Erläuterungstafel zu den Stellungen am Westwall, die rund um Hollerath von 1936 an angelegt wurden. Tatsächlich mag man angesichts der heute so friedlichen Landschaft kaum glauben, welch blutige und erbitterte Schlacht im Zuge der Ardennenoffensive im Winter 1944/45 hier tobte.

Wir erkunden die Tour auf den Spuren eines schrecklichen Krieges im Uhrzeigersinn und verlassen daher den Parkplatz in westlicher Richtung. Durch eines der typischen Eifelspuren-Fenster erblicken wir bereits die ersten kegelförmigen Sperrblöcke des Westwalls.

Wir befinden uns auf Straßenniveau, als wir rechts auf einen Forstweg abbiegen. Begleitet werden wir von Relikten der Panzersperren, die auf dem Wegweiser als „Höckerlinie" ausgewiesen sind.

Die herrliche Natur kann die mahnende Wirkung der Panzersperren-Reste nicht überdecken, und so gerät der Auftakt unserer Wanderung zu einer nachdenklichen Geschichtsstunde.

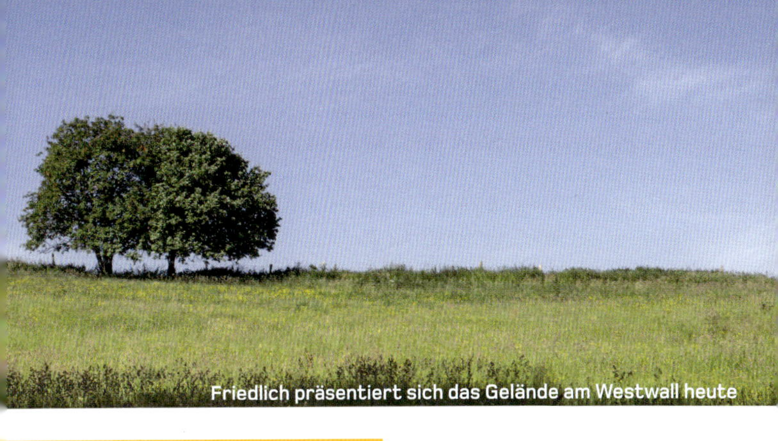
Friedlich präsentiert sich das Gelände am Westwall heute

> Links befindet sich übrigens keine 50 m entfernt die heute nur noch durch unscheinbare Grenzsteine erkennbare Grenze zum EU-Nachbarn Belgien.

Nach **1 km** passieren wir einen besonders markanten Abschnitt der Sperre (2), die aus mehreren gestaffelten Reihen und einem Graben besteht. Einen rechts abzweigenden Weg ignorieren wir und wandern weiter geradeaus.

Allmählich verschwinden nun auch die Sperrblöcke, und als sich rechts eine erste, wogende Wiese öffnet, holt uns die Natur der Eifel auf behutsame Art und Weise in ein glücklicherweise deutlich friedlicheres Heute zurück. Kurz darauf trifft von rechts ein geschotterter Radweg auf unsere Route, und links biegt ein Weg zu den nahen Narzissenwiesen (3) ab, die im Frühjahr einen erhebenden Anblick bieten.

Wir wandern fast ohne Höhendifferenz geradeaus weiter, atmen den Duft der umgebenden Nadelbäume tief ein und kommen allmählich in der Natur an. An einer großen Weggabelung dürfen wir rechts auf einen befestigten Waldweg abbiegen, der uns am Waldrand entlangführt. Rechts von uns erstreckt sich ein riesiges Wiesenmeer und bringt uns endgültig auf andere Gedanken. Entspannt freuen wir uns am steten Wechsel der Baumkulisse. Eben flankierten noch Tannen und Fichten den Weg, dann übernehmen abrupt Buchen das Rahmenprogramm. Über den Wiesen des Rollesberg-Plateaus kreisen Raubvögel auf der Suche nach Beute, und die gesamte Szene strahlt eine großartige Ruhe und Stille aus.

Kurz senkt sich unser Weg ab, wir durchschreiten eine Senke und laufen wenige Meter bergan zu einem Wegweiser: Nun kehren wir der Wiese endgültig den Rücken, denn nach **2.7 km** werden wir links mitten in den Wald geschickt.

Wieder ist es der ungemein abwechslungsreiche Wald in Kombination mit der herrlichen Ruhe, der unsere Herzen höherschlagen lässt. Sanft senkt sich der bequem zu laufende Weg ab und führt uns bald an einer Gruppe junger Fichten vorbei, die einen Hauch von Weihnachtsstimmung verbreiten.

Weiter folgen wir dem Weg talwärts, machen unbemerkt eine weite Rechtskurve und wechseln mal wieder in Laubwald. Lange dauert es aber nicht, dann öffnet sich der Wald etwas und wird wieder nordischer, zugleich wandern wir nun spürbar bergwärts. Aber auch das dauert nicht lange, dann haben wir abzweigende Wege ignoriert und eine Kuppe überschritten. Unvermittelt öffnet sich links ein weiter Blick über den Wald und die Täler, bevor wir auf dem nun wieder talwärts verlaufenden Weg weiterwandern.

Kurz hinter einem alten Steinbruch, der uns Einblick in den geologischen Untergrund gewährt, erreichen wir nach **5.3 km** am Wegweiser Eschsiefen den tiefsten Punkt der heutigen Tour. Nun geht es also bergan, wobei sich das zumindest anfangs sehr gemächlich gestaltet. An der folgenden Weggabelung laufen wir halb rechts weiter bergan und erfreuen uns am kurzweiligen Wald. Ab und an erhaschen wir einen

Blick auf den im Tal neben uns rieselnden Bach, doch viel ist davon nicht auszumachen. Wir umrunden das Seitental und bleiben weiterhin unserem Forstweg treu.

Schritt für Schritt gewinnen wir an Höhe, umrunden ein weiteres Nebental und gelangen nach **6.9 km** an eine U-Kreuzung. Hier wenden wir uns dem geradeaus verlaufenden Weg zu und wandern durch lichten Nadelhochwald bis zur nächsten Kreuzung. An dieser weist ein Wegweiser nach links. Der Wald wird wieder gemischter, und der Wegverlauf flacht weiter ab. Dann passieren wir eine erste Waldwiese und stehen schließlich nach **8 km** am alternativen Einstiegspunkt, dem Wanderparkplatz Hohes Kreuz (4).

Wir laufen zur nahen Straße, biegen aber kurz davor scharf links auf den Forstweg ab. Der führt uns bei bester Sicht auf die ersten Ausläufer von Hollerath an der Revierförsterei vorbei zu einigen Häusern. An der Kreuzung kehren wir

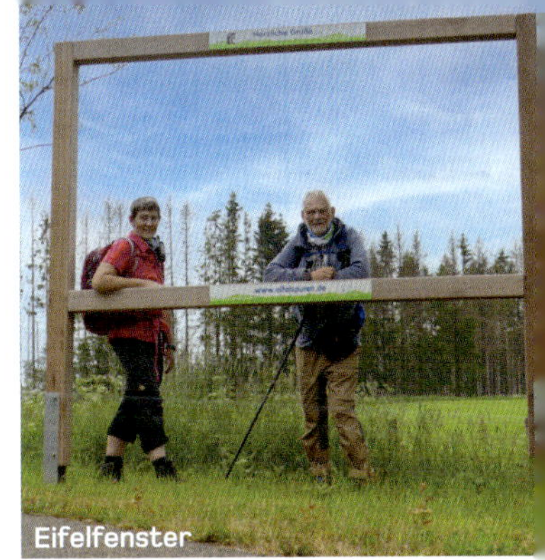
Eifelfenster

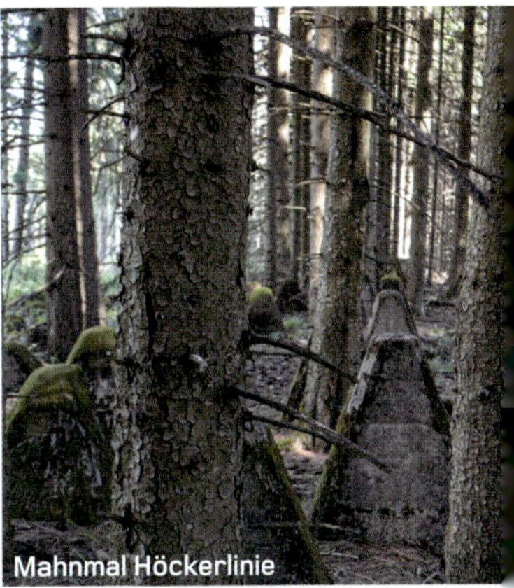
Mahnmal Höckerlinie

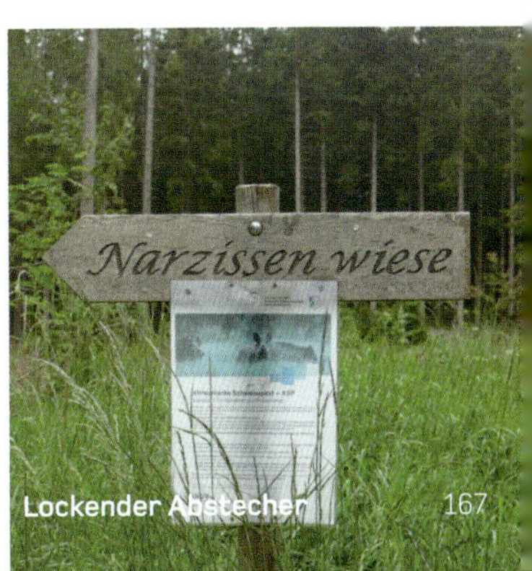

Lockender Abstecher

dem Ort zunächst wieder den Rücken und biegen links auf einen befestigten Waldweg ab. Er senkt sich rasch ab und führt uns zu einer Kreuzung. Hier wenden wir uns an einer Bank und Resten eines Bunkers (5) nach rechts.

Der anfangs noch lichte Nadelhochwald wandelt sich bald zum herrlich schattigen Laubmischwald und führt uns an den Mauerresten sanft talwärts. Kurz vor Erreichen des Waldrandes münden in einer Senke kurz nacheinander zwei Wege von links ein, wir laufen unbeirrt geradeaus und folgen dem nun asphaltierten Wirtschaftsweg durch Wiesen bergan.

Bei erster Gelegenheit wenden wir uns scharf links und folgen der schmalen Straße hinauf zu den Häusern. Bald stehen wir auf Höhe eines Spielplatzes an einer Kreuzung und wenden uns rechts der Volpertstraße zu. Sie führt uns zur Luxemburger Straße, die wir auf Höhe eines Gasthofs vorsichtig queren. Nun wandern wir durch die

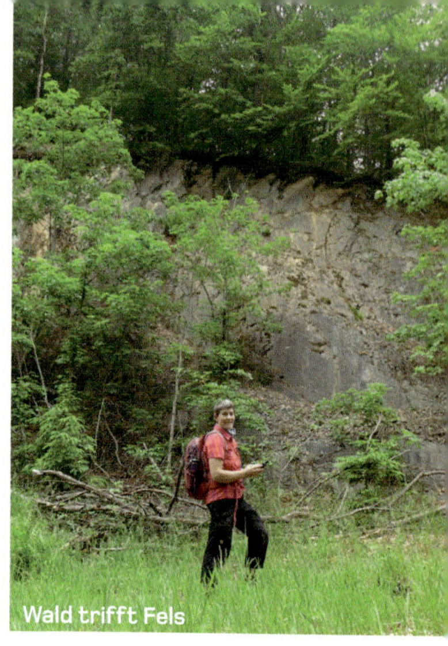
Wald trifft Fels

Prethtalstraße bergan zur Kirche (6). Hier schicken uns die Logos nach **10.7 km** rechts in die Kirchstraße.

Vorbei an einem weiteren Gastgeber folgen wir der ruhigen Nebenstraße durch den Ort, bis wir links in den Ramscheider Weg abbiegen. Der führt uns zu einem Haus, an dem wir rechts auf einen Asphaltweg wechseln, der uns wieder ins Grüne bringt.

Am Rand eines Wäldchens gabelt sich der Weg, wir aber laufen einfach geradeaus

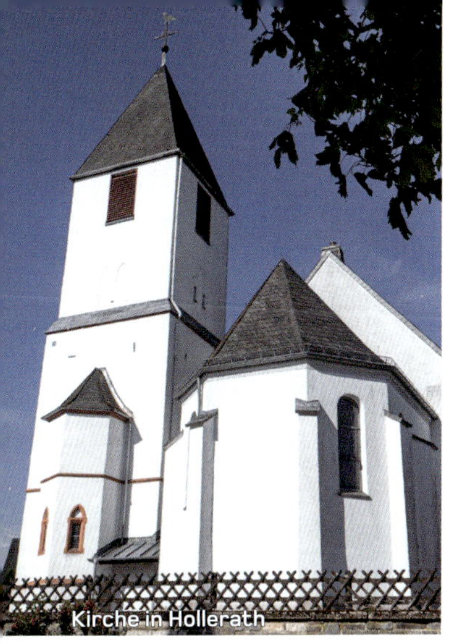
Kirche in Hollerath

bergan und freuen uns, als das Gehölz durchschritten ist und wir über die Wiesen links eine herrliche Panoramasicht genießen können. Der Asphaltweg steigt in sanftem Bogen Richtung Luxemburger Straße. Allerdings dürfen wir noch vorher links auf einen grob befestigten Weg abbiegen, der uns weiter durch die von Wiesen dominierte Landschaft nach Süden führt. Mit einigen Schlenkern gewinnen wir wieder sanft an Höhe, ein abzweigender Weg bindet einen nahen Gastgeber an.

Nach **12.1 km** treffen wir auf einen querenden Asphaltweg. Hier kann man rechts zum Parkplatz Hohes Kreuz wandern (7). Die eigentliche Route führt links und nur 20 m später wieder rechts entlang.

Auf asphaltiertem Grund passieren wir einige Weiden, laufen durch eine Senke, bevor sich der Weg hinauf zur Luxemburger Straße schwingt. Vorsichtig queren wir sie und biegen links zum Parkplatz (1) ab. Dort endet nach **13.1 km** diese mahnende, zugleich aber auch sehr anregende und kurzweilige Wanderung.

FAZIT

Der Weg nutzt immer wieder Naturwege, daher sind feste Wanderschuhe sinnvoll. Am schönsten erlebt man den Weg, wenn man im Uhrzeigersinn läuft.

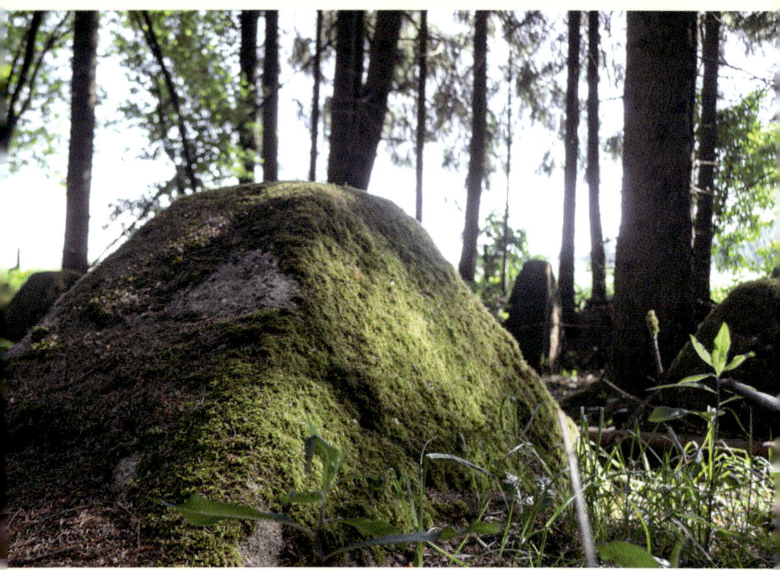

Über vieles wächst Moos

Der Westwall wurde im Auftrag von Hitler ab 1936 geplant und zwischen 1938 und 1940 errichtet. Es handelte sich um ein etwa 630 km langes Verteidigungssystem an der Westgrenze des damaligen Deutschen Reichs. Über 18 000 Bunker, Stollen und Gräben sowie Panzersperren bildeten eine ausgeklügelte militärische Abwehrlinie. Der Westwall sollte einen Feindeinfall von Westen verhindern und war mit unterschiedlichen Ausbauvarianten geplant. Nach dem Westfeldzug wurde im Sommer 1940 der Bau eingestellt, die Westwallbunker wurden entwaffnet und zweckentfremdet. Nach der Landung der Alliierten in der Normandie am 6. Juni 1944 versuchte man eine Reaktivierung. Ab Oktober 1944 wurde direkt am Westwall erbittert gekämpft. Trauriger Höhepunkt war die im Dezember 1944 gestartete Ardennenoffensive, die zahlreiche Opfer forderte, den Ausgang der Kampfhandlungen aber nicht mehr änderte.

Nordeifel Tourismus GmbH, Bahnhofstraße 13, 53925 Kall, 02441/99457-0, www.nordeifel-tourismus.de
- Tourist-Information Hellenthal (Rathaus Hellenthal) Rathausstraße 2, 53940 Hellenthal, 02482/85-115, www.hellenthal.de

Restaurant Alt Lehner, Luxemburger Str. 7, 53940 Hellenthal-Hollerath, 02482/125623
- Dorfschänke Hollerath, Kirchstraße 9, 53940 Hellenthal-Hollerath, 02482/1255023
- Hollerather Scheunencafé, Luxemburger Str. 17, 53940 Hellenthal-Hollerath, 02482/606177, www.hollerather-scheunencafe.de

Hotel Restaurant Hollerather Hof, Luxemburger Str. 44, 53940 Hellenthal-Hollerath, 02482/7117, www.holleratherhof.com
- Landhaus Eifelsicht, Luxemburger Str. 46, 53940 Hellenthal-Hollerath, 02482/1259973, www.landhauseifelsicht.de

Wohnmobilhafen am Weißen Stein, 53940 Hellenthal-Udenbreth, 02482/85115, www.hellenthal.de
- Wohnmobilstellplatz an der Oleftalsperre, 53940 Hellenthal, www.hellenthal.de
- Wildbach Camping, Platiß 1, 53490 Hellenthal, 02482/1500, www.wildbach-camping.de
- Eifel Camping, Dickerscheid 47, 53490 Hellenthal-Dickerscheid, 02482/2298, www.eifel-camping.de

Mit dem Zug nach Kall, weiter mit dem Bus nach Hellenthal. Von dort mit der Linie SB 81 nach Hollerath. Infos: www.rvk.de

Funk-Taxi Faber, Dronkestr. 48, 53937Schleiden, 02445/7811

Hunde können den Weg problemlos absolvieren. Zugang zu Wasser ist unterwegs Mangelware.

EIFELSCHLEIFEN

- Büllinger Hardt, ▸ 3.7 km
- 3 Bäche, ▸ 8.3 km
- Eisvogelwanderweg, ▸ 13.9 km
- Waldkapelle, ▸ 16.2 km

15 Auf den Spuren der Raubritter

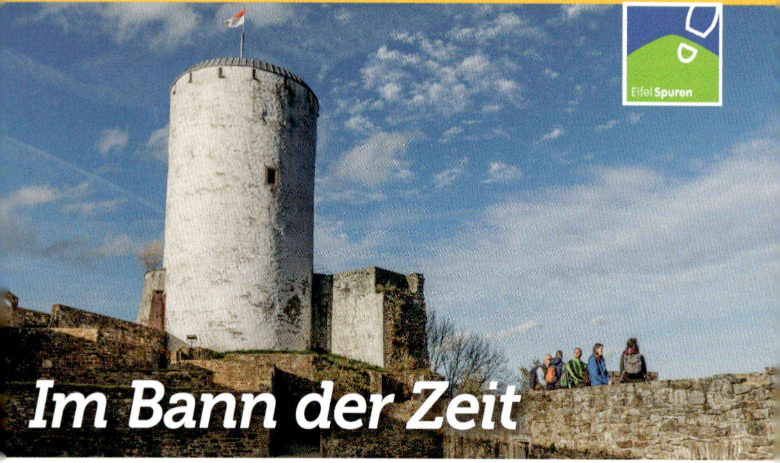

Eifel Spuren

Im Bann der Zeit

13.9	4h 30min	517	523	1081 1269	ESPX415
km					

Start/Ziel: Parkplatz Burg Reifferscheid

Anfahrt: A 1 bis Blankenheim, B 51 und B 258 nach Schleiden. In Schleiden B 265 nach Hellenthal-Blumenthal und weiter auf L 17 bis Reifferscheid.

Parken: Burg Reifferscheid
N50° 28' 39.9'' • E6° 27' 58.1''

P&R Bf. Hellenthal
N50° 29' 28.3''
E6° 26' 27.7''

scan to go®

Wegpunkte:

P1 Parkplatz Burg Reifferscheid
32 U 320223 5594827

P2 Aussicht & Sinnesbänke
32 U 319695 5595540

P3 Hellenthal Bahnhof
32 U 318619 5596261

P4 Sündentempelchen
32 U 318815 5596394

P5 Rastplatz am Kreuz
32 U 319762 5597095

P6 Burgwüstung
32 U 321053 5595530

P7 Burg Reifferscheid
32 U 320231 5594701

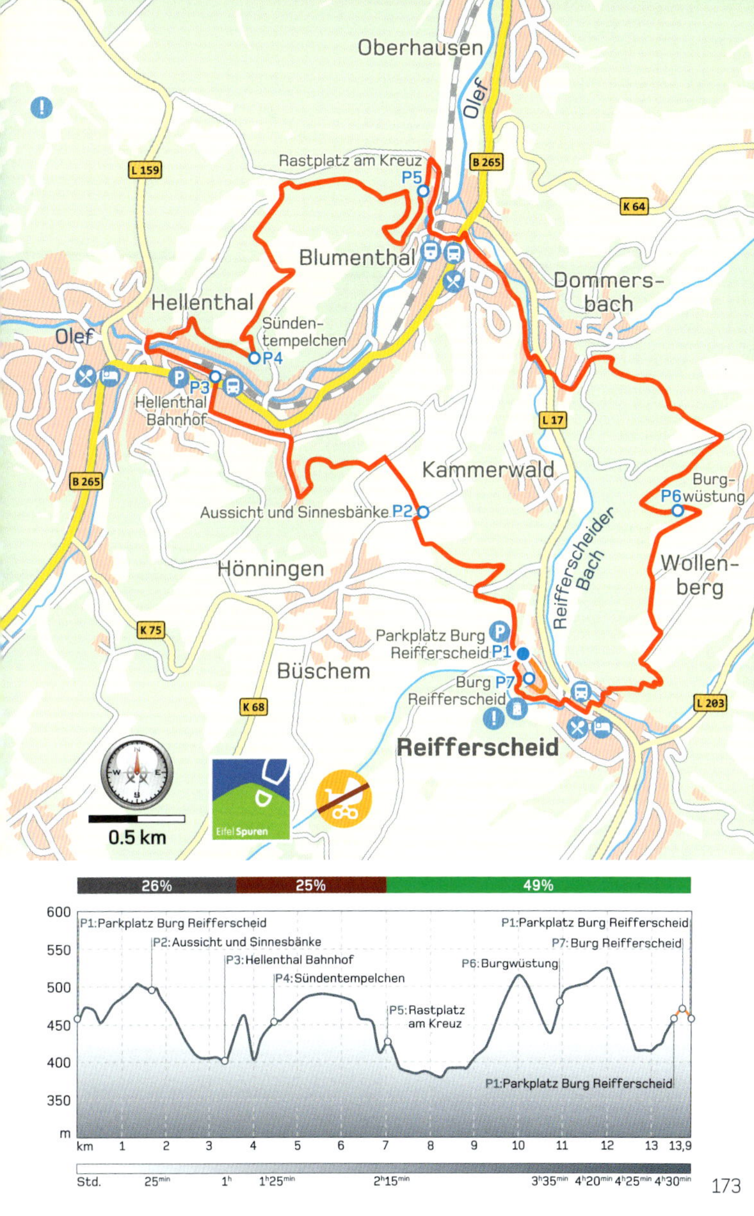

Oberhausen
Olef
B 265
L 159
Rastplatz am Kreuz
P5
K 64
Blumenthal
Dommers-
bach
Hellenthal
Olef
Sünden-
tempelchen
P4
P3
Hellenthal
Bahnhof
L 17
B 265
Kammerwald
Burg-
P6 wüstung
Aussicht und Sinnesbänke P2
Reifferscheider
Bach
Wollen-
berg
Hönningen
K 75
Parkplatz Burg
Reifferscheid P1
Burg P7
Reifferscheid
Büschem
K 68
L 203
Reifferscheid
0.5 km
Eifel Spuren
26%
25%
49%
600
550
500
450
400
350
m
P1: Parkplatz Burg Reifferscheid
P2: Aussicht und Sinnesbänke
P3: Hellenthal Bahnhof
P4: Sündentempelchen
P5: Rastplatz
am Kreuz
P6: Burgwüstung
P1: Parkplatz Burg Reifferscheid
P7: Burg Reifferscheid
P1: Parkplatz Burg Reifferscheid
km 1 2 3 4 5 6 7 8 9 10 11 12 13 13,9
Std. 25min 1h 1h25min 2h15min 3h35min 4h20min 4h25min 4h30min

Einen bunten Mix an herrlichen Weitblicken, ruhigen Waldpassagen und offenen Wiesenabschnitten bietet die Eifelspur „Auf den Spuren der Raubritter". Der Geschichte kommen wir bei einem Abstecher zur Burgruine Reifferscheid tatsächlich ganz nah und erleben in der pittoresken Burggasse noch etwas Fachwerkflair.

Am Parkplatz der Burg Reifferscheid (1) beginnen wir die Wanderung auf der Eifelspur „Auf den Spuren der Raubritter". Wir zügeln unsere Ungeduld auf diese Zeitreise und beschließen den Burgenrundgang für den Schluss aufzusparen.

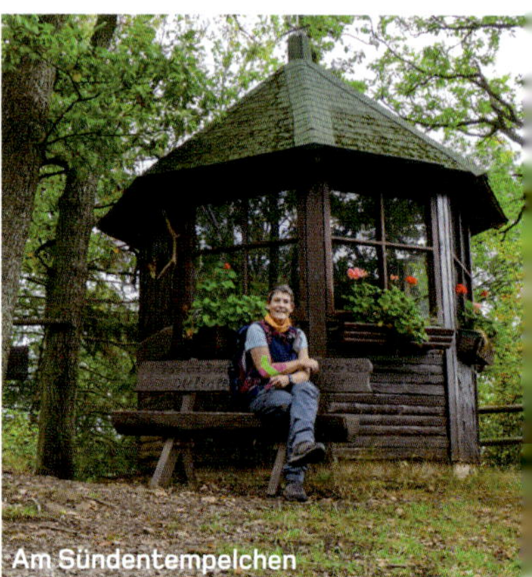
Am Sündentempelchen

Daher wenden wir uns von der Portaltafel nach links, laufen an der Grundschule vorbei und biegen bei erster Gelegenheit rechts ab. Vorbei am letzten Haus des Ortes erreichen wir rasch die Natur und folgen dem nur anfangs befestigten Weg sanft bergan. Abzweigende Wege ignorieren wir und laufen entlang des Waldrandes, bis wir nach **0.4 km** rechts einem Pfad in den Wald folgen.

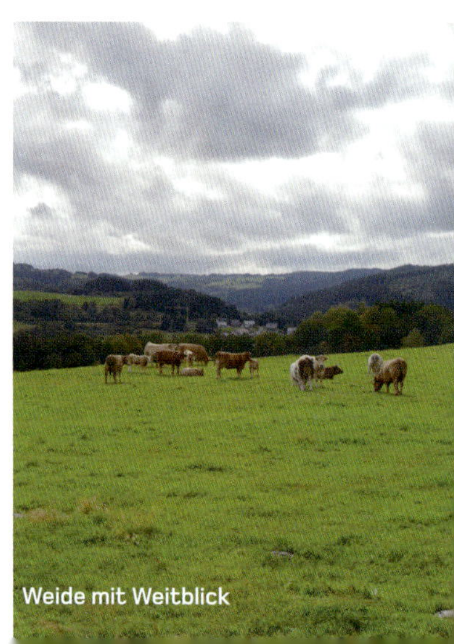
Weide mit Weitblick

Nun verlieren wir an Höhe und nähern uns einer kleinen Straße. An übersichtlicher

Stelle queren wir die Straße und wandern auf der anderen Seite sogleich wieder bergan in den Wald. Zunächst geht es durch artenreichen Mischwald, doch bald knickt unser Weg links ab und führt uns nun weiter ansteigend durch von Fichten dominierten Wald. Lange dauert auch diese Waldpassage nicht, denn langsam weichen die hohen Nadelbäume zurück und jung aufstrebende Vegetation begleitet uns in offene Flur.

Dort biegt die Route rechts ab und mündet an einem Wegweiser auf einen asphaltierten Feldweg. Wir wenden uns nach rechts und freuen uns, als wir schon 50 m später links auf einen Grasweg wechseln dürfen. Doch bevor wir durch wogende Wiesen sanft abwärts wandern, nehmen wir nach **1.4 km** die Einladung der beiden bereitstehenden Sinnesbänke (2) zur aussichtsreichen Pause gerne an.

Danach queren wir die Offenfläche des Züngesbenden, bis wir an einem befestigten Feldweg ankommen und ihm nach links folgen. Wenige Höhenmeter höher treffen wir an einer Bank auf einen abzweigenden Feldweg. Wir nutzen ihn, um rechts über eine Wiese zum nahen Wald zu gelangen. Der Waldweg umrundet eine Bergflanke und führt uns sanft talwärts. Ab und an erhaschen wir erste Blicke auf Hellenthal und können sogar die mächtige Staumauer der Oleftalsperre erkennen.

Der Wald entlässt uns in die Bebauung. Wir folgen der Straße rechts in den Hellenthaler Ortsteil Kirschseiffen. An der Kreuzung biegen wir links auf Kalberbenden ab, wandern durch das ruhige Wohngebiet und gelangen schließlich mit der Rathausstraße rechts hinunter zur Kölner Straße und ins Zentrum von Hellenthal (3).

Wir nutzen einen Zebrastreifen, um zum nahen Bahnhof zu gelangen und von dort links über den P&R Parkplatz zu laufen. So erreichen wir nach **3.8 km** den schön gestalteten Uferstreifen entlang der Olef.

Outdoor-Fitnessgeräte laden zur körperlichen Ertüchtigung ein, und ein Rastplatz bietet am Ufer Gelegenheit zum Verweilen.

Kurz folgen wir noch der Olef, bevor wir über die Brücke ans andere Ufer gelangen. Gemeinsam mit der Rur-Olef-Route, die uns nun ab und an begleitet, biegen wir rechts in die Hardtstraße ab. Wir laufen zum nahen Gelände der Firma Schoeller, bleiben noch auf dem Sträßchen und wechseln erst am Waldrand rechts auf einen schmalen Pfad. Der führt uns mit einigen Serpentinen stramm bergan.

Doch als wir an der Hangkante eintreffen, gibt es nicht nur zwei Bänke zum Verschnaufen, sondern wir dürfen nun - vorübergehend auch eben - durch den herrlichen Mischwald wandern. Felsen und knorrige, gedrungen gewachsene Eichen rücken nah an den Pfad und sorgen für eine tolle Wegbegleitung. Sportlicher wird es nach einer Weggabelung. Dort halten wir uns links und steigen die letz-

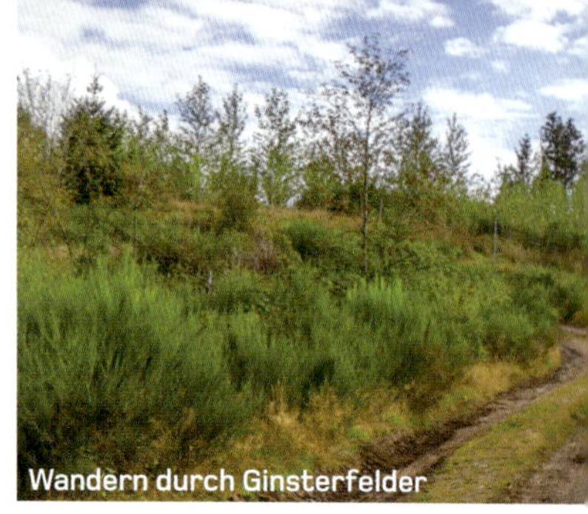

Wandern durch Ginsterfelder

ten Meter zum Sündentempelchen (4) auf. Diese urige kleine Schutzhütte bietet uns, ebenso wie die Bank und die Rastplätze, nach **4.5 km** eine willkommene Rastgelegenheit.

Schließlich rappeln wir uns wieder auf und folgen den Logos noch ein kurzes Stück durch den Wald, bis wir an einem Wegweiser am Waldrand auf einen Forstweg stoßen. Hier biegen wir links ab und folgen sogleich dem Weg um eine weite Rechtskurve.

Statt Wald umgeben uns nun weite, offene Wiesen und Weiden, von denen aus uns das Weidevieh neugierig beäugt. Nachdem wir an einer Bank links abgebogen sind und weitere Höhenmeter gutgemacht haben, genießen wir

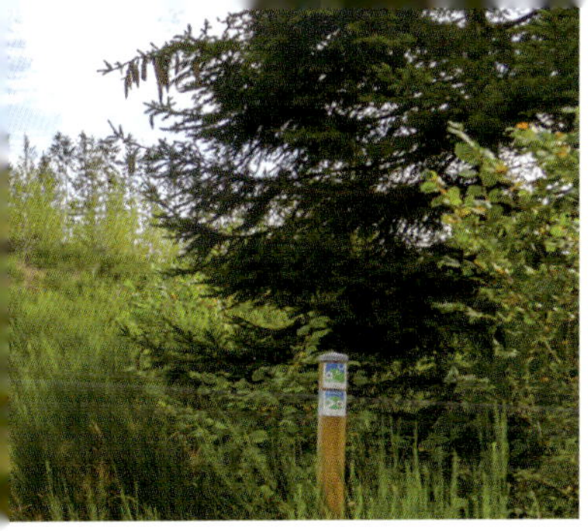

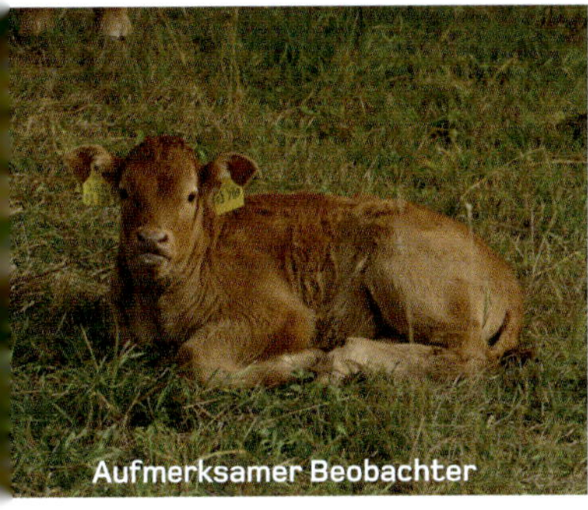

Aufmerksamer Beobachter

auch den tollen Ausblick auf die Umgebung und über das Oleftal. Mit einem leichten Schwenk nach links nähern wir uns wieder dem Wald, dessen Fichten bald Spalier stehen. Doch es ist nur ein kurzes Intermezzo, dann öffnet sich eine große Wiese, und wir können den Blick in die Ferne schweifen lassen. Das gelingt noch besser, nachdem wir bei **6.7 km** an einem Wegweiser scharf rechts abbiegen.

Auf bequemem Forstweg laufen wir fast ohne Höhendifferenz durch eine junge Christbaumpflanzung und genießen die Aussicht.

Wir bewegen uns nun an der Hangflanke des Kirchenberges. Nachdem wir ihn halb umrundet haben, schicken uns die Markierungen scharf links abwärts. Rasch verlieren wir deutlich Höhe und treffen schließlich auf einen Querweg, dem wir nach rechts folgen.

Nun erhaschen wir erste Blicke auf Blumenthal, das wir in Kürze durchqueren werden. Doch zunächst widmen wir uns wieder dem Waldwandern und dürfen dabei den abrupten Knick nach links abwärts nicht verpassen.

Gemeinsam mit der Rur-Olef-Route meistern wir den etwas holprigen steilen Abstieg und atmen auf, als wir auf einen querenden Weg stoßen. Nun geht es links weiter und sogar einige Meter bergan, bevor wir nach **7.1 km** an einem hohen Holzkreuz mit Rastplatz (5) eintreffen.

Mit frischen Kräften setzen wir die Tour fort und kommen sogleich ins Schwärmen, denn auf weichem Graspfad führt uns die Eifelspur nun durch Jungwald, Ginsterhecken und Birkenhaine. Die großartige Natur begleitet unseren Abstieg ins Tal, wo wir auf einen Asphaltweg stoßen und uns rechts halten.

Bald erreichen wir die Talaue und laufen nun neben den Gleisen der Oleftal-Bahn in den Ort. Wir überwinden die Olef und queren kurz darauf gleich zweimal die Bahngleise. Zwischen Häusern und Olef wandern wir dann bis zur Brücke Am Kirchenberg, wo wir ein letztes Mal die Bahnstrecke kreuzen. Über die Bahnhofstraße passieren wir einen Parkplatz und gelangen zur Schleidener Straße im Ortskern von von Blumenthal.

Hier bringt uns eine Ampel sicher auf die andere Seite. Wir wenden uns nach links und dürfen wenige Schritte später nach **8 km** rechts in die Gasse Fuchsloch abbiegen.

Schnell bleibt die Bebauung hinter uns, und am letzen Haus tauchen wir auf einem Fußweg in den Wald ein. Neben einem stillgelegten Mühlkanal wandern wir unter dem Wipfeldach. Für Abwechslung sorgt die Geologie, denn neben einigen Felsen passieren wir auch ein altes Stollenloch und einen Aufschluss.

Mit einem kleinen Schlenker erreichen wir den Rand eines Gewerbebetriebs und stoßen schließlich auf eine Zufahrtsstraße. Dieser folgen wir nach links und stehen wenige Meter später an der viel befahrenen L 17 am Ortsrand von Dom-

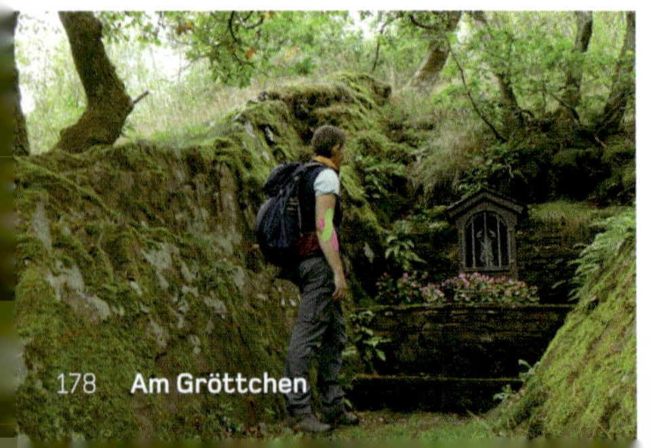

Am Gröttchen

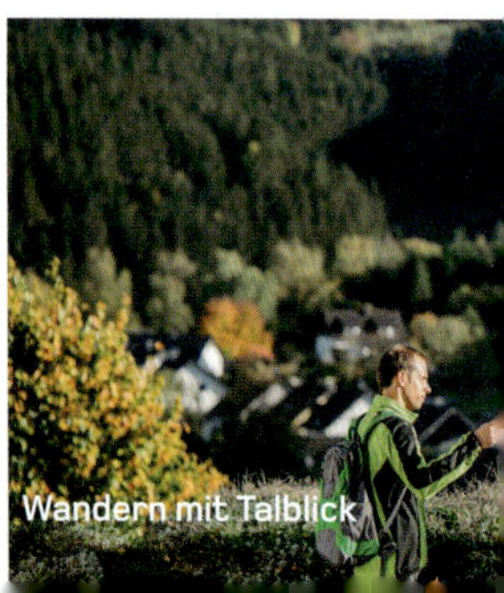

Wandern mit Talblick

mersbach. Vorsichtig und zügig queren wir die Straße und laufen auf der anderen Seite rechts entlang des Banketts.

Etwa 100 m später schwingt sich unsere Eifelspur nach **9 km** bergan und bringt uns von der Straße weg. Nach kurzer Gehölzpassage erreichen wir das Neubaugebiet von Dommersbach. Wir folgen der Anwohnerstraße und dürfen vorbei am letzten Haus zurück in die Natur. Kurz geht es bergan, dann schwenkt der Weg links um und führt uns zunächst hangparallel bei schöner Sicht oberhalb der Bebauung entlang.

An einem querenden Asphaltweg halten wir uns halb rechts und beginnen den langen und sportlichen Anstieg auf den Kuhberg. Zunächst erobern wir im Hochwald Schritt für Schritt den Berg, bald aber wird die Vegetation niedriger, und im Sommer begleiten herrlich gelb leuchtende Ginster den weiteren Aufstieg. Abzweigende Wege ignorieren wir und folgen den Logos stetig bergan. Schließlich ist es geschafft, wir überschreiten eine Kuppe und erblicken vor uns saftige Weiden. Beschwingt wandern wir sanft abwärts zum Waldrand, wo wir halb rechts auf einen Waldweg wechseln.

Er führt uns zügig unters Blätterdach. Wir verlieren schnell an Höhe, und bald begleitet uns ein kleiner Bach. Kurz nachdem unser Weg ihn gequert hat, ist Aufmerksamkeit gefragt, denn nun knickt die Eifelspur scharf links ab. Anfangs gilt es einen sehr steilen Hang zu erobern. Nur gut, dass wir noch immer im

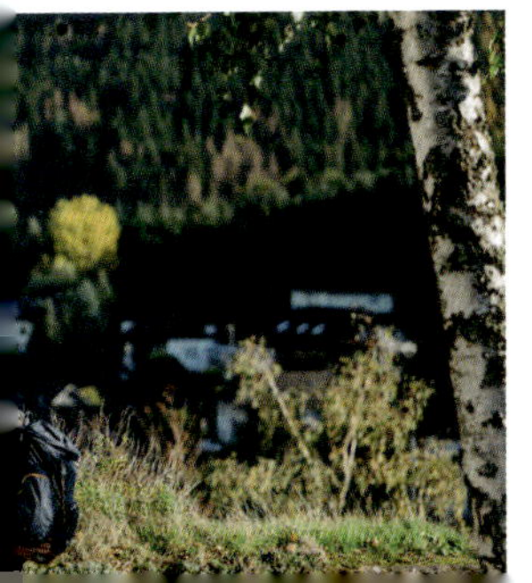

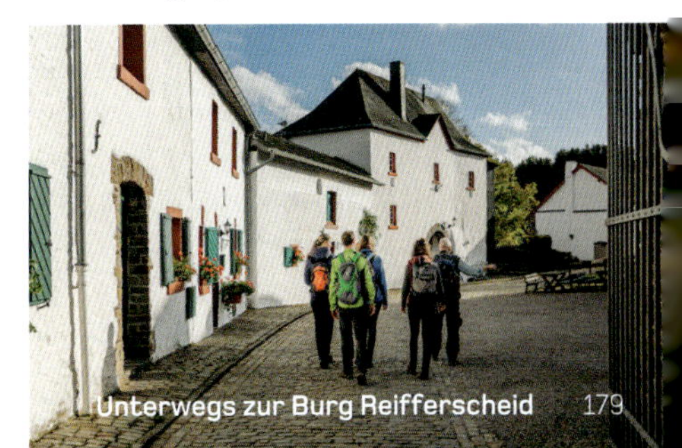

Unterwegs zur Burg Reifferscheid

schattigen Wald unterwegs sind. Als der Weg etwas nach links biegt, wird der Anstieg flacher und nach **11 km** erreichen wir eine Infotafel zur längst vergangenen Burgwüstung Altenberg (6).

Wir setzen den Aufstieg fort und freuen uns, als wir den Wald verlassen und rechts auf einen nur noch gemächlich ansteigenden Wiesenweg abbiegen dürfen. Links breiten sich Wiesen und Felder aus. Nachdem wir einen Querweg ignoriert haben, können wir auch nach rechts eine herrliche Fernsicht genießen, treffen nach **11.9 km** auf einen asphaltierten Weg und biegen rechts ab.

Nun sind es nur noch wenige Schritte, dann überschreiten wir den höchsten Punkt der heutigen Tour: Wir sind auf dem Hohleberg und genießen an einem Rastplatz eine gemütliche Pause. Die Tour biegt an dieser Stelle links auf einen sehr schmalen Pfad ab, der leider – Vorsicht ist geboten! – auch von Mountainbikern frequentiert wird.

! **Beim teils sehr steilen Abstieg über etliche Serpentinen aufmerksam auf Biker achten.**

Der Pfad verlangt stellenweise Trittsicherheit und volle Aufmerksamkeit und führt uns durch teils dichten Wald hinunter ins Tal des Reifferscheider Baches. Etwas unvermittelt treffen wir im Tal ein und gelangen über eine Treppe auf das Gelände eines holzverarbeitenden Betriebes.

Wir wenden uns nach rechts und laufen am Ende der großen Halle links zum Steg über den Bach. Nun können wir einige Meter über die Wiese zum nahen Eifelblickfenster und Rastplatz laufen. Ein wunderschöner Blick: Mächtig thront der Bergfried der Burg hoch über dem Ort. Da müssen wir nun noch hinauf.

So queren wir nach **12.7 km** zunächst die L 17, passieren einen Parkplatz und biegen dann rechts auf „Im Tal" ab. Wir befinden uns nun im unteren Ortsteil von Reifferscheid und dürfen den Abzweig nach

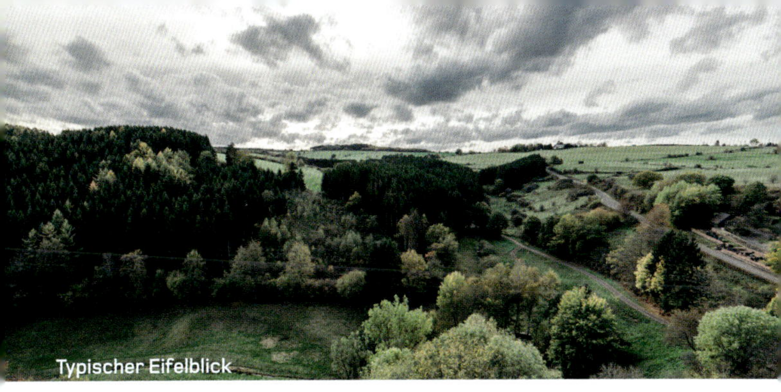
Typischer Eifelblick

links auf „In den Weihern“ nicht übersehen. Die schmale Gasse bringt uns rasch zurück in die Natur. Schafweiden säumen unseren Weg, und auch ein weiterer Rastplatz steht zur Verfügung.

Kurz danach wechseln wir rechts auf einen Pfad und beginnen den Endanstieg zur Burg. Vorbei am idyllischen „Gröttchen“ gewinnen wir an Höhe und gelangen nach **13.5 km** an den Parkplatz der Burg (1). Bevor wir die Wanderung aber abschließen, steht nun der Besuch bei den Raubrittern an. Dafür biegen wir rechts ab, laufen durch das Burgtor und gelangen mit dem Zehntweg in den historischen Ortskern. Im Bogen erobern wir die Burgruine (7) und schnuppern Mittelalterflair.

Nach ausgiebigem Rundgang bietet sich auf dem Rückweg ein Besuch im Café an, bevor es durch die pittoreske Fachwerkidylle zurück zum Parkplatz (1) geht, wo diese Tour nach nun **13.9 km** endet.

FAZIT

Aufgrund seiner Länge und seines Profils verlangt der Weg gute Kondition. Festes Schuhwerk, Regen- oder Sonnenschutz und ausreichend Rucksackverpflegung und Getränke sind wichtig. Am schönsten erlebt man den Weg, wenn man ihn im Uhrzeigersinn läuft.

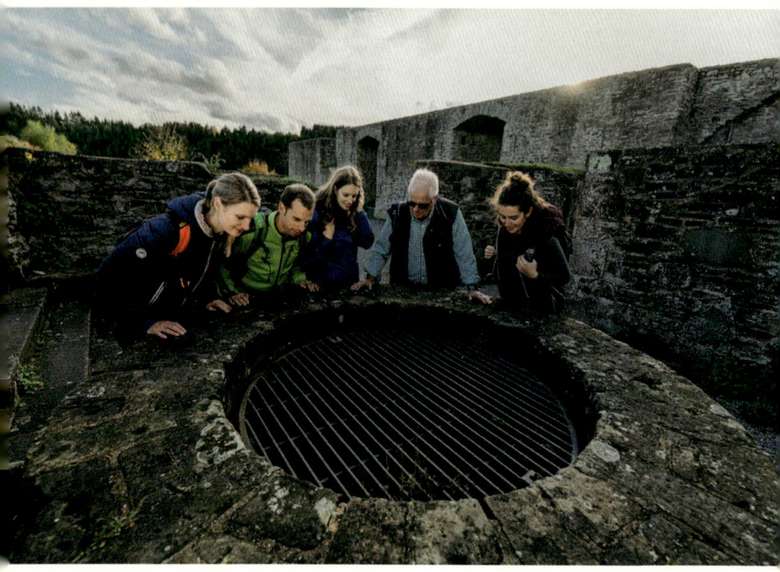

Die Eifel im Rundumblick

Stolz reckt sich die Burg Reifferscheid in den Himmel und wacht noch heute über die kleine Gemeinde. Die typische mittelalterliche Höhenburg der Grafen von Salm-Reifferscheid taucht erstmals 1106 in Urkunden auf. 1669 kam es zu einem verheerenden Brand, dem die Burg und große Teile des Oberdorfes zum Opfer fielen. Beim Wiederaufbau wurde die Burganlage im Geist der Zeit umgestaltet und bekam ein barockes, eher schlossartiges Erscheinungsbild. Nach erneuter Zerstörung und Instandsetzung wurde die Burg 1805 versteigert. Sie verfiel und wurde von der Bevölkerung auch als Steinbruch für den Bau von Häusern genutzt. Lohnenswert ist der Aufstieg alleine schon wegen der fantastischen Aussicht. Heute kann man die Vorburg, die Ringmauer mit zwei Stadttoren und Reste des barocken Schlosses erkunden.

ⓘ www.nordeifel-tourismus.de

Nordeifel Tourismus GmbH, Bahnhofstraße 13, 53925 Kall, ✆ 02441/99457-0, ⓘ www.nordeifel-tourismus.de
▪ Tourist-Information Hellenthal (Rathaus Hellenthal) Rathausstraße 2, 53940 Hellenthal, ✆ 02482/85-115, ⓘ www.hellenthal.de

Restaurant Zur Kupferhardt, Im Tal 36, 53490 Hellenthal-Reifferscheid, ✆ 02482/606505, ⓘ www.restaurant-kupferhardt.de
▪ Bäckerei-Café Ballmann, Schleidener Str. 3, 53490 Hellenthal-Blumenthal, ✆ 02482/2239
▪ Grenzlandstuben, Aachener Straße 8,53940 Hellenthal, ✆ 2482/1252270 www.grenzlandstuben.com
▪ Ali's Pizzeria, Kölner Str. 44, 53490 Hellenthal, ✆ 02482/425435, ⓘ www.alis-pizzeria.de

Hotel Pension Haus Berghof, Bauesfeld 16, 53940 Hellenthal, ✆ 02482/7154, ⓘ www.hotel-berghof-hellenthal.de
▪ Gästehaus im Tal 18, Im Tal 18, 53490 Hellenthal-Reifferscheid, ✆ 02482/1569, ⓘ www.gaestehaus-im-tal.de

Wohnmobilhafen am Weißen Stein, 53940 Hellenthal-Udenbreth, ✆ 02482/85115, ⓘ www.hellenthal.de
▪ Wohnmobilstellplatz an der Oleftalsperre, 53940 Hellenthal, ⓘ www.hellenthal.de
▪ Wildbach Camping, Platiß 1, 53490 Hellenthal, ✆ 02482/1500, ⓘ www.wildbach-camping.de
▪ Eifel Camping, Dickerscheid 47, 53490 Hellenthal-Dickerscheid, ✆ 02482/2298, ⓘ www.eifel-camping.de

Zug bis Bf. Kall und Buslinie SB 81 nach Hellenthal. Dann Buslinien 837 oder 838 bis Reifferscheid. ⓘ www.rvk.de

TAXI Funk-Taxi Faber, Dronkestr 48, 53937 Schleiden, ✆ 02445/7811

Hunde mit guter Ausdauer können den Weg absolvieren. Unterwegs gibt es in der Regel keinen Zugang zu Wasser.

EIFELSCHLEIFEN

- Hellenthaler Panorama, ▸ 3.4 km
- Vom Ferkelsberg zum Kuhberg, ▸ 7.0 km
- Zu den Denkmälern, ▸ 8.3 km
- Bleiberg, ▸ 10.5 km
- Wildenburgsteig, ▸ 12.2 km

16 Wildnispfad

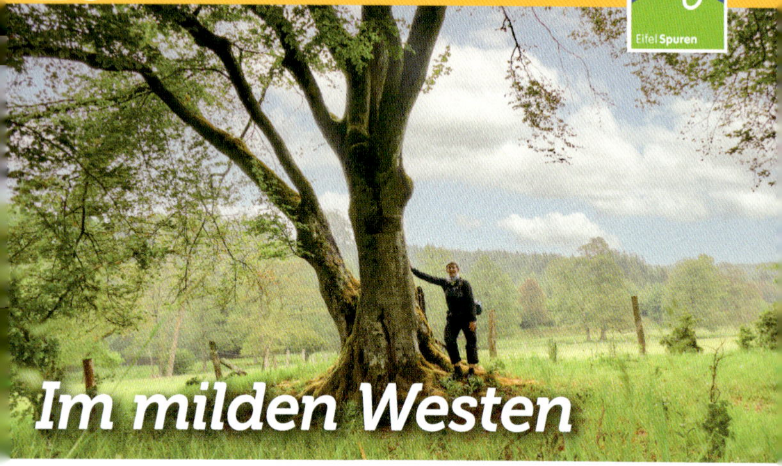

Eifel Spuren

Im milden Westen

17.1	5h	280	610	1094 1285	
km		↑ ↓			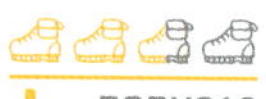 ESPX316

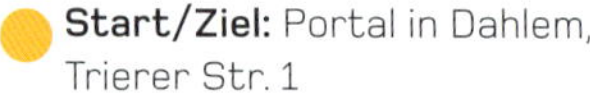

Start/Ziel: Portal in Dahlem, Trierer Str. 1

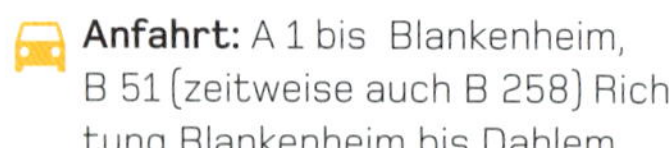

Anfahrt: A 1 bis Blankenheim, B 51 (zeitweise auch B 258) Richtung Blankenheim bis Dahlem.

Parken: Dahlem, Bahnstr. 10 (Außer Wochenmarkt)
N50° 23' 11.2'' · E6° 32' 49.1''
Wanderparkplatz Binz
N50° 24' 23.4'' · E6° 30' 54.1''

scan to go®

Wegpunkte:

P1 Dahlem Kirche
32 U 325585 5584475

P2 Abtei Maria Frieden
32 U 323779 5585679

P3 Parkplatz Binz
32 U 323425 5586781

P4 Sinnesbank Arnikaheide
32 U 324095 5587564

P5 Rastplatz am Moos Kreuz
32 U 322014 5588701

P6 Rastplatz an der Simmel
32 U 322193 5585920

P7 Rastplatz am Böckersbach
32 U 322804 5585509

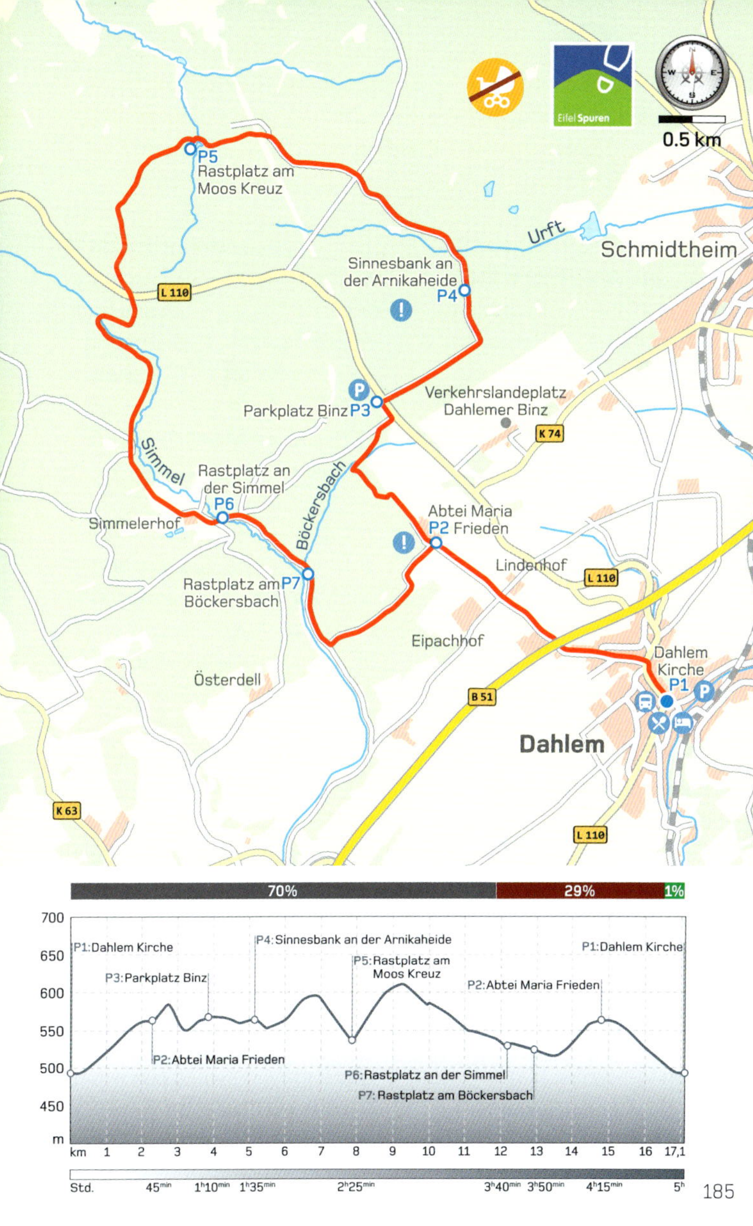

Eifel Spuren
0.5 km
P5
Rastplatz am
Moos Kreuz
Urft
Schmidtheim
Sinnesbank an
der Arnikaheide
P4
L 110
Verkehrslandeplatz
Dahlemer Binz
Parkplatz Binz P3
K 74
Simmel
Rastplatz an
der Simmel
P6
Böckersbach
Abtei Maria
P2 Frieden
Simmelerhof
Lindenhof
L 110
Rastplatz am P7
Böckersbach
Eipachhof
Dahlem
Kirche
P1
Österdell
B 51
Dahlem
K 63
L 110
70%
29%
1%
700
650
600
550
500
450
m
P1: Dahlem Kirche
P3: Parkplatz Binz
P4: Sinnesbank an der Arnikaheide
P5: Rastplatz am
Moos Kreuz
P2: Abtei Maria Frieden
P1: Dahlem Kirche
P2: Abtei Maria Frieden
P6: Rastplatz an der Simmel
P7: Rastplatz am Böckersbach
km 1 2 3 4 5 6 7 8 9 10 11 12 13 14 15 16 17,1
Std. 45min 1h10min 1h35min 2h25min 3h40min 3h50min 4h15min 5h

Urwüchsige Waldpassagen, duftende Arnikaheide und idyllische, stille Täler sorgen für Entspannung: Der Wildnispfad führt uns auf durchweg bequemen Wegen mitten durch die vielfältige und artenreiche Waldlandschaft bei Dahlem. Eine Wellness-Runde, um Energie für den Alltag zu tanken.

Mitten in Dahlem (1) starten wir an der Kirche zu unserer Rundtour auf dem Wildnispfad. Zunächst folgen wir der Kölner Straße noch etwas bergan, dann biegen wir links in die Ursprungstraße ab und laufen zügig zum Ortsrand.

Mit leichtem Schwenk nach rechts unterqueren wir die Hochbrücke der B 51 und erreichen die offene Landschaft. Stets dem asphaltierten Sträßchen zum Kloster folgend, gewinnen wir rasch an Höhe. Den Querweg zum Lindenhof ignorieren wir ebenso wie den nächsten Weg und behalten inzwischen bei bester Rundumsicht die Gehrichtung bei.

Nach **2.3 km** ist es dann geschafft, und wir stehen am Tripelpunkt der Runde: Denn hier an der Abtei Maria Frieden (2) beginnt der eigentliche Rundkurs, den wir gegen den Uhrzeigersinn erkunden wollen. Daher laufen wir an der Pforte des Klosters und einem Rastplatz vorbei und freuen uns, als der Asphalt endet und wir auf nur noch befestigter Strecke unterwegs sind.

Wir genießen den freien Blick über wogende Wiesen, und nach **2.7 km** steht sogar eine Bank zum Ausschauhalten bereit. Kurz darauf tauchen wir wieder in den Wald ein und wenden uns an einer Wegkreuzung scharf nach rechts. Nun senkt sich der Wildnispfad deutlich ab und führt uns erst mal ins Tal des Simmeler Baches.

Dort angelangt, stoßen wir auf einen bequemen Forstweg, dem wir uns nach rechts anvertrauen. Mit leichtem Höhengewinn wandern wir durch das idyllische Tal. An einem breiten Forstweg laufen

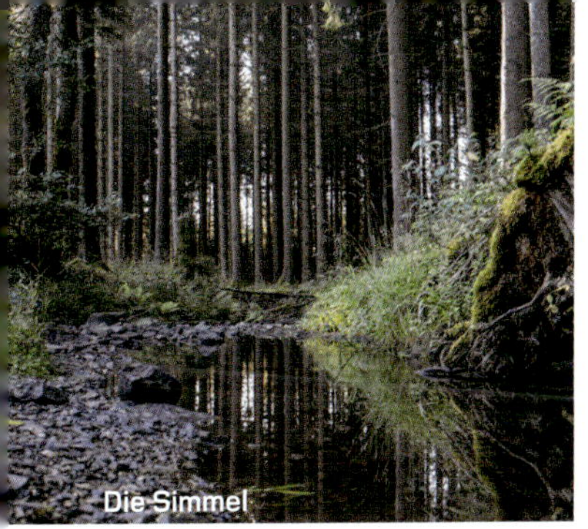
Die Simmel

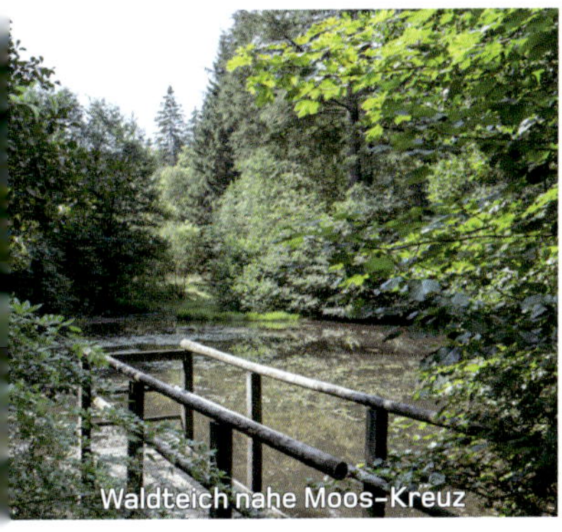
Waldteich nahe Moos-Kreuz

wir halb rechts weiter und erreichen bald die L 110. Doch zunächst folgen wir noch dem Bankettweg nach links zum nahen Wanderparkplatz Binz (3), der sich auch als alternativer Einstiegsort eignet. Erst hier queren wir nach **3.9 km** die Straße und folgen auf der anderen Seite einem Wirtschaftsweg durch den halbhohen Wald.

Langsam verklingen die Geräusche der Straße und der Wald wird vielfältiger. Einen besonderen Szenenwechsel erleben wir nach **4.8 km**, als sich links eine Wiese öffnet. Eine Bank lädt zum Verweilen ein. Zur richtigen Jahreszeit fallen die sattgelb leuchtenden Blüten der Arnika auf, bekannt als Heilpflanze.

Wir treffen an einer Kreuzung mit Wegweiser ein und folgen dem Wildnispfad nun nach links. Ganz gemächlich gewinnen wir etwas Höhe und dürfen dabei immer wieder Einblicke in die feuchten Wiesen der Simmeler Bachaue genießen. Dann öffnet sich eine Heidefläche und unser Glück ist perfekt, als wir an der folgenden Kreuzung eine urbequeme Sinnesbank (4) für die entspannte Pause vorfinden. Bestens erholt, setzen wir die Wanderung fort, die uns nun mit leichtem Gefälle auf bequemem Weg durch den Wald führt.

Nach **5.5 km** vernehmen wir ein leises Rieseln, dem wir sogleich auf den Grund gehen.

Und tatsächlich quert unser Weg die junge Urft, die an dieser Stelle seit ihrer Quelle erst einen knappen Kilometer zurückgelegt hat. Wenige Schritte später passieren wir eine Mehrfachkreuzung, an der wir unbeirrt halb links weiterwandern. Sanft ansteigend erkunden wir auf dem Wildnispfad den auffallend abwechslungsreichen Wald: Eben noch unter rauschenden Wipfeln, folgen Areale mit Jungbirken, die nahtlos in Mischwald übergehen, bevor erneut Fichten die Regie übernehmen.

Dank der guten Markierung meistern wir auch mehrere Kreuzungen mit Querwegen ohne Schwierigkeiten. Nach **7 km** biegen wir an einer Kreuzung scharf rechts ab und verlieren spürbar an Höhe.

Nach deutlichem Abstieg gabelt sich der Weg, und wir halten uns links, um kurz darauf den Wald zu verlassen und unter der Trasse einer Stromleitung hindurchzulaufen. Und wieder dürfen wir in das üppige Grün des Waldes eintauchen, der zunächst von erhabenen Buchen dominiert wird, die links des Weges und entlang des Rotbaches in den Himmel streben. Doch der stete Wechsel bleibt Programm, und so verändert sich das Waldbild ständig.

Ein kleiner See mitten im Wald setzt nach **7.9 km** einen unerwarteten, neuen Akzent. Wir folgen dem Nordufer und erreichen die Kreuzung am Moos Kreuz (5), wo uns auch ein Wegweiser, ein Rastplatz und eine Sinnesbank erwarten. So lässt sich die Ruhe des Waldes besonders intensiv genießen.

Nach ausgiebiger Pause wenden wir uns dem nun wieder deutlich ansteigenden Weg zu und erobern den Hochwald. Wieder begeistert uns der stete Wechsel von Nadel- und Laubwald und lässt uns die Anstrengung des Aufstiegs vergessen. Einige Wege münden auf unseren Wildnispfad, und allmählich flacht der Wegverlauf ab. Schließlich überschreiten wir eine Kuppe und erkennen voraus bereits wieder die L 110.

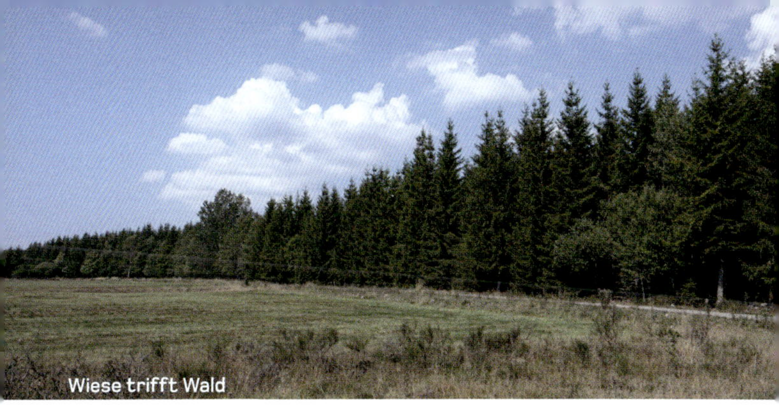
Wiese trifft Wald

Nach **9.5 km** queren wir die Straße vorsichtig und folgen auf der anderen Seite einem Forstweg sofort wieder in den dichten Dahlemer Wald. Rasch senkt sich die Route ab, und schon bald queren wir den munteren Simmeler Bach.

Er wird für die nächsten Kilometer unser steter Begleiter, denn unser Weg verläuft nur wenig oberhalb des Wasserlaufs. Doch nicht nur der Bach, auch der herrliche vielstufige Wald sorgen für Hochstimmung. Wieder münden ab und an Seitenwege ein, doch wir laufen unbeirrt stets geradeaus weiter.

Nach **11.6 km** ist es dann mal wieder Zeit für den nächsten Szenenwechsel: Der wird von einer stattlichen Kastanie eingeläutet, die ihre Krone mitten unter den Waldbäumen emporreckt. Nur wenige Schritte später verlassen wir den Wald und freuen uns daran, den Blick über Wiesen hinab zur Talaue des Simmel schweifen zu lassen. Doch besonders eine uralte Buche zieht unsere Blicke magisch auf sich.

Durch eine Kastanienallee wandern wir zum nahen Simmelerhof. Wir passieren die Gebäude, lassen einen Weg nach links unbeachtet und erreichen eine Kreuzung mit Wegweiser: Hier stößt der Dahlemer Quellenpfad zu uns. Gemeinsam wenden wir uns nach links und laufen auf asphaltiertem Weg zum Simmelbach. Kaum haben wir ihn gequert, lädt uns nach **12.2 km** ein schön gestalteter Rastplatz (6) am Ufer des Baches zur Wald-Wasser-Pause.

Auch im weiteren Verlauf bleibt unser Weg nahe am Simmelbach. Denn an der nächsten Kreuzung, an der sich der Quellenweg wieder von uns trennt, biegen wir rechts ab und folgen weiter dem idyllischen Tal und Bachlauf.

Die Natur zieht nun alle Register und begeistert uns mit einer grandiosen Mischung zahlreicher Pflanzen von der bunten Blume bis zum knorrigen Baumveteran. Dazwischen rieselt der Bach talwärts, und die gefiederten Waldbewohner entzücken uns mit ihrem Gesang.

Nach **13 km** queren wir dann zuerst den Böckersbach, um nur wenige Schritte später den nächsten sehr einladenden Rastplatz (7) mit Sinnesbank zu erreichen. Diese

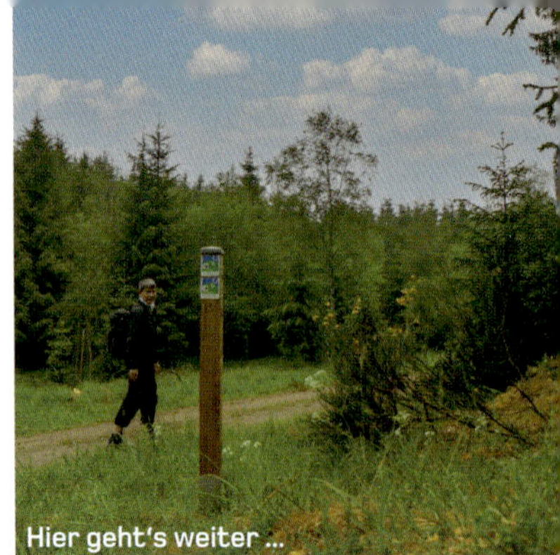
Hier geht's weiter ...

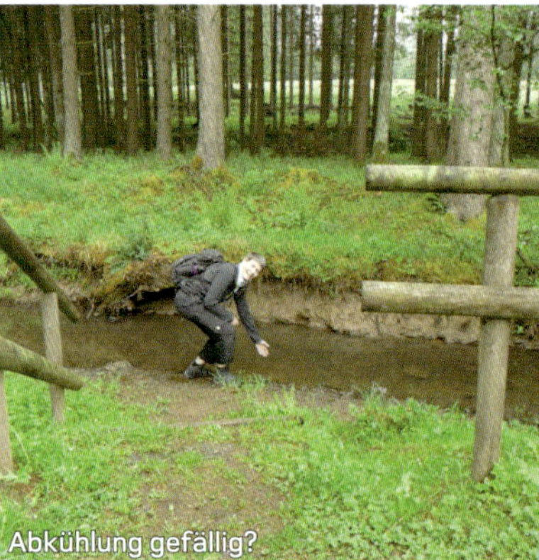
Abkühlung gefällig?

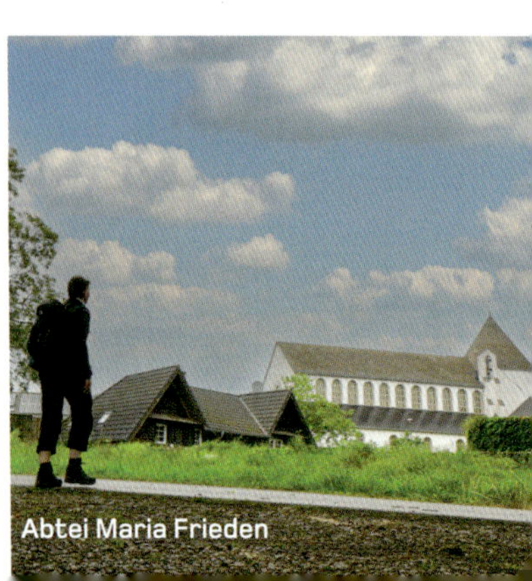
Abtei Maria Frieden

Erholungspause im Grünen haben wir uns nun wirklich verdient. Nach erholsamer Pause wandern wir auf dem angenehmen Talweg und schwelgen in der herrlichen Natur und Ruhe.

Auenvegetation wechselt mit kleinen Wiesenarealen, und besonders im Frühsommer erfreuen uns zahlreiche Blüten, von der Flockenblume bis zum Wiesenschaumkraut. Viel zu schnell endet diese idyllische Passage an einer Kreuzung. Hier schickt uns neben einer Bank ein Wegweiser scharf links in ein Seitental.

Entspannt beginnen wir den Rückanstieg zum Kloster, der sich auf dem befestigten Forstweg bestens bewältigen lässt. Schattiger Wald sorgt für wohltuende Kühle, während wir Schritt für Schritt Höhe gewinnen. Schließlich flacht der Wegverlauf ab, und wir werden in die offene Wiesenlandschaft entlassen. Und wie auf Bestellung bietet sich eine letzte geschwungene Sinnesbank zur Verschnaufpause an. Danach folgen wir dem Weg entlang des Waldrandes, bis wir nach **14.8 km** wieder vor dem Portal des Klosters (2) stehen und sich unsere Runde schließt.

Zurück nach Dahlem folgen wir der schmalen Straße sanft bergab. Anfangs können wir noch den tollen Rundumblick genießen, dann erreichen wir die ersten Häuser und treffen an der Kölner Straße ein. Wir biegen rechts ab und stehen nach **17.1 km** wieder am Startpunkt neben der Kirche mitten in Dahlem (1).

FAZIT

Aufgrund seiner Länge verlangt der Weg gute Ausdauer. Festes Schuhwerk, Regen- oder Sonnenschutz und ausreichend Rucksackverpflegung und Getränke sind wichtig. Am schönsten erlebt man den Weg, wenn man ab dem Tripelpunkt gegen den Uhrzeigersinn läuft.

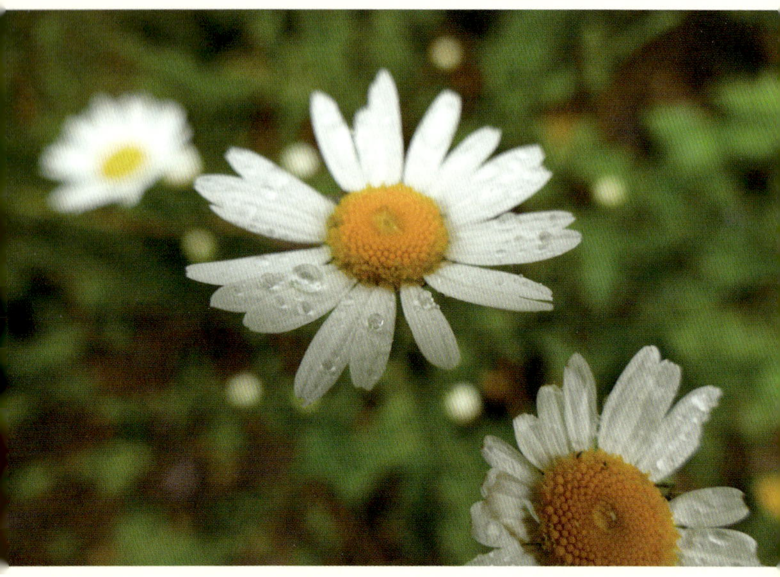

Auf der Wasserscheide

Unweit von Dahlem erstreckt sich ein bewaldeter, flacher Hochrücken, der sogenannte „Dahlemer Binz". Auf dem Höhenrücken verläuft die Wasserscheide zwischen Rhein und Maas. Charakteristisch für den Dahlemer Binz sind die oft nassen, tonhaltigen Böden, die einen idealen Lebensraum für Ginster, Heide und Sauergräser, sogenannte „Borstwiesen", bieten. Die Vielfalt an Arten ist erstaunlich, und besonders die seltene Arnika fühlt sich auf den Feuchtwiesen rund um Dahlem wohl. Kein Wunder also, dass sich in der Umgebung einige Naturschutzgebiete befinden, die dem Wanderer tolle Einblicke bieten. Eine besondere Naturlandschaft erschließt der Moorpfad, ein örtlicher Rundwanderweg östlich von Dahlem, der mitten durch das Hangmoor „In der Wasserdell" führt und dabei Heidemoorflächen, Faulbaumgebüsche und einen Erlenbruchwald berührt. Dank eines Bohlenstegs ist das Moor auch mit Rollstuhl oder Kinderwagen zugänglich. ⓘ *www.dahlem.de*

Nordeifel Tourismus GmbH, Bahnhofstraße 13, 53925 Kall, 02441/99457-0, www.nordeifel-tourismus.de
- Tourist-Information Dahlem (im Eifelpark Kronenburger See), Zum Kleebusch 15, 53949 Dahlem, 06557/894, www.dahlem.de

Landgasthof Em Lade, Trierer Str. 40-42, 53949 Dahlem. 02447/8092000, www.emlade.de
- Café Harmonie, Kölner Str. 27, 53949 Dahlem. 02447/913242, www.cafe-harmonie.com

Hotel-Restaurant Altschmidtheimer Hof, Marktstr. 9, 53949 Dahlem-Schmidtheim, 02447/8962
- Landgasthof Em Lade, Trierer Straße 40-42 53949 Dahlem 02447-80 92 000, www.emlade.de

Wohnmobilstellplatz an der Dahlemer Binz, 02447/8393, www.dahlem.de

Für die Anreise am besten den Zug zum Bf. Dahlem nehmen. Infos: www.rvk.de

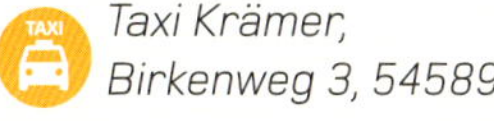

Taxi Krämer, Birkenweg 3, 54589 Stadtkyll, 06597/2889 oder 0171/3870025
- Taxi Manfred Gier, Neuer Weg 9, 53949 Dahlem-Kronenburg, 06557/1200

1953 wurde in Dahlem das erste Trappistinnenkloster in Deutschland gegründet: die **Abtei Maria Frieden**. *Die Gemeinschaft betrieb Weidewirtschaft, stellte einen Heilkräuterlikör her und gründete eine eigene Weberei und eine Paramentenwerkstatt. Dort wurden Wandbehänge restauriert, Altarwäsche, Taufkleider, Gewänder, Stolen, Kaseln und Talare hergestellt.*
www.mariafrieden-osco.de

Hunde mit guter Kondition können den Weg problemlos absolvieren. Ab und an findet sich an einem Bach ein Zugang zum Wasser.

EIFELSCHLEIFEN

- Baasemer Weiden, ▸ 7.5 km
- Heidenkopf, ▸ 8.7 km
- Moorpfad, ▸ 8.9 km
- Naturwanderpfad, ▸ 9.0 km
- Kloster Maria Frieden, ▸ 10.2 km

17 Dahlemer Quellenpfad

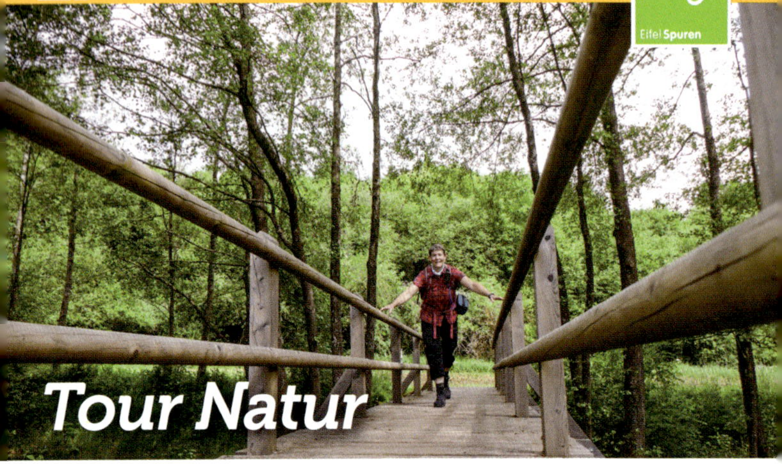

Eifel Spuren

Tour Natur

21.7	6h 15min	450	610	1438 1688	ESPX217
km					

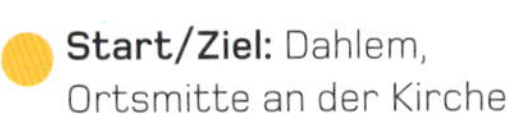

Start/Ziel: Dahlem, Ortsmitte an der Kirche

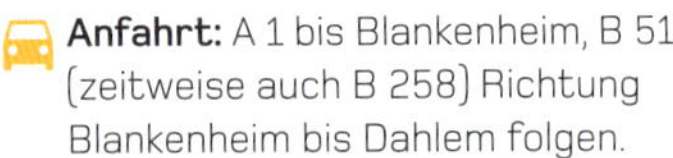

Anfahrt: A 1 bis Blankenheim, B 51 (zeitweise auch B 258) Richtung Blankenheim bis Dahlem folgen.

Parken: Dahlem, Bahnstr. 10 (Außer während dem Wochenmarkt)
N50° 23' 11.2'' • E6° 32' 49.1''
Kronenburg, Burgstraße
N50° 21' 53.2''
E6° 28' 36.3''
Wanderparkplatz Binz
N50° 24' 23.4''
E6° 30' 54.1''

Wegpunkte:

P1 Dahlem Kirche
32 U 325585 5584475

P2 Rastplatz an der Kyll
32 U 321903 5581732

P3 Kyllbrücke
32 U 320611 5581785

P4 Kronenburg: Burg
32 U 320567 5582054

P5 Bank & Aussicht
32 U 320680 5582947

P6 Rastplatz an der Simmel
32 U 322193 5585920

P7 Wanderparkplatz Binz
32 U 323425 5586781

P8 Abtei Maria Frieden
32 U 323779 5585679

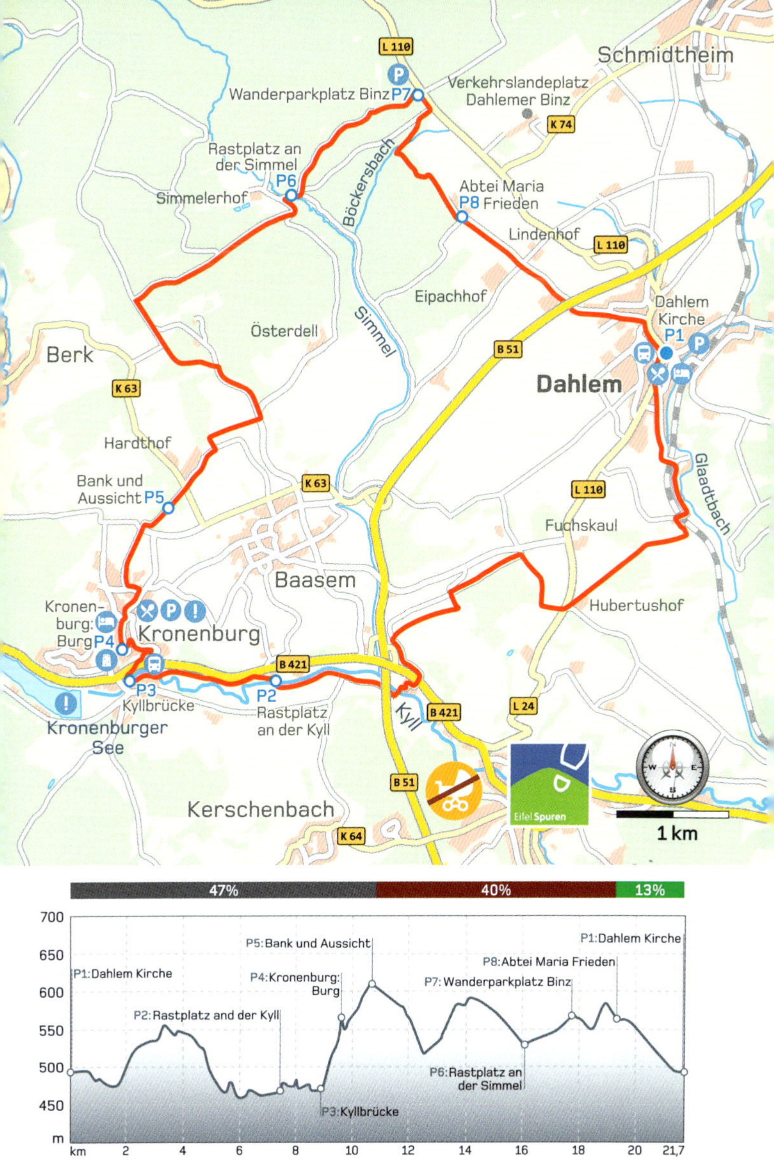

Schmidtheim
L 110
Wanderparkplatz Binz P7
Verkehrslandeplatz Dahlemer Binz
K 74
Rastplatz an der Simmel
P6
Simmelerhof
Böckersbach
Abtei Maria
P8 Frieden
Lindenhof
L 110
Eipachhof
Dahlem Kirche
P1
Österdell
Simmel
Berk
B 51
Dahlem
K 63
Hardthof
Gladtbach
Bank und Aussicht P5
K 63
L 110
Fuchskaul
Baasem
Hubertushof
Kronen-burg: Burg P4
Kronenburg
B 421
P3
Kyllbrücke
P2
Rastplatz an der Kyll
Kyll
B 421
L 24
Kronenburger See
B 51
Eifel Spuren
Kerschenbach
K 64
1 km
47%
40%
13%
700
650
600
550
500
450
m
P1:Dahlem Kirche
P2:Rastplatz and der Kyll
P5:Bank und Aussicht
P4:Kronenburg: Burg
P3:Kyllbrücke
P7: Wanderparkplatz Binz
P6:Rastplatz an der Simmel
P8:Abtei Maria Frieden
P1:Dahlem Kirche
km 2 4 6 8 10 12 14 16 18 20 21,7
Std. 2h10min 2h35min 2h45min 3h5min 4h35min 5h5min 5h30min 6h15min

Pittoreske Häuserzeilen, malerische Winkel und zahlreiche Stippvisiten am Wasser: Der Dahlemer Quellenpfad beschert uns einen enorm abwechslungsreichen Wandertag mit herrlichen Ausblicken und wunderbaren Naturerlebnissen. Gekrönt wird die Tour mit einer Passage durch den Burgort Kronenburg.

Mitten in Dahlem (1) beginnen wir an der Kirche die Rundtour auf dem Dahlemer Quellenpfad. Da wir im Uhrzeigersinn wandern, folgen wir zunächst der Trierer Straße nach links und biegen bald links in die Mühlenstraße ab. Sie führt uns zügig ans Ortsende, wo wir ein erstes Mal die Bahnstrecke queren.

Noch immer auf dem asphaltierten Zufahrtssträßchen unterwegs, wandern wir nun durchs Grüne und erreichen nach **1.6 km** den zweiten Bahnübergang am Luttersbach. Erneut queren wir die Gleise und wenden uns noch vor dem Haus links einem nur noch befestigten Feldweg zu.

Vorbei an uralten Eichen erreichen wir mit einer Rechtskurve die offene Flur und erobern die erste Anhöhe. Vor dem Wald unterqueren wir eine Stromleitung und wandern geradeaus auf bequemem Weg unter das Blätterdach. Das lauschige Wäldchen ist rasch durchstreift, und hinter dem Hubertushof queren wir nach **3.1 km** die L 24. Wir folgen einem Feldweg durch Felder und Wiesen und biegen bei erster Gelegenheit

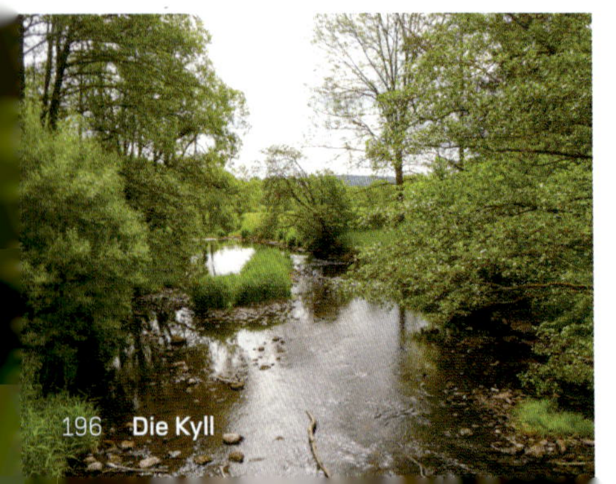

Die Kyll

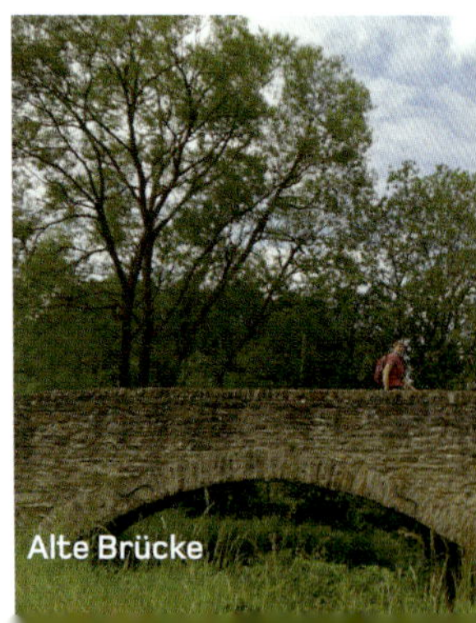
Alte Brücke

rechts bergan ab. Unbemerkt beenden wir unseren kurzen Abstecher in Rheinland-Pfalz und überschreiten wieder die Grenze zu Nordrhein-Westfalen. Dann stehen wir auch schon an der nächsten Wegkreuzung, an der uns ein Wegweiser nach links schickt.

Bald weicht die Vegetation zurück, und wir können freie Sicht über die angrenzende Wiesen genießen. Zugleich senkt sich der Weg sanft ab, was uns beschwingt ausschreiten lässt. Als ein Weg von links einmündet, verändert sich das Wegformat: Nun laufen wir auf Asphalt weiter talwärts. An einer Bank biegen wir kurz darauf links ab und dürfen nach **4.7 km** die scharfe Kehre nach rechts nicht verpassen. Doch wir ändern nicht nur die Richtung, auch die Natur verändert sich schlagartig. Auf federndem Grasweg tauchen wir in ein dichtes Gehölz und wandern fast durch einen grünen Tunnel talwärts. Auch nachdem die Büsche etwas zurückweichen, bleibt der herrliche Grasweg, den wir nun auch aussichtsreich genießen dürfen. Und schließlich lädt uns noch eine Bank zum Verweilen ein.

Nach kurzer Pause laufen wir vollends ins Tal und wenden uns an einem Asphaltweg nach links. Der deutliche Verkehrslärm macht klar, dass wir uns nun parallel zur B 421 bewegen. Leider wird die Geräuschkulisse uns nun eine ganze Weile begleiten. Nach kurzem Parallelstück dürfen

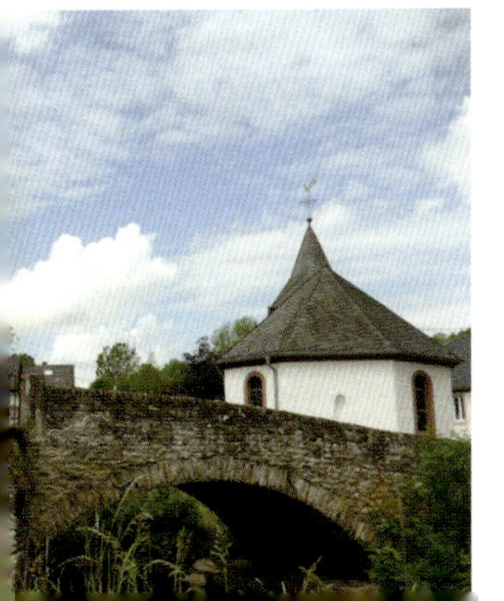

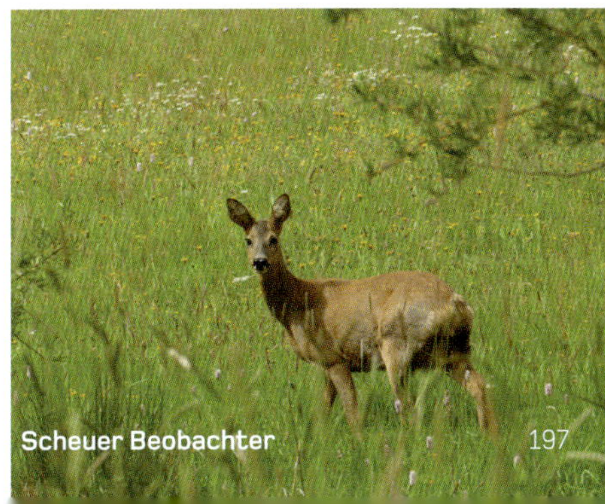

wir nach **5.9 km** die B 421 auf Höhe eines kleinen Parkplatzes queren. Auf der anderen Seite laufen wir rechts zu den wenigen Häusern von Hammerhütte und streben der Kyll zu. Diese queren wir über eine Brücke und biegen danach rechts ab. Voraus ragt hoch die Brücke der B 51 auf, und schnell wandern wir darunter hindurch und freuen uns, nun in Begleitung der Kyll durch das breite Tal streifen zu dürfen. Als der Asphaltweg nach links biegt, wandern wir geradeaus und laufen direkt entlang der munteren Kyll.

Nach **7.4 km** dürfen wir nicht zu sehr träumen, denn die Logos schicken uns scharf rechts über einen Steg. Auf der anderen Uferseite der Kyll wenden wir uns nach links und freuen uns nach wenigen Schritten über einen idyllischen Rastplatz (2), den wir zur verdienten Pause im Grünen nutzen.

Eine Treppe führt uns zu einem etwas höher verlaufenden Wiesenweg, der uns links zur nahen B 421 bringt.

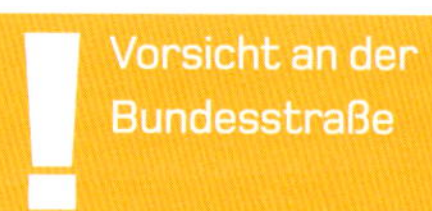

Wir müssen zwar nur etwa fünf Meter auf der viel befahrenen Straße nach links laufen, doch da wir einen Baum umgehen müssen und eine Leitplanke uns jeglichen Ausweichspielraum nimmt, müssen wir unbedingt auf eine Lücke im Verkehr warten.

Nachdem wir diese etwas kritische Passage überstanden haben, laufen wir auf einer Zufahrt abwärts und wechseln vor einem Tor rechts auf einen schmalen Pfad.

Der verläuft nun mitten durch die steile Hangflanke, oft nur wenige Meter unterhalb der B 421. Zwar sehen wir die Straße nicht, den Lärm können wir aber nur schwer ausblenden. Mit etwas Auf und Ab, teils über einige Stufen, absolvieren wir diesen Abschnitt und sind froh, als wir nach **8.1 km** wieder auf der Sohle des Kylltals eintreffen.

Nun können wir den Wegverlauf wieder genießen, passieren eine weitläufige Weide mit eindrucksvollen Hutebäumen und dürfen kurz darauf per Steg ein weiteres Mal ans andere Ufer der Kyll wechseln.

Nah am Fluss nähern wir uns den ersten Häusern von Kronenburgerhütte und sind begeistert, als wir eine altehrwürdige Steinbogenbrücke (3) entdecken. Ein Wegweiser schickt uns über das alte Bauwerk und zur kleinen St. Brigida Kirche, der wir einen Kurzbesuch abstatten. Danach biegen wir rechts auf den Mühlenweg ab und steigen hinauf zur B 421.

Auf Höhe der Bushaltestelle queren wir die Straße und widmen uns auf der anderen Seite sogleich dem nächsten Anstieg. Dazu nutzen wir einen engen Naturpfad, der uns die ersten Meter des Burgberges hinaufführt. Am Ende der Steilpassage erwartet uns eine Bank, von der wir zur nahen Straße laufen. Auf dem Gehweg setzen wir den Aufstieg fort, bis wir links auf die

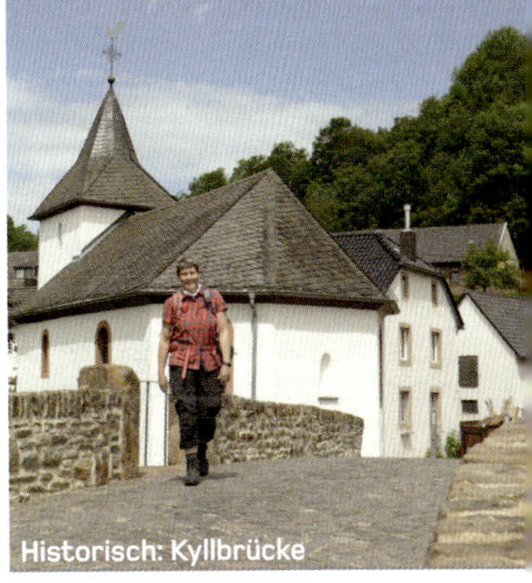
Historisch: Kyllbrücke

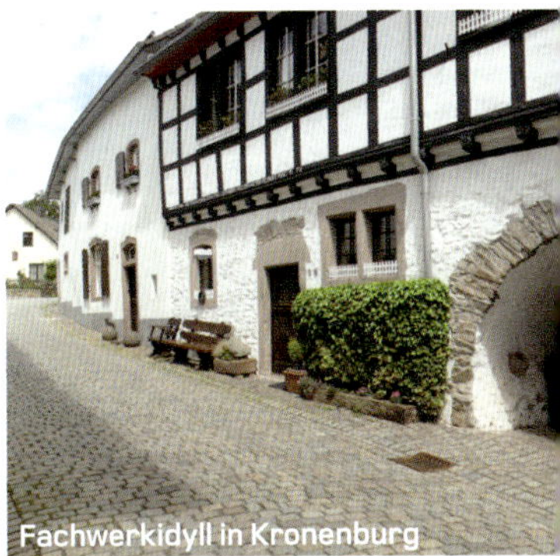
Fachwerkidyll in Kronenburg

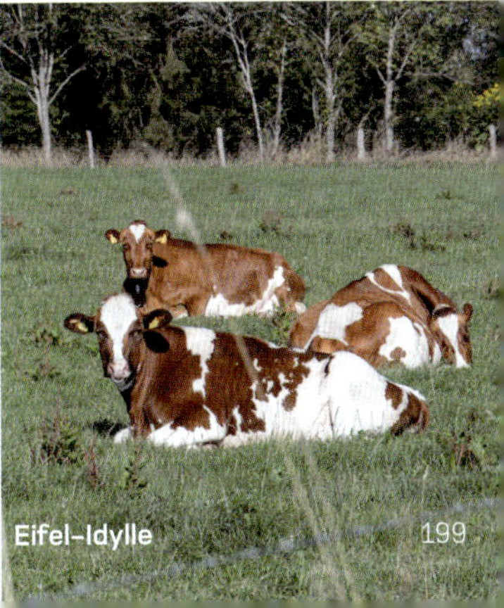
Eifel-Idylle

Wilhelm-Tell-Straße abbiegen dürfen. Noch einmal wird es anstrengend, als wir über eine steile Treppe den alten Ortskern von Kronenburg erobern. Durch ein Steintor gelangen wir in den pittoresken Ortskern, wo unser Weg eigentlich nach rechts abbiegt.

Lohnenswerter Abstecher mit Ausblick

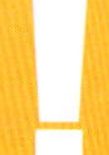

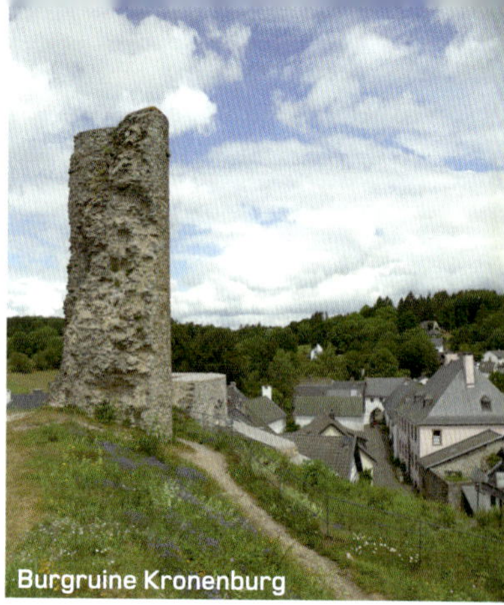

Burgruine Kronenburg

Doch natürlich wollen wir nach **9.5 km** der Burgruine aufs Dach steigen. Also legen wir den nächsten Abstecher ein und steigen weitere Stufen bergan, bis wir etwas außer Atem, aber begeistert von der Aussicht, in den Mauern der Ruine (4) stehen und Ausschau halten.

Wir steigen zurück in den Ort und folgen nun dem Dahlemer Quellenpfad links durch die beschauliche Fachwerkkulisse, die uns um Jahrhunderte zurückversetzt. Vorbei an einladender Gastronomie verlassen wir durch ein weiteres Tor den Ort und laufen am Parkplatz vorbei entlang der Gerichtsstraße bergan. Vorbei am Kunstkabinett der Dr. Axe Stiftung gelangen wir zum Abzweig nach links in die Luxemburger Straße. Dieser folgen wir ansteigend, bis es rechts in die Malmedyer Straße und aus dem Ort hinausgeht. Noch gewinnen wir weiter an Höhe, bis wir auf Höhe eines Wasserwerks den höchsten Punkt der Runde überschreiten und kurz darauf von einer Bank (5) aus eine herrliche Panoramaaussicht genießen können.

Wenig später queren wir eine Straße und biegen rechts auf einen Asphaltweg ab. Der wandelt sich nach einer Kurve

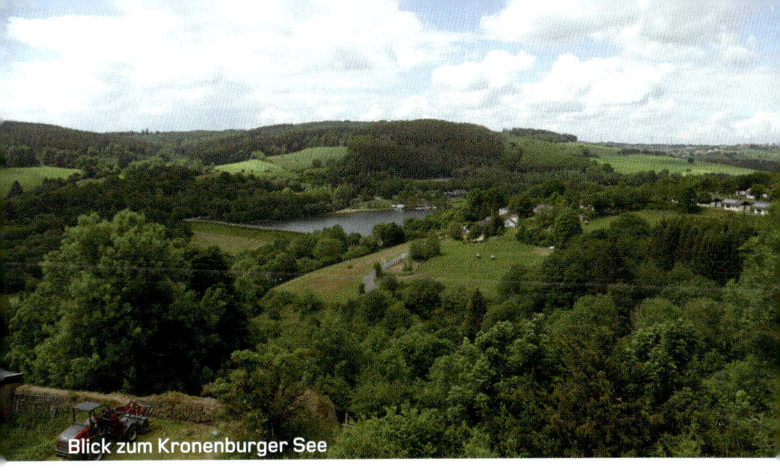

Blick zum Kronenburger See

zum befestigten Wirtschaftsweg und führt uns zu einer weiteren Lokalstraße, die wir nach **11.5 km** queren.

Danach passieren wir eine Ferienanlage und streben in die offene Flur. An einer Bank biegen wir links ab, und wenig später dürfen wir rechts auf herrlichem Grasweg talwärts wandern. Nach einer Koppel wenden wir uns nach links und folgen einem breiten Weg zu einer nahen Kreuzung.

Hier behalten wir die Richtung bei und beginnen den nächsten Aufstieg. Der gestaltet sich zunächst moderat, bis wir kurz nach Querung eines kleinen Baches links auf einen von dichten Gehölzen umfassten Weg abbiegen. Der steigt nun recht stramm aufwärts, nur gut, dass nach **13.3 km** eine Bank zum Verschnaufen bereitsteht.

Mit frischen Kräften meistern wir auch die folgenden Höhenmeter und freuen uns, als die Büsche zurückweichen, der Weg abflacht und wir wieder in einer offenen Wiesenumgebung unterwegs sind. Einmündende Wege, erst von links, dann einen von rechts ignorieren wir und wandern schnurstracks geradeaus. Wieder im Wald, treffen wir schließlich an einer großen

Kreuzung mit Wegweiser, Bank und Wegkreuz ein. Hier biegen wir rechts auf einen Forstweg ab, dem wir sanft abwärts durch den Wald folgen.

Langsam wandelt sich der Wald, und wir atmen den würzigen Duft hoher Nadelbäume. Dann schlägt unser Weg eine scharfe Linkskurve, und nach **16 km** trifft an einer Kreuzung und einem Wegweiser der Wildnispfad (Seite 184) auf unsere Trasse. Gemeinsam biegen wir nach rechts, queren den Simmelbach und freuen uns über den einladenden Rastplatz (6) am Bach.

Nur wenige Meter später verabschiedet sich der Wildnispfad nach rechts, während wir noch 100 m bis zum nächsten Wegweiser laufen und dort links in das Rehbachtal wechseln. Noch einmal geben wir uns der attraktiven Natur eines stillen Eifeltales hin, während wir sanft an Höhe gewinnen. Langsam verengt sich das Tal, und unser Weg quert den Bach, passiert eine Bank und schwingt sich deutlicher bergan.

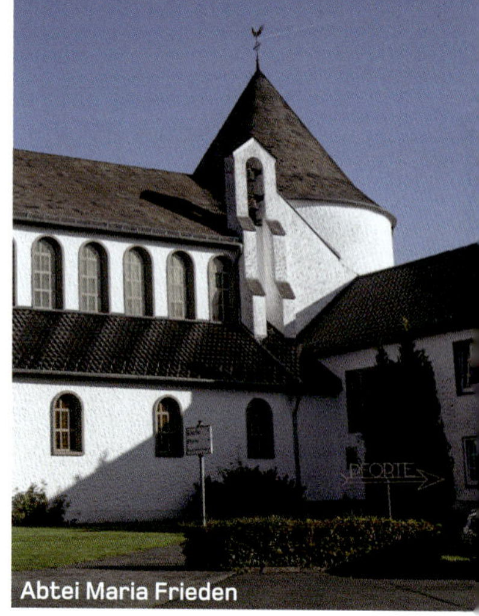

Abtei Maria Frieden

Nach **17.8 km** ist es dann so weit: Wir haben den Wanderparkplatz Binz (7) erreicht, der auch als alternativer Startpunkt genutzt werden kann. Wir folgen dem Fußweg neben der Straße nach rechts und nutzen dann den rechts abbiegenden Forstweg, um dem Verkehr den Rücken zu kehren.

An der Weggabelung halten wir uns links und gelangen kurz darauf in ein idyllisches, herrlich ruhiges Tal, dessen Pflanzenvielfalt uns begeistert. Lange können wir diesem Idyll nicht frönen, denn die

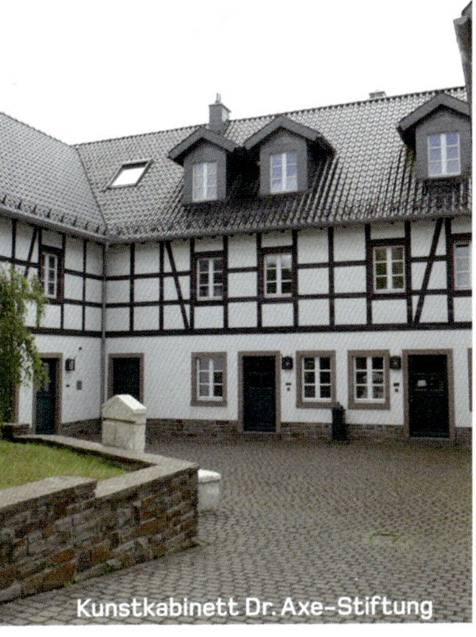
Kunstkabinett Dr. Axe-Stiftung

Logos schicken uns bald nach links steil bergan. Schritt für Schritt erklimmen wir im Wald den Berg und sind froh, dass dies unser letzter Anstieg sein wird.

Als wir auf einen Querweg stoßen, halten wir uns links und kommen an den Waldrand, wo eine weitere Bank zur Pause bereitsteht. Auf breitem, bequemen Weg wandern wir dann gemächlich abwärts und passieren nach **19.4 km** die Abtei Maria Frieden (8).

Nun entlässt uns der Wald ins Freie, und wir folgen dem Zufahrtssträßchen stetig bergab Richtung Dahlem. Abzweigende Wege ignorieren wir, und nach deutlichem Höhenverlust unterqueren wir die B 51.

Über die Ursprungstraße laufen wir in den Ort, wo wir rechts auf die Kölner Straße wechseln. Bald sehen wir voraus schon wieder die Kirche in Dahlem (1), wo sich nach **21.7 km** der Kreis dieser Wanderung schließt.

FAZIT

Aufgrund seiner Länge verlangt der Weg gute Kondition. Festes Schuhwerk, Regen- bzw. Sonnenschutz und ausreichend Rucksackverpflegung und Getränke sind wichtig. Am schönsten erlebt man den Weg, wenn man im Uhrzeigersinn läuft.

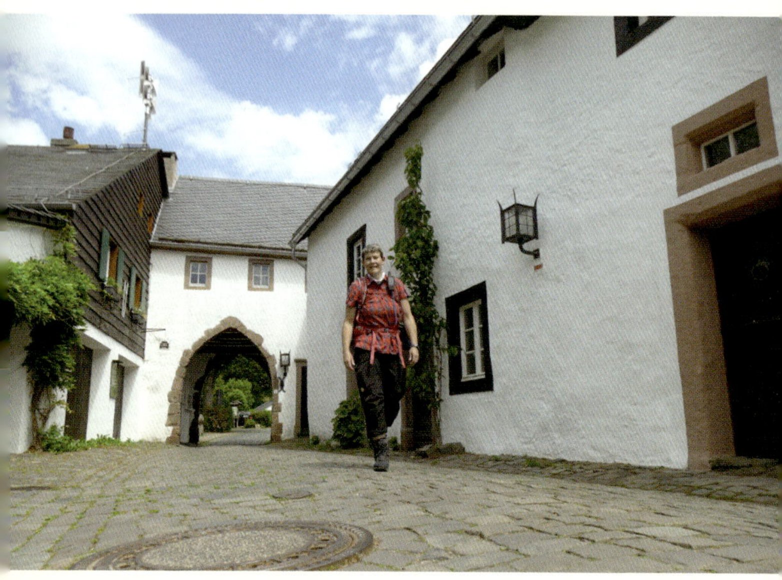

Das Mittelalter lebt

Was für eine grandiose Mischung aus Fachwerkidyll und Burgenromantik: Der Burgort Kronenburg bringt nicht nur Fans von Mittelalterkulissen ins Schwärmen. Die pittoresken, eng aneinander geschmiegten Fachwerkhäuser bilden einen tollen Rahmen für die etwas oberhalb gelegene Burgruine nebst Vorburg, die (nicht nur) einen grandiosen Ausblick auf den Ort und hinab ins Tal zum See bietet. Die wenigen heute noch erhaltenen Reste der aus dem 13. Jahrhundert stammenden Burg umweht ein Hauch von Ritterromantik. Nach dem Abstieg in den Ort schlendert man durch die Gassen und bekommt dabei Gelegenheit, in Kunstateliers so manches Kleinod zu bewundern oder zu erwerben. Auch gastronomisch ist der Ort bestens aufgestellt, sodass sich Besuch und Rundgang in vielerlei Hinsicht lohnen! ⓘ *www.dahlem.de*

Nordeifel Tourismus GmbH, Bahnhofstraße 13, 53925 Kall, 02441/99457-0, www.nordeifel-tourismus.de
- Tourist Info Dahlem, Zum Kleebusch 15, 53949 Dahlem-Kronenburg 06557/894 www.dahlem.de

Kaffeebar Kronenburg, Gerichtsstraße 1, 53949 Dahlem-Kronenburg, 0171/1720383, www.kaffeebar-kronenburg.de
- Restaurant Pfeffer & Salz, Sankt Vither Str. 14, 53949 Dahlem-Kronenburg, 06557/895, www.pfeffersalz.net
- Restaurant Villa Kronenburg, Burgbering 12, 53949 Dahlem-Kronenburg, 06557/295, www.villa-kronenburg.de
- Café Zehntscheune, Burgbering 25, 53949 Dahlem-Kronenburg, 06557/9009840, www.cafe-zehntscheune.de

Hotel Burghaus und Villa Kronenburg, Burgbering 12, 53949 Dahlem-Kronenburg, 06557/295, www.villa-kronenburg.de
- Eifelpark Kronenburger See, Zum Kleebusch 15, 53949 Dahlem-Kronenburg, 06557/894, www.eifelparkkronenburger-see.de

Wohnmobilstellplatz am Kronenburger See, 02447/95550, www.dahlem.de
- Campingplatz am Kronenburger See, 06557/900110, www.campingpark-kronenburger-see.de

Für die Anreise am besten den Zug zum Bf. Dahlem nehmen. Infos: www.rvk.de

Taxi Krämer, Birkenweg 3, 54589 Stadtkyll, 06597/2889 oder 0171/3870025

- Mehr Infos: Tour 16 (Seite 193)

Hunde mit guter Kondition können den Weg problemlos absolvieren. Ab und an findet sich an einem Bach ein Zugang zum Wasser.

EIFELSCHLEIFEN

- Kronenburger See, ▸ 3.3 km
- Kronenburger Tälertour, ▸ 3.6 km
- Kronenburger Himmelsglück, ▸ 5.4 km
- Dem Himmel ganz nah, ▸ 5.8 km
- Kylltal, ▸ 6.0 km
- Dahlemer Weitblicke , ▸ 6.7 km

18 Sonne, Mond und Sterne

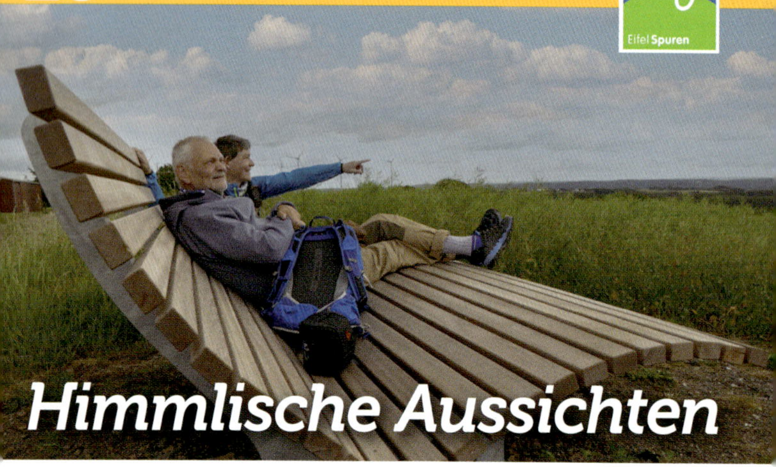

Eifel Spuren

Himmlische Aussichten

8.0	2h 15min	177	582	534 626	
km		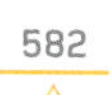			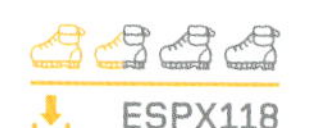 ESPX118

Start/Ziel: Wanderparkplatz Nationalpark Eifel/Thol

Anfahrt: A 1 bis Mechernich, B 477 bis zur Kreuzung B 266. Weiter B 266 über Gemünd nach Herhahn, dann L 207 nach Dreiborn. Der Parkplatz liegt am Ortsrand.

Parken: Wanderparkplatz NP Eifel, Thol N50° 32' 23.6'' E6° 23' 42.0''
Wanderparkplatz Schafbachmühle N50° 31' 40.2'' E6° 24' 40.4''

scan to go®

Wegpunkte:

P1 Parkplatz NP Eifel, Thol
32 U 315418 5601901

P2 Panoramablick
32 U 316286 5601860

P3 Tripelpunkt
32 U 316258 5601562

P4 Rastplatz Scheckenbachtal
32 U 317445 5601479

P5 Campingplatz Schafbachmühle
32 U 316544 5600521

P6 Schutzhütte Katzensief
32 U 315785 5600947

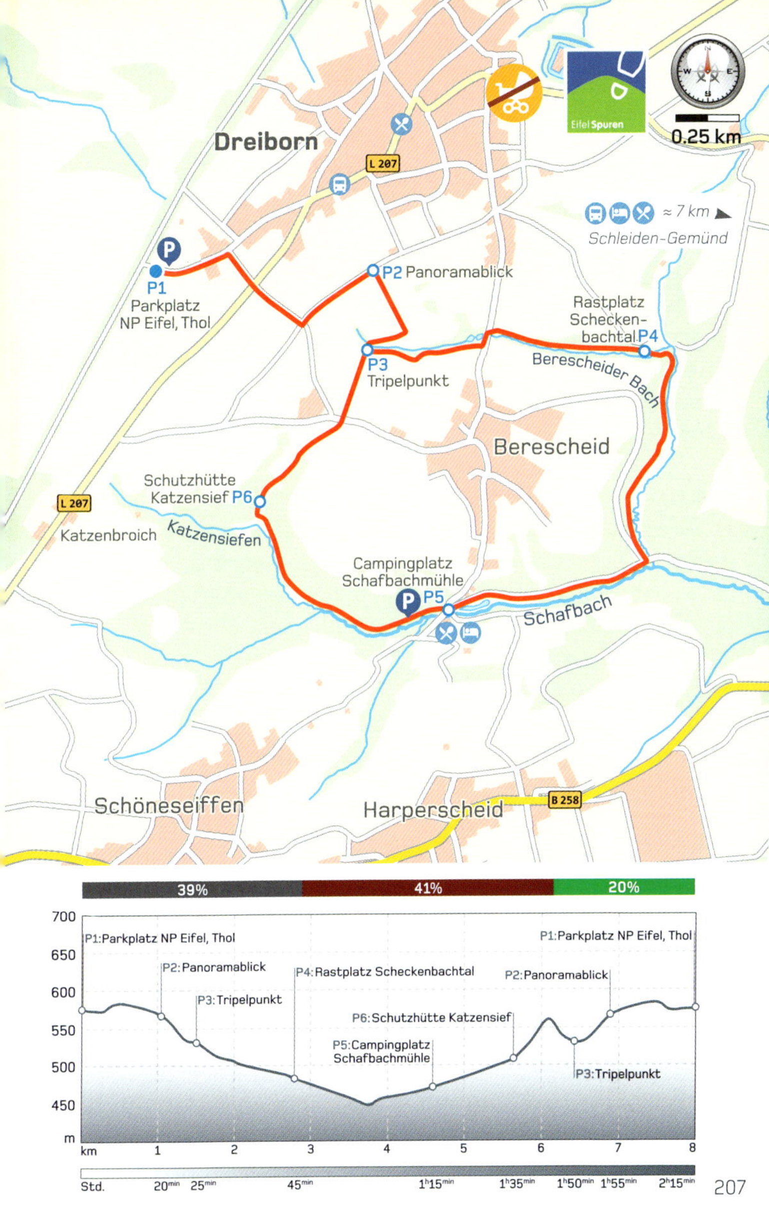
Dreiborn
L 207
Eifel Spuren
0.25 km
≈ 7 km
Schleiden-Gemünd
P1
Parkplatz
NP Eifel, Thol
P2 Panoramablick
P3
Tripelpunkt
Rastplatz
Schecken-
bachtal P4
Berescheider Bach
Berescheid
Schutzhütte
Katzensief P6
Katzenbroich
Katzensiefen
Campingplatz
Schafbachmühle
P5
Schafbach
Schöneseiffen
Harperscheid
B 258
39%
41%
20%
700
650
600
550
500
450
m
P1:Parkplatz NP Eifel, Thol
P2:Panoramablick
P3:Tripelpunkt
P4:Rastplatz Scheckenbachtal
P5:Campingplatz
Schafbachmühle
P6:Schutzhütte Katzensief
P2:Panoramablick
P3:Tripelpunkt
P1:Parkplatz NP Eifel, Thol
km 1 2 3 4 5 6 7 8
Std. 20min 25min 45min 1h15min 1h35min 1h50min 1h55min 2h15min

Kurz, schön und aussichtsreich: Vom Rand der Dreiborner Hochfläche führt die kurze Runde über die offene Flur, das lauschige Berescheider Bachtal und hinab ins Schafbachtal. Durch ein stilles Seitental kehren wir zum Plateau zurück und genießen noch einmal den wunderbaren Eifelblick.

Am Wanderparkplatz Nationalpark Eifel, Thol (1) am Rand der Dreiborner Hochfläche beginnen wir die aussichtsreiche Runde auf der Eifelspur Sonne, Mond und Sterne.

Zunächst wandern wir auf der Zufahrt zum nahen Ort Dreiborn. Dort biegen wir bei erster Gelegenheit rechts ab und laufen über eine Kuppe hinauf zur Querung der L 207. Auf der anderen Seite setzt sich unser Weg noch immer asphaltiert geradeaus fort und bietet uns eine atemberaubende Rundumsicht.

An der nächsten Kreuzung biegen wir scharf links ab, und nach **1.1 km** stehen wir am Panoramablick (2), der seinem Namen alle Ehre macht. Zum Glück stehen gleich zwei Sinnesbänke und eine normale Bank zum bequemen „Eifel-Fern-Sehen" bereit.

Eigentlich können wir uns an diesem Blick kaum sattsehen, aber mit der Aussicht, auf dem Rückweg erneut hier Station machen zu dürfen, setzen wir die Wanderung fort.

Ein Feldweg führt uns nun stramm abwärts, bis wir an einem Heckenriegel von einem Markierungspfosten nach rechts geschickt werden. Deutlich sanfter laufen wir zu einer nahen Senke, wo in einem kleinen Waldstück ein Bach plätschert.

Kurz darauf stehen wir nach **1.5 km** am Tripelpunkt (3) unserer Wanderung: Wir laufen im Uhrzeigersinn, um die Natur am eindrucksvollsten erleben zu können, und biegen daher am Wegweiser scharf links auf einen schmalen Naturpfad ab. Dieser folgt dem Waldrand und senkt sich dabei gemächlich ab.

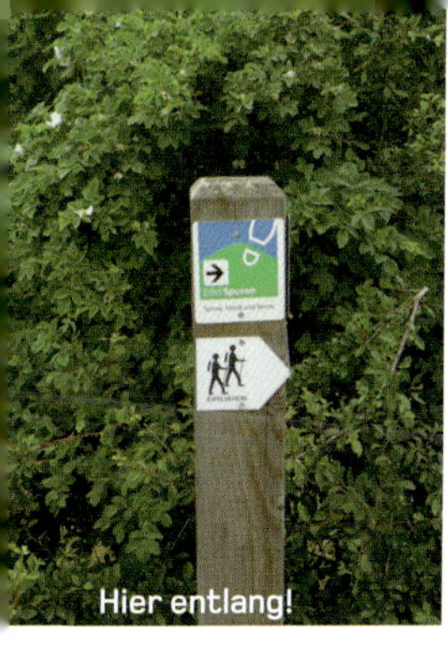
Hier entlang!

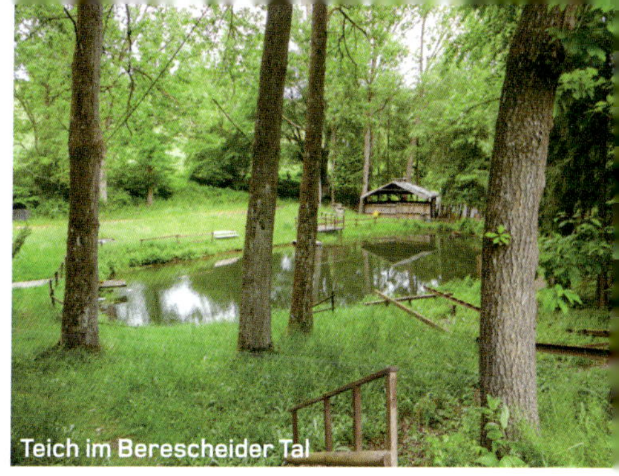
Teich im Berescheider Tal

Plötzlich glitzert links Wasser durch die Bäume: Ein kleiner Teich bietet Enten ein angenehmes Refugium. Unser Pfad führt uns am See entlang bis zu einer Straße.

Hier halten wir uns links, dann queren wir die Straße und laufen auf einem grasigen Weg weiter talwärts. Rechts begleitet uns der meist in dichtem Grün verborgene Berescheider Bach. Wir erfreuen uns an der vielfältigen Pflanzenwelt, die im Frühsommer mit ausladenden Büschen weiß blühender wilder Hortensien den Insekten einen reich gedeckten Tisch bietet.

Nach **2.7 km** erreichen wir einen querenden Weg und die Schutzhütte Berescheider Mühle. Wir behalten unsere Richtung bei und wandern weiter gemütlich talwärts. Nun wandelt sich das Wegumfeld: Aus Gehölz wird ein lichter Laubwald, in dem betagte Baumveteranen mit bemoosten Stämmen tolle Akzente setzen. Mitten in dieser idyllischen Natur lädt am genau richtigen Ort ein Rastplatz (4) zur Pause im Grünen ein. Auf der Brücke über den Bach steht sogar ein „Fotorahmen“ für das passende Erinnerungsfoto bereit.

Nach entspanntem Picknick in der Natur folgen wir unserem Weg noch immer abwärts. Bald erreichen wir ein querlaufendes Tal und schwenken nach rechts. Wieder wandelt sich die Natur um uns, und nun schnuppern wir den Duft von Nadelbäumen, deren Wipfel hoch über unseren Köpfen für Schatten sorgen. Dann entlässt uns der Wald und begleitet von wogenden Wiesen erreichen wir nach **3.7 km** die Schutzhütte Scheckenbachtal.

Hier knickt unser Weg nach rechts ab und folgt nun der Zufahrtsstraße zur Schafbachmühle. Auf der glücklicherweise nicht allzu stark frequentierten Straße kommen wir zügig voran und haben dabei ausreichend Gelegenheit, die herrliche Talaue des Schafbachs zu genießen.

Nach **4.6 km** passieren wir dann den Campingplatz Schafbachmühle (5) sowie den benachbarten Wanderparkplatz. Noch halten wir dem Schafbach die Treue und laufen geradeaus auf nur noch befestigtem Weg neben dem Bach durch das stille Tal, wobei wir fast unmerklich an Höhe gewinnen.

Nach **5.6 km** schickt uns ein Wegweiser nach rechts in ein Seitental. Nur 50 m später bietet die Schutzhütte Katzensief (6) eine weitere Rastmöglichkeit, bevor wir den Rückanstieg in Angriff nehmen.

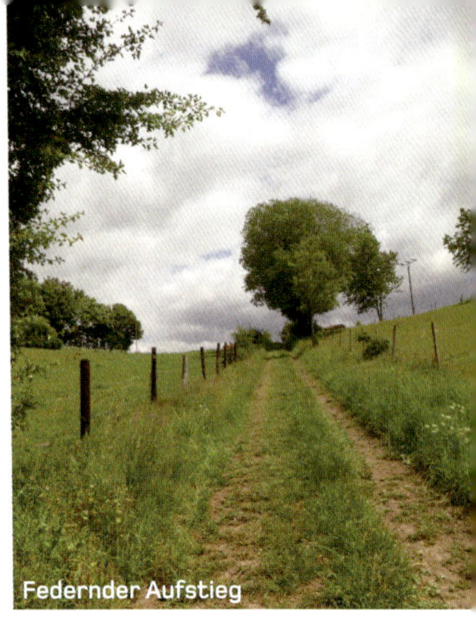
Federnder Aufstieg

Der gestaltet sich zunächst aber noch sanft. Erst als links der Wald von Wiesen abgelöst wird und wir kurz darauf vollends in der offene Flur unterwegs sind, wird der Anstieg kurzzeitig steil.

Doch schon sehen wir voraus eine Kuppe und atmen tief durch, als wir, oben angelangt, dort ein Sträßchen queren und eine herrliche Panoramasicht genießen dürfen.

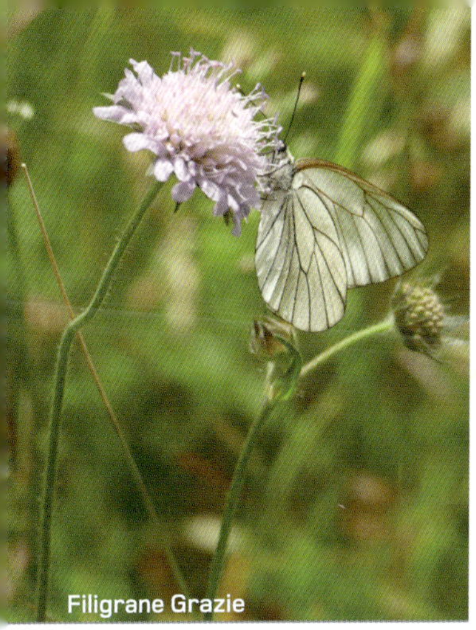
Filigrane Grazie

Der Weg führt geradeaus, und bald verlieren wir wieder Höhe. Vor uns in einer Senke erkennen wir bereits den Tripelpunkt der Tour (3), den wir nach **6.4 km** erneut erreichen.

Nun kennen wir den Weg bereits und freuen uns, noch einmal den Panoramablick erleben zu dürfen. Zuvor heißt es aber Höhe gutmachen.

Besonders nach dem Linksknick am Markierungspfosten ist noch einmal etwas Kondition gefragt, doch das Wissen um die bequeme Rast auf den Sinnesbänken beflügelt uns. Etwas außer Atem, aber glücklich schwelgen wir also nach **6.9 km** erneut in der grandiosen Rundumsicht (2).

Beschwingt meistern wir danach den Rückweg zum Parkplatz. Dazu folgen wir dem Asphaltweg nach links, biegen am querenden Asphaltweg nach rechts bergan und queren kurz darauf die L 207. Geradeaus wandern wir über eine Kuppe hinunter nach Dreiborn, wo wir der Straße Thol nach links zum Ortsende folgen. Nun sind es nur noch wenige Schritte, bis sich der Kreis unserer Tour nach **8 km** am Wanderparkplatz (1) schließt.

FAZIT

Der Weg nutzt immer wieder Naturwege, daher sind feste Wanderschuhe sinnvoll. Am schönsten erlebt man den Weg, wenn man ab dem Tripelpunkt im Uhrzeigersinn läuft.

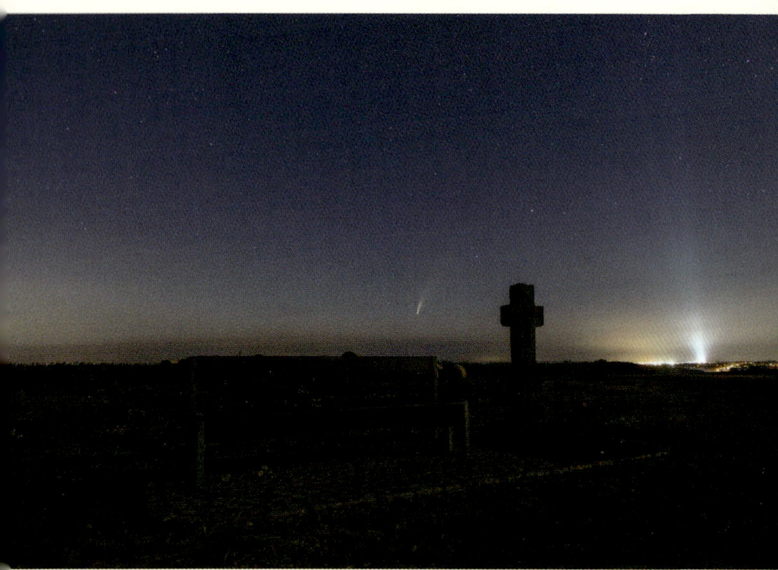

Dem Himmel so nah

Seit 2014 darf sich der Naturpark Eifel „International Dark Sky Park" nennen. Eine hohe und im meist hell erleuchteten Deutschland sehr seltene Auszeichnung. Wer in einer lauen Sommernacht im Nationalpark Eifel etwas abseits der Bebauung in den sternenklaren Himmel blickt, wird aus dem Staunen nicht mehr herauskommen. Denn dank meist fehlender künstlicher Streulichtquellen lässt sich die Milchstraße ganz ohne Hilfsmittel bestens erkennen.Wer etwas Unterstützung benötigt, um sich der meist fremden Welt der Sterne zu nähern, der kann bei einer der zahlreichen geführten Sternenwanderungen sein Wissen erweitern und dabei ganz neue Entdeckungen machen.Übrigens: Wer etwas ganz Besonderes erleben will, kann eine Übernachtung auf einer der Trekkingplattformen im Nationalpark buchen und dort aus dem Zelt heraus mitten in der Natur die Sterne beobachten. Ⓒ www.trekking-eifel.de

Nordeifel Tourismus GmbH, Bahnhofstraße 13, 53925 Kall, 02441/99457-0, www.nordeifel-tourismus.de
- *Tourist-Information im Nationalpark-Tor Gemünd, Kurhausstraße 6, 53937 Schleiden-Gemünd, 02444/2011*

Café Kupp 19, Oberstr. 19, 53937 Schleiden-Dreiborn, 02485/9129744, www.cafekupp19.de
- *Burgschänke, Burgauel 1, 53937 Schleiden-Dreiborn, 02485/911144, www.kaspar-gastronomie.de/gaststätte-burgschänke*

Hotel Friedrichs, Alte Bahnhofstraße 16, 53937 Gemünd, 02444/950950, www.hotel-friedrichs.de
- *Jugendherberge Gemünd Vogelsang, Im Wingertchen 9, 53937 Schleiden 02444 914920 www.jugendherberge.de*
- *Pension „Zum alten Rathaus", Marienplatz 17, 53937 Schleiden-Gemünd, 02444/914200, www.pension-altes-rathaus-gemuend.de*

Campinganlage Schafbachmühle, Schafbachmühle 1, 53937 Schleiden, 02485/268, www.schafbachmuehle.de
- *Wohnmobilpark Vogelsang, Burg Vogelsang, Vogelsang 40, 53937 Schleiden-Vogelsang, 01577/1941065, www.eifel-wohnmobilpark-vogelsang.de*

Bis Kall mit dem Zug. Dann Bus SB 81 oder SB 82 (Richtung Hellenthal Busbf) bis zur Haltestelle Schleiden/Gemünd Mitte. Von dort Linie 831 zur Haltestelle Schleiden-Dreiborn Feuerwehr. Infos: www.rvk.de

Taxi Esch, Römerstraße 42, 53937 Schleiden-Herhahn, 02444/2721

Die Sternwarte der **Astronomiewerkstatt** *in Vogelsang im Nationalpark Eifel macht das Erlebnis Sternenpark noch unvergesslicher. www.sterne-ohne-grenzen.de*

Hunde mit guter Kondition können den Weg problemlos absolvieren. Unbedingt ausreichend Wasser mitnehmen.

EIFELSCHLEIFEN

- *Adlerblick, ▸ 7.0 km*
- *Um die Oleftalsperre, ▸ 14.1 km*

Register

Register

Autoren

Ulrike Poller studierte in ihrer Heimatstadt Würzburg Mineralogie und promovierte in der Schweiz über das Silvretta Massiv. 1995 kam sie als Wissenschaftlerin ans Max-Planck-Institut für Chemie in Mainz, wo sie zusammen mit Wolfgang Todt Altersbestimmungen durchführte.

Wolfgang Todt, aufgewachsen in Heidelberg, studierte Physik und Geologie. Von 1980 bis 2005 leitete er am Max-Planck-Institut für Chemie in Mainz die Arbeitsgruppe für Geochronologie.

Wolfgang Todt und Ulrike Poller sind verheiratet und haben 2005 ihre Agentur „Schöneres Wandern" gegründet, die sich bemüht, die Qualität von Wanderwegen zu verbessern. Beide sind Mitglied im Deutschen Wanderinstitut. Infos unter: **www.schoeneres-wandern.de**

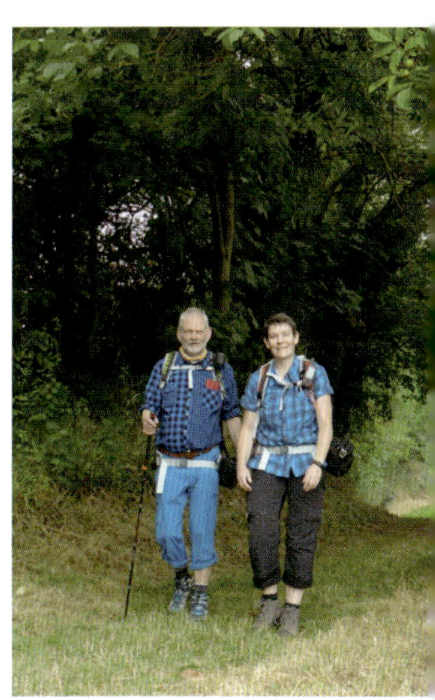

GPS: So funktioniert's

▶ EINFACH HIMMLISCH GEFÜHRT

Besitzer von GPS-Navigationsgeräten (Outdoor-Geräte oder Smartphones) kommen nie vom Weg ab und wissen immer, wo sie gerade sind: In allen Rad- und Wanderführern des ideemedia-Verlags finden Sie die Rad-, Wander- und Erlebnisrouten für Outdoor-Navigationsgeräte. Die Touren liegen im weit verbreiteten *gpx-Format vor.

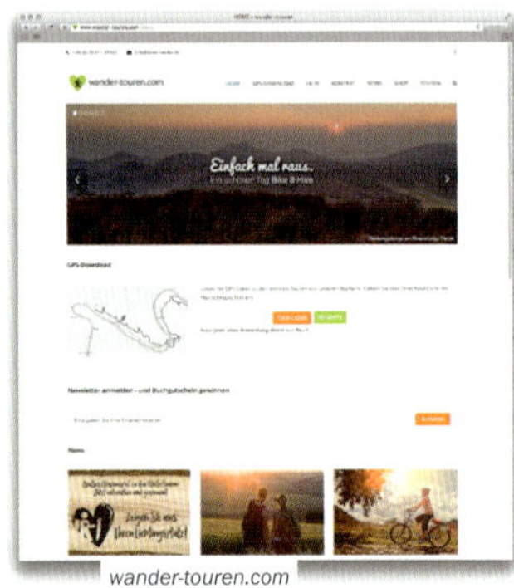

wander-touren.com

Mit dem kostenlosen Programm BaseCamp von Garmin ist es möglich, die Tracks anzusehen, zu bearbeiten und direkt auf Garmin-Geräte zu laden. Dieses Programm kann auch ohne die zusätzlich zu kaufende Karte eingesetzt werden, bietet dann aber nur eine globale Karte ohne Details. BaseCamp läuft zudem auch auf Apple Computern. Alle anderen Hersteller von Outdoor-GPS-Geräten bieten ebenfalls kostenlose Programme an. Allerdings müssen Sie meistens auch eine digitale Karte erwerben, um den Track am PC und auf Outdoor-Geräten auf der Karte zu sehen. Für PC-Nutzer ist auch die Software MagicMaps Tour Explorer empfehlenswert. In OpenStreetMaps oder Google Maps können die Daten mit Hilfe eines GPX Viewer angezeigt werden. Diese Kartenansicht können Sie für unterwegs zum persönlichen Gebrauch ausdrucken.

▶ DIREKT ZUM PREMIUM-TRACK: SO FUNKTIONIERT ES

Zum Download der Routen benötigen Sie entsprechende Tour-Codes. Diese finden Sie unter anderem jeweils am Anfang der einzelnen Kapitel oder am Ende. Auf der Internetseite **www.wander-touren.com** geben Sie den Code ein. Eine gesonderte Anmeldung ist nicht mehr erforderlich. Sie bestätigen mit der Downloadanfrage, dass Sie im Besitz des entsprechenden Buches (Print oder elektronische Ausgabe) sind. Wenn Sie per Mail über Updates informiert werden möchten, melden Sie sich bitte unter www.wander-touren.com zum Newsletter an.

GPX-DATEN AUF OUTDOOR-NAVIS LADEN

Als Buchbesitzer können Sie die Daten als Datei im weit verbreiteten *gpx-Format als Einzeltour laden und danach auf Ihrem PC ablegen. In einzelnen Fällen können die Daten hinter den Codes auch gebündelt als *.zip-Datei verpackt vorliegen, die Sie vor der weiteren Verwendung entpacken müssen.

Als Nächstes müssen Sie die gewünschte Tour auf Ihr Navigationsgerät übertragen. Für die meisten GPS-Outdoor-Geräte ziehen Sie einfach den Track von Ihrem Desktop nach Verbinden des GPS-Geräts mit dem Computer in das GPS-Verzeichnis Ihres Outdoor-Geräts, das Sie als Laufwerk auf dem Desktop sehen. Sollte Ihr GPS-Gerät ein besonderes Format verlangen, so können Sie den Track mit der Software RouteConverter in fast jedes Format konvertieren. RouteConverter ist ein kostenloses GPS-Werkzeug, um Routen, Tracks und Wegpunkte anzuzeigen, zu bearbeiten und zu konvertieren.

Es läuft sowohl auf PC als auch auf Apple Computern. Zur Übertragung der Tour-Daten können Sie auch die Ihrem Kartenprogramm oder Ihrem Navigationsgerät beigelegte Software nutzen. Bei Problemen mit der Übertragung der Daten auf Ihr Navigationssystem wenden Sie sich bitte an Ihren Hersteller oder Lieferanten. Sollte der von Ihnen verwendete Internet-Browser den Daten-Download blockieren, kontrollieren Sie bitte Ihre Sicherheitseinstellungen und beachten Sie die Angaben des Anbieters.

GPS FÜR SMARTPHONES/IPHONES

GPS-Daten auf ein Smartphone zu laden, ist inzwischen recht einfach und funktioniert mit mehreren Apps sowohl für iPhones als auch für Android-Geräte. Unser Tipp: Laden Sie sich verschiedene Apps auf Ihr Gerät und testen Sie, mit welcher Software Ihr Gerät fehlerfrei arbeitet. Laden Sie nun von **www.wander-touren.com** den *.gpx-Track herunter und öffnen ihn mit einem geeigneten Programm. Meist schlägt das Betriebssystem eine Auswahl geeigneter Programme vor. Probleme kann es evtl. mit den Karten geben, wenn diese unterwegs über das Netz geladen werden müssen. Von Netzproblemen abgesehen, kann das zu hohen Downloadkosten führen.

GPS: So funktioniert's

GRATIS-APP traumtouren: SCANNEN, LADEN, LOSLEGEN

Wesentlich einfacher geht es mit der neuen App „traumtouren“, die Sie für Smartphones und Tablet-PCs als kostenlose Basis-Version über GooglePlay (Android) und iTunes App-Store (iOS) laden können. Via Tour-Code oder über das Scannen des QR-Codes aus der App heraus können Sie dann schnell, einfach und bequem die komplette Tour auf Ihr Smartphone oder Tablet übertragen. Neben der Wegstrecke erhalten Sie zusätzliche Kurzinfos, sehen (bei bestehender Mobilfunk- bzw. Satellitenverbindung) Ihren aktuellen Standort und können der vorgeschlagenen Route folgen. Die App ist auf einfache Bedienbarkeit ausgelegt und auf die wesentlichen Funktionen für unterwegs reduziert. Bedenken Sie bitte: Je nach Mobilfunkvertrag können für die Nutzung der Verbindung Kosten anfallen. **Die App ist nicht Bestandteil des Buchkaufs**, die Verfügbarkeit ist nicht garantiert. Bitte beachten Sie die gesonderten Nutzungsbedingungen. Eine ausführliche Anleitung zur Bedienung der App finden Sie auf www.wander-touren.com/www/app-hilfe.

Bitte beachten: Wenn Sie den QR-Code nicht aus der App herausscannen, öffnet sich Google Maps, und es wird Ihnen der Startpunkt der Tour angezeigt. Sehr praktisch, um teils versteckt liegende Ausgangspunkte zu finden.

ALLGEMEINE HINWEISE

Alle Daten wurden auf Fehlerfreiheit geprüft und werden bei Änderungen der Wegführung nach Verfügbarkeit aktualisiert. ideemedia übernimmt keine Haftung für mögliche Abweichungen, Vollständigkeit, Verfügbarkeit und Einsatz auf allen Navigations-Modellen. Sollte ein Gerät das Laden von GPS-Daten nicht ermöglichen, so wenden Sie sich in diesem Fall bitte an den Hersteller. Die Nutzung der Tour-Downloads ist nur Buchbesitzern zur privaten Verwendung gestattet, eine Weitergabe an Dritte sowie das Vervielfältigen auf Datenträgern jeder Art ist untersagt. Kommerzielle Nutzung ist nur nach schriftlicher Vereinbarung mit ideemedia gestattet. Idee, Konzeption und Daten sind urheberrechtlich geschützt. Die Daten enthalten einen Sicherheitscode. **Eine Vervielfältigung zur Verteilung oder Verlinkung ist strikt untersagt und kann bei Missbrauch zu Schadenersatzforderungen führen.**

PREMIUM-GPS: WAS IST DAS?

Im Gegensatz zu vielen anderen Anbietern im Print- und Online-Bereich greifen wir nicht auf die Standard-Daten von kostenlosen Internetportalen, privaten oder öffentlichen Anbietern zurück, sondern ermitteln die Daten vor Ort und aktualisieren diese im Regelfall, wenn uns gravierende Änderungen bekannt werden. Um es unseren Kunden so komfortabel wie möglich zu machen, bieten wir ihnen, neben den *.gpx-Daten, die Nutzung der App traumtouren. Die Arbeit ist aufwendig und kostenintensiv – und daher bitten wir um Verständnis, dass wir diese aufbereiteten Daten in vollem Umfang nur unseren Kunden zur Verfügung stellen. Die aktuellen *.gpx-Daten stehen in der Regel für 36 Monate ab Ausgabejahr kostenfrei bereit.

GPS-DATEN VERARBEITEN: NICHT OHNE ÜBUNG

Trotz enormer Fortschritte in der Gerätebedienung ist es für Laien immer noch nicht völlig unkompliziert, die Daten auch richtig nutzen zu können. Da es sich bei den *.gpx-Daten um ein kostenfreies Zusatzangebot zu unseren Printprodukten handelt, können wir keine Unterstützung für GPS-Geräte, GPS-Software oder Kartengrundlagen leisten. Bitte wenden Sie sich dazu an Ihren Hersteller oder Lieferanten und arbeiten Sie sich gründlich in die Möglichkeiten der GPS-Nutzung ein. Verlassen Sie sich auch bei Ihren Touren nicht ausschließlich auf Ihr GPS-Gerät, Empfangsprobleme in engen Schluchten oder hohen Wäldern, Batterie- oder Softwareprobleme sind nicht unbekannt. Wir empfehlen aus Erfahrung die zusätzliche Mitnahme von Buch und Karten.

PROBLEME MIT *.GPX-DATEIEN BEI MANCHEN PROGRAMMEN/APPS

Wenn Sie sich unsere Touren einfach und bequem auf dem Smartphone anzeigen lassen möchten, empfehlen wir Ihnen unsere App „traumtouren", da Ihnen hier alle wichtigen Infos und alle vorhandenen Tracks zur Tour einfach und schnell angezeigt werden. Leider kommt es ab und an vor, dass andere Programme oder Apps Probleme mit den von uns bereitgestellten umfangreichen *.gpx-Daten haben. Da wir unsere *.gpx-Daten häufig mit zusätzlichen Informationen zu Zuwegen, Abwegen und Varianten ausstatten, enthalten unsere Daten oft mehrere Tracks. Einige Apps und Programme wie bspw. Komoot können jedoch nur einen Track pro *.gpx-Datei darstellen.

Befinden sich mehrere Tracks in einer Datei, wird bei diesen automatisch der erste für die Darstellung ausgewählt und angezeigt. Die anderen Tracks können nicht ausgewählt oder angezeigt werden, weshalb manche Touren zu kurz oder unvollständig erscheinen. Kunden, die eine solche App oder ein solches Programm zur Navigation nutzen, empfehlen wir die *.gpx-Datei mit dem Programm RouteConverter zu öffnen. Dieses Programm gibt es (auch für Mac) zum kostenfreien Download im Internet. Hier werden Ihnen nun alle Tracks angezeigt, die in der heruntergeladenen *.gpx-Datei enthalten sind. Über dieses Programm können Sie die Tracks nun bearbeiten, separieren und sogar auch in anderen gewünschten Formaten abspeichern. So können Sie die gewünschte Route von den anderen isolieren und abspeichern und schließlich auch mit Programmen und Apps öffnen, die zuvor den gewünschten Track nicht anzeigen konnten.

KARTEN IM BUCH

Bei längeren Strecken ist eine Kartendarstellung mit detailliertem Maßstab im besonders beliebten Pocketformat leider nicht möglich. Die übersichtlichen und aufgeräumten Karten dienen vor allem der kompletten Streckendarstellung mit den wichtigsten Stationen. Sie erleichtern eine erste Orientierung, die sowohl durch die detaillierte Beschreibung ergänzt wird als auch durch die Anbindung an die kostenfreie App traumtouren, die auf nahezu allen Smartphones läuft. Für Navigationsgeräte, zur Karten-Darstellung und zum Ausdrucken via PC steht der Download der *.gpx-Daten zur Verfügung. Mit wenig Aufwand und vielen online angebotenen Programmen (sog. GPX-Viewer) können damit (u.a. auch über Google Maps oder Open Street Map) Kartendarstellungen ausgedruckt werden. Autoren und Verlag haben sich daher konsequent dazu entschieden, diese bequeme, einfache und moderne Form der Darstellung und Navigation zu wählen. Die in der gedruckten Übersichts-Karte und im Text herausgestellten P-Punkte (Point of Interest) sind nicht als Beschilderung zu verstehen, sondern bezeichnen besondere Streckenpunkte topografischer Art, erleichtern die Orientierung bei Abzweigungen oder bezeichnen Sehenswürdigkeiten, bei denen sich ein Halt lohnt. Die Eifelspuren sind alle mit dem entsprechenden Logo markiert.

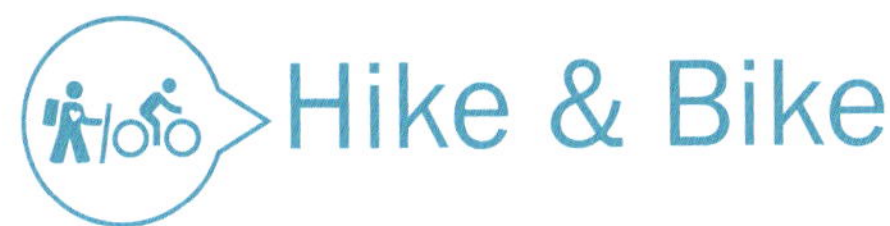

Hike & Bike

Kostenlos die App *traumtouren* nutzen

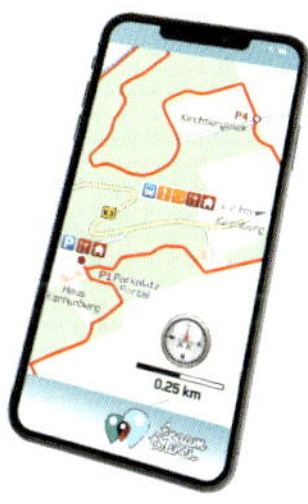

Lesen, laden, losgehen: So einfach war es noch nie, die beschriebenen Routen auf dem Smartphone anzuzeigen. Laden Sie dazu bei Apple iTunes (für iPhones und iPads) oder im Google Play Store (für Android-Geräte) die kostenlose Basisversion der App **traumtouren**.*

1. Öffnen Sie die App. Im Buch finden Sie in jedem Kapitel einen QR-Code. Scannen Sie den Code aus der geöffneten App heraus.

2. Automatisch wird die entsprechende Tour auf der Kartengrundlage von Google Maps angezeigt. Beim Laden ist dazu eine Mobilfunk- (hier fallen evtl. Kosten an) oder WLAN-Verbindung notwendig.

3. Unterwegs können Sie jederzeit Ihre aktuelle Position verfolgen und (bei bestehender Mobilfunkverbindung) zusätzliche Informationen, Tipps und Fotos abrufen.

Bitte beachten Sie: Das Scannen der QR-Codes klappt am besten mit Smartphones, die über eine Autofocus-Funktion verfügen. Alternativ zum Scannen können Sie in der App den TourCode eingeben.

Wichtig: Scannen Sie den TourCode versehentlich nicht direkt aus der App **traumtouren** (sondern über einen normalen QR-Scanner), öffnet sich nur die Karte mit dem Startpunkt der Tour. Via Google Maps können Sie sich dann dorthin navigieren lassen. Je nach Mobilfunk-Vertrag können für die Datenübertragung (besonders im Ausland) Kosten anfallen.

*Die Basisversion von „traumtouren" ist gratis und enthält als Bonus weitere fünf Wander- und Radtouren. Bitte beachten Sie die gesonderten Nutzungsbedingungen. Es besteht kein Anspruch auf Verfügbarkeit. Die App ist nicht Bestandteil des Buchkaufs und läuft ggf. nicht auf allen Softwareversionen.

Lesen. Laden. Losgehen.

traum touren

Impressum

Herausgeber: Uwe Schöllkopf (ideemedia GmbH)
Autoren: Ulrike Poller & Wolfgang Todt
Konzept & Redaktion: Uwe Schöllkopf
Redaktionelle Mitarbeit: Anna Ley, Matthias Frickel
Grafik/DTP/Produktion: Dominik Molz
Karten & Höhenprofile: KGS Kartografie Schlaich | ideemedia GmbH
Übersichtskarte: freiluft**konzepte** | Geodaten © OpenStreetMap-Mitwirkende

Verlag: ideemedia GmbH, Im Aubisch 1b, D-56567 Neuwied
Telefon: 02631/9996-0 • Telefax: 02631/9996-55 • E-Mail: office@idee-media.de

Internet: www.ideemediashop.de • www.wander-touren.com

Alle Angaben wurden nach bestem Wissen recherchiert und sorgfältig überprüft. Sollten sich dennoch Fehler eingeschlichen haben, bitten wir um Entschuldigung und Benachrichtigung. Für Fehler übernimmt der Verlag keine Haftung. Aktuelle Änderungen, Downloads und Updates zum Buch finden Sie unter www.wander-touren.com
Mit der App traumtouren lassen sich die Touren über die QR-Codes aus dem Buch direkt auf Smartphones laden. Alternativ lässt sich über die Kamerafunktion vieler Smartphones der Ausgangspunkt direkt auf GoogleMaps anzeigen. Die kostenlose Basisversion der App ist nicht Bestandteil des Buches, eine Verfügbarkeit ist nicht garantiert. Aktuelle Navigationsdaten stehen für 36 Monate ab Ausgabejahr zum Download bereit.

Die Deutsche Bibliothek – CIP – Einheitsaufnahme: ISBN 978-3-942779-69-2

Titelbild: Paul Meixner

Weitere Fotos: Ulrike Poller, Wolfgang Todt, Nordeifel Tourismus GmbH/Paul Meixner, Grube Wohlfahrt, Adobe Stock.

Wir danken der Nordeifel Tourismus GmbH und den beteiligten Tourist-Informationen für die Unterstützung und Zusammenarbeit.